山东财政学院学术文丛

经济史中的国家组织结构变迁：以明清王朝为例

郭艳茹　著

中国财政经济出版社

图书在版编目（CIP）数据

经济史中的国家组织结构变迁：以明清王朝为例/郭艳茹著．—北京：中国财政经济出版社，2008.6

（山东财政学院学术文丛）

ISBN 978－7－5095－0728－5

Ⅰ．中…　Ⅱ．郭…　Ⅲ．经济史－研究－中国－明清时代　Ⅳ．F129.48

中国版本图书馆 CIP 数据核字（2008）第 079818 号

中国财政经济出版社出版

URL：http：//www.cfeph.cn

E－mail：cfeph@cfeph.cn

社址：北京市海淀区阜成路甲 28 号　邮政编码：100036

发行处电话：88190406　财经书店电话：64033436

北京财经印刷厂印刷　　各地新华书店经销

787×960 毫米　16 开　14 印张　198 000 字

2008 年 6 月第 1 版　2008 年 6 月北京第 1 次印刷

印数：1—2 000　定价：28.00 元

ISBN 978－7－5095－0728－5/F·0589

（图书出现印装问题，本社负责调换）

总序 ZONG XU

《山东财政学院学术文丛》（以下简称《学术文丛》）是山东财政学院为集中展示财院学人学术研究成果而编辑出版的系列丛书。《学术文丛》的出版，对于落实山东财政学院“学科立校”与“人才强校”的发展战略，繁荣学术研究，加强同学术界的交流等具有十分重要的意义。

始建于1986年、由邓小平同志亲笔题写校名的山东财政学院，是在改革开放的春风中，由财政部和山东省人民政府共同创办、实行以地方管理为主的普通高等财经院校。学校目前拥有14个二级学院，39个本科专业，22个硕士学位授权点和MBA、MPA两个专业学位授权点。学校学科门类齐全，已形成以经济学、管理学为主，文、法、理、工等六大学科门类相结合的学科结构。其中财政学、会计学、金融学、企业管理、国际贸易学、管理科学与工程为山东省重点学科，财政学与企业管理为省级重点强化建设学科。在山东省政府确定的“泰山学者”特聘教授设岗学科中，财政学位列其中。依托于以上优势学科与特色学科，一批批学科带头人与学术骨干脱颖而出，学校也由此成为省内著名、在全国有一定影响的经济学与管理学研究人才高地。

在人才培养方面，山东财政学院广纳全国英才，以“培养基础扎实、知识面宽、业务工作能力强、综合素质高、具有国际视野的应用型人才”为目标，不断提高教学质量，为社会培养和输送了两万多名优秀毕业生。其中每年都有相当数量的毕业生或被中央国家机关和著名公司录用，或考取名牌高校研究生继续深造。目前山东财政学院的毕业生已得到社会各界的普遍认可，为学校赢得了较高的社会声誉。“学在山财”已成为莘莘学子努力追求的人生目标。

在短短的二十多年间，山东财政学院之所以取得如此辉煌的成就，这既是“求是崇真、博学笃行”的校训与“高标准、严要求、好校风、有特色”办学指导思想得以落实的必然体现，也是学校实施“学科立校、人才强校、开放兴校、依法治校”战略，积极推进以提高教学水平与科研水平为核心的综合改革的必然结果。近年来，为把学校建设成为在国内外有一定影响的多科性高水平特色大学，学校在启动本科教学质量工程的同时，启动了研究生学位点建设工程，加快推动学科建设与学术研究工作上层次、上水平。围绕这一目标，学校不断优化学术环境，提倡学术民主，创新学术激励机制，科研工作取得重要突破，并涌现出了一批高水平的学术研究成果。为向外界推介这些学术研究成果，进一步繁荣学术研究，校领导审时度势，决定出版《山东财政学院学术文丛》。《学术文丛》就是在这一背景下编辑出版的。

为使《学术文丛》反映、代表我校学科建设与学术研究的最高水平，《学术文丛》在书稿的遴选过程中，严格学术标准，规范评审程序，采用了校外专家审稿与校学术委员会评审确定的机制，最终确定入选《学术文丛》的书稿。经此严格的筛选，这一部部书稿以其较高的研究水准与学术价值得以入选。应当指出的是，这些书稿不仅集中反映了我校学术研究的最新成果，而且展现了我校学人的时代风采。在入选者中，既有名气较大的知名学者，也有砥柱中流的学术中坚，还有崭露头角的学界新秀。在他们中间，或术业有专攻，或名气有大小，或起点有高低，但有一点是共通的：那就是他们在各自的领域内，瞄准学术前沿，不畏路途艰辛，治学严谨，用力勤苦，最终取得了丰硕的研究成果。可以说，这一部部书稿凝聚了作者多年来潜心学术研究的心血汗水，展现了财院学人勇攀学术高峰的时代风貌。

我们相信，《学术文丛》的出版不仅在加快学术队伍建设、推动学科建设方面起到重要的作用，而且在加强同学术界的交流、扩大学校的学术影响力等方面也将产生深远的影响。为此，今后我们还将每年遴选10部左右的书稿出版，推动我校学术研究事业繁荣兴盛，薪传不息。

《学术文丛》的顺利出版，得到中国财政经济出版社的大力支持，经济理论出版中心的张立宪先生为丛书的出版付出了诸多辛劳，在此我们表示衷心的感谢！在《学术文丛》的出版过程中，山东财政学院校领导高度重视，校科研处精心组织，各位作者积极配合，谨此我们一并表示诚挚的谢意！

《山东财政学院学术文丛》编委会

2008年2月28日

序 XU

黄少安

在当前的制度研究中，经济学家越来越重视历史。从20世纪五六十年代，新经济史学在美国产生后，对历史制度的研究一直是经济学研究的重要内容，不断出现有影响力的作品。中国丰富的制度历史是难得的研究题材，对它的研究也许能证实或证伪重要的理论假说，从而有重要创新的可能。但是，目前却缺乏用经济学方法对中国制度历史的深入研究。郭艳茹的这部重要著作以新制度经济学作为工具，比较深入地研究了中国明清王朝的国家组织结构变迁，非常有价值。

作者主要研究了以下三个内容：

1. 中国历史上国家统一分裂的原因和动力是什么？在新制度经济学中，国家是一个企业的类比，同市场中的企业一样，会受到成本收益的约束。国家范围的扩大会产生相应的收益，例如，军事防卫力量上升，人均公共品分摊成本下降，市场扩大，抵御风险能力提高等，但是，同时也会带来交易费用的上升，即由于疆域扩大、人口增加以及由此带来的偏好多样性上升所导致的国家管理费用的增加。国家的均衡范围位于范围扩大所带来的收益和所产生的成本在边际上相同的点上，偏离这一点，国家即处于不稳定状态中。中国历史上抗御游牧民族、统一治水、共同市场等需求成为国家走向统一的强大动力，而在前现代条件下维持辽阔疆域统治所面临的高昂交易费用又成为国家分裂的动力。国家的统一分裂取决于这两种力量的对比。

2. 统一王朝的产权结构是怎样变迁的？或者说，一个统一王朝在高度的社会管制和财政集权的制度起点上，怎样一步步走向管制失效和集权衰失？为了降低统治费用维持国家稳定，明清统治者确立了一套高度管制的制度体系：通过对基层社会的严格管制来减少社会多样性，降低管理成本，并以高度中央集权的财政体制来保障管制资源的获得。但是，不断内生的管制成本却使得这种管制型制度体系逐渐走向解体。官员利用信息优势，开始在正式的财政收入之外获得非正式资金收入，从而形成一种事实上的财政分权，国家财政权力在边际上逐步流失。为了获取非正式资金收入，农业区的官员会加重对基层社会的征敛，而商业区的官员则更倾向于促进商业活动，这导致了两种完全不同的发展绩效。农民负担加重、商业发展、财政分权、官僚腐败等诸多现象，都是管制型制度体系本身所内生。

3. 在国家组织结构变迁的过程中，社会文化形态是怎样变化的？明清管制型制度体系产生了管制租金或权力租金，从而吸引更多的社会人力资本投入租金的攫取。这不但导致了生产性人力资本不足，社会产出下降，而且使得社会文化具有强烈的寻租特征，在长期历史时期中持续发挥作用，抑制社会产出。

以上这些内容或问题，都是很重要、很值得研究的。作者虽然是以中国明清王朝作为研究案例，实际上构建了一个一般意义上理论框架（或者至少可以一般化），来解释国家范围的变化、国家产权结构的调整以及这个过程中的社会文化形态演变。逻辑清晰，结构严谨，体现了作者良好的理论素养和研究功底。在许多经济史的作品中，作者常常罗列大量的史料而缺乏理论的概括和提炼能力，这部专著避免了这样的缺陷。作者在整体理论框架完成后，又通过4个专论对涉及问题进行了更细致和深入的研究，使得全书结构简洁、明朗，而研究又不流于肤浅。

任何对历史的研究，都是为了直接或间接地启发人们认识现在和思考未来。这部专著对历史制度变迁的研究，同样能启迪人们思考当代的制度变迁和社会转型。在制度研究中，具有足够的历史感是非常重要的，因为制度变迁过程通常涉及很长时间，在足够长的历史时期内观察、理解制度才能获得更深入、更准确的把握。短期的制度变迁，可能不是一个独立的过程，而是一个更长周期变迁中的一个阶段。以历史视角来认识中国当代的国家制度状况及其改革，可以避免研究周期过短所产生的片面认识。

经济学家研究历史，常常受到历史学家的指责——觉得经济学家对历史文献和史料不太重视。其实，很多经济学家是重视史料的，新经济史学更加重视历史数据的统计和分析，他们可能用经济学的眼光搜索和处理史料。在历史学家看来重要的东西，经济学家可能觉得价值不大。但是，这种学科之间的史料取舍的差异，不是不充分尊重历史资料（特别是数据）和用科学方法分析历史数据的理由。在今后的研究中，本书作者应该可以更好地向历史学家学习，更好地利用历史学家已经取得的研究成果。历史计量方法或新经济史学方法，在作者的这一课题和以后相关课题研究中，应该得到很好的应用。

黄少安
2008年6月24日

前言 QIAN YAN

国家负责界定产权并对经济史中的繁荣和衰退负责，国家组织及其产权结构的变迁因此成为人类历史演进的重要线索。中国明清王朝期间，国家在统一与分裂、强大与衰退间的周期性变化为研究历史上的国家组织结构变迁提供了一个极佳的案例。本书研究的目的在于通过对明清王朝治乱循环的历史经验分析，揭示出国家组织结构变迁的一般规律，解释历史上国家稳定与变迁的内在动力，以及国家所界定的产权结构的演变规律。在本书的研究中：(1) 提出并验证了解释王朝循环的内生交易费用假说；(2) 用内生交易费用假说解释了明清管制型产权结构的演变规律，将财政制度、官员腐败、地方政府（官员）行为、贸易制度变迁、思想控制等作为内生变量纳入到统一的理论框架中；(3) 以明清王朝的历史经验验证了中国当前新制度经济学研究中基于短期改革经验所获得的理论命题；(4) 探讨了规范国家产生的条件，为当前中国的政治经济领域的渐进式改革提供了理论支持。

本书对明清王朝治乱循环中的国家组织结构变迁的分析，以交易费用为主线，按照由外及内、由框架至细节的思路，从三个层次展开。

1. 国家组织形态的变迁。在最宏观的层次上，研究了军事技术和交易费用影响下的国家组织形态的变化和调整，提出了王朝循环的交易费用假说，为整个明清国家组织结构的变迁勾勒了一个基本的分析框架。

按照本书的解释，国家的范围不是外生的地理变量，相反它是一个国家军事供给技术和内部组织成本的函数。在军事技术既定的前提下，国家的均衡点位于范围扩大增加的边际收益和边际成本相等时。超此范围之后，国家规模即处于不稳定状态中。在古代中国，保护的规模效益、协作治水、抵御风险、协调外部性以及对统一市场的需求，极大地提高了国家统一的收益，促使分裂的小国重新走向统一。但是，在前现代的技术条件下，统治者以有限的资源维持辽阔疆域（众多人口）的统治，会受到交易费用的约束。为避免交易费用上升导致的国家不稳定，统治者设计了一系列制度来加强对统治范围内的控制，如限制个体自由、抑制商业和贸易、实行思想控制等。这些短期内降低交易费用提高统治效率的制度，从长期来看，不但抑制了社会产出（意味着保护和其他公共品供应能力的降低，国家统一的收益下降）而且会不断内生出新的交易费用，使国家统一的收益和交易费用间的差距进一步扩大，导致国家的内在不稳定。同时，统治者用来强化社会控制的措施，如保甲制也提高了国家的竞争性组织采取集体行动的能力，最终使这些竞争组织逐渐侵占国家的统治范围，国家重新走向分裂。这个过程是从边际上展开的，表现为国家保护、税收和作为第三方执行契约的范围逐渐被竞争者侵占。在前现代的条件下，中国始终不能克服统治范围和统治资源间的矛盾，因此只能在反复的治乱循环中徘徊。

2. 国家组织形态变迁中的产权结构调整。从财政、税收的角度研究了管制型制度的变迁规律。国家对产权的界定受到交易费用的约束，并服务于统治者税收和权力控制的目的。暴力优势使国家和个人间的契约不可能在平等的基础上达成，国家产生之后的初始产权状态通常是在严格监督的等级制“类奴隶制”状态下开始的，并随着监督、控制费用的改变而改变。不同的交易费用条件下，统治者的监督、控制成本不同，所界定的产权结构也因此不同。

在王朝的初期，统治者监督、控制官僚的费用较低，因此通过官僚体制直接征税、控制臣民，提供保护和法律等公共品，并确立了低税收、社会管制以及财政集权三位一体的制度体系，它们构成了统治者维持大一统稳定的制度基础。其中，以低税收政策提供臣民合作的激励，以严格的管制降低征税和监督臣民的成本，以高度集权的财政制度提供实施管制的资源保障。

随着交易费用的上升，统治者对官僚和臣民的监督费用上升，统治者对权力的追求使他们不可能采取制度性分权或者赋予臣民经济自由的方式来节约监督费用，而只能通过默许官僚一定程度的腐败来强化官僚队伍的忠诚，防止他们卸责，结果造就了国家正式的财政税收制度之外的庞大的非正式资金体系，社会产权结构演变成轻徭薄赋、财政集权与腐败的三位一体。

非正式资金体系的运行使中央政府、国家与官僚之间形成了一种事实上的财政分权。官僚在分成比例的确定上，居于主导地位，在最大化的假定之下，他们会努力地扩大自身份额。并为此加强对基层纳税人的搜刮，导致黄宗曦怪圈的产生；或者有意识地来促进商业发展，以扩大税基，从而带来商业的繁荣和经济自由度的提高。地方官员在非正式资金体系的驱使下，所主导制度变迁可能导致商业发展和农村基层被严重剥夺的混乱状态，那种认为地方官员推动的制度变迁一定会导向更有效率的产权状态的观点是不全面的。

随着非正式资金体系在全部税收收入中所占的比重越来越高，财政集权消亡，中央政府丧失维持社会管制的资源保障，原有的官僚体制转变成了事实上的包税人，征税的功能挤占了国家管理的功能，国家机器运转失灵，明清型低税收、社会管制以及财政集权三位一体制度体系彻底崩溃，统一王朝重新被分解成无政府状态的割据局面。

3. 产权结构调整对经济绩效的影响。以产权经济学为工具，从一个"超微观"的角度来分析了明清管制型制度体系对经济绩效的影响，通过对产权束的分解来显示管制制度所产生的效果。管制造成个人产权的稀释，私人在最大化的假设之下，会对产权稀释所产生的浪费进行调整，并因此使一些重要的产权属性落入巴泽尔的公共领域中，被最靠近它们的人所攫取。从公共领域攫取财富的行为虽然在短期内可以减少社会资源的浪费，但是从长期来看对经济增长的负面影响也是深远的，它不但导致了管制社会后期的无政府化，而且使一个封闭型社会的文化呈现出越来越强的寻租特征，最终是一个国家的发展偏离了经济增长的路径，被锁入到"高寻租低增长"的贫困均衡中。这是工业革命不能产生在中国（即李约瑟之谜）的原因所在。

明清王朝制度演变对当前改革的启示：中国历史上治乱循环产生的根本原因在于国家范围过大与统治资源不足间的矛盾，现代科学技术降低了国家的管理成本，使国家不必通过严格的管制就能维持统一与稳定，从而为摆脱治乱循环提供了契机。但是，技术进步所带来的机遇必须通过制度的整体变革才能成为推动社会进步的力量。一个国家长期的稳定和繁荣依赖于统治者和社会群体在权力使用上的利益共容，而后者又是经济增长和具体制度安排互动的结果。在中国当前的渐进式改革中，首当其冲的应该是以自由市场制度、义务教育制度、社会保障制度向社会公众分配政治权力，形成广泛而分散的权力结构。

本书以规范的经济学方法来研究历史问题，坚持以个人主义的方法论来研究具有整体特征的国家和制度变迁，接受国家的经济人假设，将历史制度的变迁归因于追求权力（税收）的统治者和社会群体间的博弈，强调制度变迁的边际分析。

中国历史制度变迁的新制度经济学研究是一个极具研究价值但迄今为止仍鲜有人涉足的领域，本书在这一方面进行了尝试，并且取得了一些创新性的研究成果，其中最主要的是构建了一个一般意义上理论框架，来解释国家范围的变化、国家产权结构的调整以及这个过程中的社会文化形态演变。这个理论框架不但可以解释经济史中的国家组织结构变迁，而且对于中国当代的经济改革制度变迁也具有重要意义。它启发经济学家在研究中国当代制度变迁问题时，一定要具有足够的历史感，不能把当前的制度变革看成是一个孤立的事件，而是应该把它们嵌入到长期历史进程中去，这样才能获得关于制度变迁的更深入的理解，并制定出更合理的改革方案。

本书的研究存在很多不足和缺陷。首先，由于历史数据缺乏，本书的定量分析不足，无法通过计量分析为所提出的理论提供更有说服力的实证支持，而只能依赖于案例和统计数据描述，这不可避免地影响到了理论的一般性。其次，由于作者学识所限，肯定遗漏了一些重要的文献，如果能够看到这些文献，本书的研究水平一定能够得到提高。希望读者能够指出本书的错误之处，以便于作者改正。

INTRODUCTION

INTRODUCTION

MING AND QING DYNASTIES' CYCLE OF TURMOIL AND ADMINISTRATION: A REPREHENSIVE CASE FOR CHANGES OF NATIONAL ORGANIZATIONS AND STRUCTURE

States are responsible for defining property rights, and for the prosperity and recession of economic history, and its stability and changes, its internal property right structure adjustment is the main clues to understand the evolution of human society. Ming and Qing dynasties' cycle of turmoil and administration provides an excellent perspective to observe the national institutional changes. The aim of this study is through analyzing Ming and Qing dynasties' historical experience of turmoil administration cycle, to reveal the general changing laws of national organizations and property right structure, to explain the driving forces of national stability and changes in history, and as well as the evolution laws of property right structure defined by nations. This study, (1) puts forward and verifies endogenous transaction cost hypothesis which explains dynasties' cycle; (2) uses endogenous transaction cost hypothesis to explain the evolution laws of Ming and Qing dynasties' controlled property right structure, takes financial system, official corruption, provincial official activities, trade system evolution, mental control, etc. as endogenous variables and brings them into unified theoretical structure; (3) uses the historical experience of Ming and Qing dynasties to verify China's New Institutional Economics' theoretical hypotheses based on short - term reform experiences; (4) discusses the conditions in which normative countries can come into being, and provides theoretical support for Chinese political and economical gradual reforms.

Taking transaction cost as a main line, according to the clue from outside to inside, from framework to detail, this paper analyzed the process from three levels.

1. The changes of national organization patterns. In the most macro level, this paper studies the changes and adjustment of national organization patterns under the influences of military technology and transaction cost, proposes dynasty cycle's transaction costs hypothesis, and draws a basic analytical framework for the entire organizational structure of Ming and Qing Dynasties.

In accordance with our interpretation, the scope of a state is not an exogenous geographical variable, but rather it is a function of national military supply technology and internal organization cost. In the context of set military technology, with the expansion of scope, the equilibrium of state exists on the point that marginal cost and marginal revenue is equal. Beyond this scope, the size of a state is in instability. In ancient China, the economies of scale of protection, collaborative water – control, risks resistance, external coordination and the demand for united market, have greatly increased the revenue of national reunification, and urged small states to reunify. However, under the condition of pre – modern technology, the rulers maintain the control of vast territory (a big population) with limited resources, which will be subject to the constraints of transaction costs. To avoid that the increase of transaction costs would lead to national instability, the rulers designed a series of institutions to strengthen the control, such as restrictions on individual freedom, inhabitation of commerce and trade, the imposition of ideological control, etc.. In the long run, these institutions that short – term reduction in transaction costs is to improve the efficiency of the rules, have not only curbed social output (implying that the supply ability of protection and other public goods, and national reunification returns were reduced), but also continually generated new transaction costs, then the gap between revenue and transaction costs of national reunification has widened further, eventually led to the country's independence or secession. This process begins with margin, protection of the state, tax and the scope as a third party contract implementation, are gradually stolen by competitors. Under pre – modern conditions, China still can't overcome the contradictions between dominated scope and resources, and therefore can only in the cycle of turmoil and administration.

2. Property right restructure in changing national organization patterns. Under the framework of the changing national organization patterns, from the aspect of finance and taxation, this paper studies how the institutions that reduction in transaction costs is to strengthen national control have affected the restructure and evolution of property right structure. State's definition on property rights is restricted by transaction costs and is subject to the purpose of taxation and power control. Violent advantage makes the contract between the state and individuals can't be reached on the basis of equality. The initial property right structure of a society usually begins under strict supervised hierarchy "like slavery", and evolves with the changes of supervision and control costs. Under different transaction costs conditions, the costs of rulers' supervision and control are different, so is the property right structure.

In the early days of a dynasty, the cost of the ruler's supervision and control is lower, so the ruler directly use the bureaucracy to levy taxes, control subjects, and provide protection, law and other public goods, and establishes a three - dimensional system of low - tax, social control and financial powers, which constitute a stable system basis for the ruler to maintain great unification. Among these, the ruler uses low tax policy to encourage the cooperation of subjects, uses strict control and supervision to lower the cost of taxation and supervision of subjects, uses a highly centralized financial system to provide resource protection for controls.

With the increase of transaction costs, the ruler's supervision costs will increase. The ruler's pursuit for power decides that he can't adopt institutional decentralization or give subjects economic freedom to save supervision cost, but only connive a degree bureaucratic corruption to strengthen the loyalty of bureaucratic ranks, prevent them from shirking their duties. As a result, there is a huge non - financial system outside official financial taxation systems, social property right structure come into a three - dimensional system of thin corvee and low taxation, financial centralization and corruption.

The function of informal financial system makes a de facto financial decentralization exist between central government and bureaucracies. Bureaucracies dominate in determining the proportion of distribution, in the maximum assumption;

they would expand their own share. And in order to do this, they would strengthen the extortion on grass – root taxpayers resulting in the generation of "Huang Zongxi weird cycle"; or they would intently promote the development of commerce to broaden the tax base, thus bringing the business prosperity and economic freedom improvement. Driven by informal financial system, local officials' institutional changes may lead to the chaos that commercial development and rural grassroots are severely deprived, that opinion that local officials' institutional changes will promote a more efficient property right structure is incomplete.

The proportion of informal financial system in all tax income is higher and higher, financial centralization vanishes, and the central government loses resource protection for maintaining social control, the former bureaucratic system has become the de facto tax packager, they not only levy exorbitant taxation, but also let taxation function gradually replace national regulatory functions, finally lead to the malfunction of state supervision. Ming and Qing Dynasties' three – dimensional system of low taxation, social control and financial centralization completely collapses; dynasty is divided into separatist non – government situation.

3. The impact of property right restructure on economic performance. This paper takes property right economics as a tool, from the perspective of a super – micro analysis, analyses the impact of Ming and Qing Dynasties' control institutions on economic performance, through the decomposition of property beam to present control system's effect. Then this paper comes into the conclusion that: control causes personal property dilute; the privates, in the view of maximum assumptions, will adjust the waste generated by property right dilution, therefore make some important property right attributes into the Bazel's public area, and will be seized by closest people. The behavior that seizes wealth from public area could reduce the waste of social resources in the short term, but in the long run, its negative impact on economic growth is far – reaching. It not only leads to non – government in the late controlled society, but also it makes a closed community culture take on a growing rent – seeking characteristics, ultimately a state's development deviates from the path of economic growth, and will be locked into the "high – rent – seeking growth" poverty balance.

The revelation of Ming and Qing dynasties' institutional evolution to nowadays reform: Because of the unique historical and geographical features and demographic situation, China was locked into the cycle of turmoil and administration. Modern transportation, communication, accounting technology, etc. provide material basis for new institution, they have lowered national organizational costs so that the state's effective supervision need not be established on the basis of control. However, the chance provided by the technological improvement can be taken advantage only with the institution change. A country's long – term stability and prosperity depend on the common interest tolerance of power usage between governor and social groups, the latter is the result of reaction between economic increase and concrete institution. During the course of Chinese nowadays gradual reform, the most important is not to adjust development strategy to drive economic increase, not constitutional government reform in political area, but to allot political power to pubic through free market system, compulsory education system, social safeguard system, so as to form a wide and scattered power structure.

The innovation points of this paper are: (1) the innovation in study area; (2) theoretical innovation, including: putting forward endogenous transaction cost hypothesis of dynasties' cycle; explaining controlled inside evolution laws; revealing the theoretical relationship between property right economics and Hayek's evolution economics; proving that Lin's Theory of Development Strategy Orienting Heavy Industry and Yang's Theory of Central Pervasion Institutional Evolution are false; putting forward the clue of "power allotment" for Chinese gradual reform.

The shortcomings of this paper are lacking quantitative analysis because the historical data is insufficient.

The issues needed further study: further perfecting theories and constructing model, using the theories to explain Chinese nowadays political and economical reforms and supplying policy suggestion.

Key Words: State, Transaction cost, Institutional change, Property right structure, Dynasties' cycle.

目录 MU LU

第一章 DI YI ZHANG 绪　论

第一节 问题的提出

中国历史上存在着一种独特的王朝循环现象：王朝的建立者通过推翻前朝统治者或者战胜其他竞争者，建立起疆域辽阔的统一政权，国家稳定，军事力量强大，但经过几代之后，开始导向长期的衰败，最后全面崩溃，被外来入侵者或内部反叛者推翻，然后由新王朝的缔造者开始新一轮的循环。在改朝换代的不断反复中，国家的政治、经济制度却得到了延续。秦汉时期的赋税、行政、军事制度确立了中国中央集权统治的基本模式，后世王朝在此基础上不断试错、调整，至明清王朝，即国外史学者称作“晚期中华帝国”时期，已经形成了一套完整的制度体系。这套制度体系以高度的社会管制、等级制的官僚体制、高度财政、政治集权为基本特征，并具有类似的演变规律。表现为：(1) 统一王朝建立初期，均实行了高度管制、轻徭薄赋和财政集权的制度，并依靠等级制的官僚体制来完成征税、军事和行政事务，国家疆域辽阔，统治稳定，军事力量强大，经济的封闭型特征明显，抑制商业发展、限制人口流动、实行土地及手工业经营的国有化等。(2) 王朝中期之后，国家财政、军事、行政能力衰退，国家管制社会和官僚体制的能力下降，官员腐败，对农业的征敛加重，但同时经济的开放性特征加强，商业得到一定程度发展。明代中期以后，江南地区出现了以纺织业为代表的早期手工业，即传统史学研究中所称的资本主义萌芽或早期工业化（许涤新，吴承明，2003；李伯重，2000）。纺织品和其他手工业制成品不但由江南销往全国，而且大量出口到海外，致使巨额白银流入国内，为商品经济的进一步发展提供了货币支持。这种发展趋势在清代得到延续。在工商业政策上，清代可视作明代的延续。清初实行了海禁、思想控制、土地国有化等经济政策，但在工商业和国内贸易方面却没有特别明显的限制措施。关于清代的工商业发展状况，有大量的文献，如许涤新、吴承明（2003，第108页）认为清代商人的资本拥有量已经大大超过前朝；傅衣凌（1989）认为中国近代工业的产生是早期工业化积累的结果，而不是鸦片战争之后引自国外；李伯重（2000）根据贸易量推断，清代中后期，国民生产总值应该占到全球的1/4。(3) 王朝后期，国家财政匮乏，权力式微，对官僚体制和社会基层的控制能力、统一供给保护和法律的能力以及征税的能力逐渐丧失，在重大危机的打击下，国家作为一个统一的供给保护和法律换取税收和租金的“企业”走向解体。明王朝被农民起义和清军推翻，而清代则在太平天国运动之后走向长期的分裂和军阀割据。

在明清王朝统一——分裂、强大——衰退的循环（本书称作“治乱循环”）过程中，国家组织、产权结构及社会经济绩效呈现出有规律的变化：在明清王朝的初期，国家权力强大，实行严格的社会控制，经济增长被压制，随着时间的推移，国家控制能力降低，社会产出增加。在两个王朝统治期间，国家权力和社会产出之间始终存在着冲突，这种冲突，体现在一句俗语之中，即“诗家之大幸，乃史家之大不幸”。这里“诗家”代表了与国家所对立的社会，其“大幸”意味着社会的繁荣和思想的开放，“史家”则是国家的代言人，其“大不幸”意指国家政治权力的式微。冲突最终收敛于一种负和博弈结果，王朝灭亡、经济衰退，政治经济制度全面崩溃，历史在战争、人口死亡、土地荒芜等灾难性的情景中开始下一轮的循环。

对明清王朝治乱循环的深入解析，有助于揭示国家及产权制度变迁的一般规律。诺斯（Douglass C. North）指出，国家负责界定产权并因此对经济史中的繁荣和衰退负责，使统治者租金最大化的产权结构和降低交易费用、促进经济增长的产权结构间的持久冲突是社会不能实现长期经济增长的根源（诺斯，1994，第25页）。明清王朝的治乱循环现象，为上述冲突的存在提供了极好的例证。但这种冲突产生的原因是什么？对这一问题的解答涉及人类制度变迁的最核心的内容。诺斯将其归结于统治者的自利性，却没有说明为什么统治者不愿意从社会的长期繁荣与稳定中获利而宁愿杀鸡取卵两败俱伤。奥尔森（Mancur Olsen）则强调了统治者的短期行为，认为目光短浅的统治者会征收掠夺性的重税从而破坏经济增长，他认为"国王万岁"具有重要的经济含义，如果国王真的"万岁"了，出于长期利益的考虑，他就会实行保护产权的制度，在税收增长中获利（奥尔森，2003）。但明清王朝的历史经验却表明即使心存长治久安并实行轻徭薄赋政策的统治者，同样也不能获得长期的稳定和增长。一个社会产权结构的形成、演变应该有其内在的原因和动力，只有深入其内，结合其独特的政治、经济、地理因素来全面地审视与考察，才能获得准确理解。

本书研究的目的在于通过对明清王朝治乱循环的历史经验分析，揭示出国家组织及其产权结构变迁的一般规律，解释历史上国家稳定与变迁的内在动力，以及国家所界定的产权结构的演变规律。

1. 提出一种解释王朝循环的理论假说，并以明清王朝的历史经验来验证它；

2. 用上述理论解释管制型产权结构的演变规律，将财政制度、官员腐败、地方政府（官员）行为、贸易制度变迁、思想控制等作为内生变量纳入到一个统一的理论框架中；

3. 以明清王朝的历史经验来验证中国当前新制度经济学研究中基于短期改革经验所获得的理论命题，证实或者证伪它们；

4. 探讨规范国家产生的条件，寻求打破治乱循环的解。

第二节 选题意义

本书选题属于新制度经济学的范畴。新制度经济学在中国的发展主要依据两条线索：一是用新制度经济学的理论来解释中国的历史和现实经验；二是用中国的历史和现实来检验和发展新制度经济学的理论，从这两个方面来讲，明清王朝的兴衰变迁都是一个极好的研究案例。

一、中国的制度历史和现实需要新制度经济学理论来进行解释

新制度经济学的理论主要是基于西方经验获得的，这些理论已经令人信服地解释了西方世界的兴起，它们能否以及怎样解释中国的历史和现实问题，是新制度经济学研究的一个新空间。诺斯在他的经济史理论中，强调了国家及其决定的产权结构对于经济增长的重要性，认为产权保护制度的确立是西方（确切地讲是西欧）兴起和繁荣的原因，从而提出了“制度至关重要”这一新制度经济学的基本命题。与西方的兴起和繁荣相对立的是中国这个古老的东方国家坎坷而波折的命运。东方不同于西方的发展路径，特别是近代之后两个世界被置于同一竞争舞台上而东方明显败落的事实，引导人们去思索导致两个世界差别的内在原因。由西方的产权保护制度与经济增长之间的关联性反向推导出的“缺乏产权保护导致中国衰落”的命题不管是从逻辑上还是事实上，都过于粗糙。毕竟，中国作为东方的大帝国，曾经长期地维持了人口与土地的增长以及社会安全与稳定，并创造了巨大的财富和灿烂的文明。要解释中国长期历史进程中的发展、衰落与变迁，必须深入其内，观察其制度演变的详细过程，从纷繁复杂的现象和事件之后清理出一条逻辑主线，将国家——产权结构——经济绩效等变量串联起来，构建一种历史性和逻辑性相统一的经济史理论。这是一项艰难繁重富有挑战性的任务，同时也是制度研究中最具吸引力和想象空间的题材。

长期以来，经济学家和其他社会科学家对历史制度变迁的研究主要是基于西方经验的，中国历史中的制度事实及变迁过程很少被予以关注。在马克思的历史唯物主义理论中，制度变迁是由生产力和生产关系的矛盾所引致，代表先进生产力的阶级战胜代表落后生产力的阶级从而推动从奴隶社会到封建社会到资本主义社会的演变。中国这个“东方专制主义国家”的历史经验并不与此吻合。尽管以鸦片战争为界线将中国历史划分为封建社会和半封建半殖民地社会的观点曾经长期占据主导地位，但许多史学家认为自秦统一中国之后，中央集权确立，国家直接面对编户齐民，此后中国的历史中并不存在西方意义上的领主分封制的封建。农民对宗族等小共同体组织的依附处于国家权力的控制之下，只有在国家政权积弱的非常态条件下，才会体现出“宗族势力”、“地方自治”等类封建特征（秦晖，2003）。希克斯（John.

Hicks）以市场的演进为线索的经济史理论，同样基于欧洲的历史经验，按照“分工——市场扩大——产权制度建立——资本主义经济体系”这样的线索展开。诺斯虽然提醒关注“中国现存的详细的制度知识及其是如何演化的”，但他的经济史理论中同样也没有将中国的制度变迁作为直接研究的对象（1994，中文版序言）。因为缺乏直接的观察与解析，经济学家对中国历史中的某些独特现象表示了困惑，这些困惑反映的正是中国历史制度变迁过程中的某些局部特征。例如：

1. 亚当·斯密（Adam. Smith）关于18世纪后期（《国富论》写作的时期）中国经济为什么停滞以及中国为什么不重视对外贸易的疑问。他写道：

> “中国是长期最富的国家之一。可是，它似乎长期处于停滞状态。500多年前访问过它的马克·波罗所描述的它的耕种、产业和人口众多，与现今旅行家所描述的几乎完全一致。中国或许早在马可·波罗的时代以前，就已经达到了它的法律和制度所容许达到的最充分的富裕程度。”（亚当·斯密，2001，第93页）以及“值得注意的是，不论是古代的埃及人、印度人还是中国人，都不鼓励对外国的贸易，似乎全都从内陆航运中获得了巨大的财富”（亚当·斯密，2001，第25页）。

2. 李约瑟（Joseph Needham）“为什么工业革命没有发生在中国？（即著名的‘李约瑟之谜’）”和“为什么中国历史上有魄力的皇帝都对豪强地主进行强有力的打击，就好像受到社会主义思潮的激励一样？”的疑问（李约瑟，1986）。

3. 塔洛克（Gordon. Tullock）：为什么中国古代创造了灿烂的文化却没有创造出同样灿烂的物质财富？（塔洛克，1999）。

4. 希克斯：中国在长期的农业文明中，尤其是在明代中后期商业开展之后，为什么自始至终没有形成基于贵金属的稳定的货币体系？在阐述欧洲货币制度演进过程时，作为对比，他提到：

> “中国（历史上）的货币制度是惟一有别于希腊祖先的这一管理的重大例外。中国的货币制度是在同样漫长的时期中发展起来的（真是不可思议），但其特征明显不同，完全独树一帜。它似乎从一开始就不建立在贵金属的基础上，从而很可能没有经过‘价值储藏’功能为主的阶段。”（希克斯，1987，第63页）

这些存在于中国历史中的谜团吸引着中外的学者来进行探讨和研究。他们所给出的解释涉及诸多方面，如中央集权的非竞争性和税收特征(Dimond，1999)、科学主义和理性思维的缺乏（Dimond，1999；李约瑟，1986；lin，1995)、高水平陷阱（Elvin，1973)、产权保护制度的缺失（亚当·斯密，2001；黄仁宇，1997)[①]、寻租（塔洛克，1999)、儒家文化（李约瑟，1986）等。这些观点尽管极具启发性，但它们仅仅是关注了中国历史制度的某一个方面，而不是其整体的规律和特征。将这些片鳞只爪的智慧整合，寻找出诸多变量之间的内在逻辑关系，形成一个统一的经济理论框架，并以此来解释中国长期历史中的稳定与变迁，具有极其重要的理论意义。

二、中国丰富的制度事实将有助于新制度经济学理论的发展和创新

20 世纪 80 年代后期新制度经济学引入中国之后，中国的经济学家一直致力于以中国改革的经验事实来验证和发展新制度经济学的理论，但是这些基于短期经验所获得的命题，需要被置于一个更长的历史背景中检验，以修正研究周期过短所导致的偏颇。

20 世纪 80 年代后期中国的“新制度经济学”热，这在很大程度上与中国当时的改革实践迫切地需要理论上的解释和指导有关。最初的研究基本上围绕着“市场经济和产权的重要性”这个主题的阐述展开，并涌现出了一批优秀的学者。如林毅夫关于中国计划经济时期农业制度的研究（林毅夫，1990，1992)、张维迎关于国有企业制度的研究（张维迎，1995)、黄少安、周其仁关于土地产权制度的研究（黄少安，1995；周其仁，1995)、盛洪关于改革形式的研究都是这个时期的代表（盛洪，1991)。

20 世纪 90 年代中期之后，随着改革的深入，中国新制度经济学研究的主题转向对“中国经济如何由坏的计划经济制度过渡到好的市场经济制度”

---

① 令人吃惊的是，亚当·斯密早在 200 年之前就将中国经济停滞的原因归结在制度上：“中国似乎已长期停滞，早已达到了与它的法律和制度的性质相吻合的充分富裕的限度。但在其他的法律和制度下，它的土壤、气候和位置所允许的限度或许要比上述限度大得多。一个忽视或鄙视对外贸易的国家，只允许外国船只进入它的一两个港口，不能经营在不同的法律和制度下可能经营的那么多的贸易。此外，一个国家，虽然富人或大资本所有者享有很大的安全，但穷人或小量资本所有者却享受不到任何安全，他们随时都受到下层官吏的以执行法律为借口的掠夺，在这样一个国家的所有不同业务部门中运用的资本，决不能达到这种业务的性质和范围所允许的限度。”这样的叙述，与当代新制度经济学的观点已经十分接近。

这一问题的解答，出现了“过渡经济学”或“转型经济学”，理论研究开始深入到改革的过程中去，探寻如何以最低或较低的成本实现中国经济的市场化转型，并依据改革的经验事实来构建新的理论，其中，有代表性的作品有：黄少安的《关于制度变迁的三个假说》，尤其是“转型国家可以通过政府力量推动市场化进程”和“制度变迁的主体角色转化”假说及其验证，为中国的渐进式改革提供了理论上的支持（黄少安，2002）；盛洪的过渡经济学，试图将科斯定律移植到中国改革的政治过程中来，认为可以通过新体制向旧体制赎买权利来低成本地完成市场化过渡（盛洪，1996）；林毅夫的“重工业优先发展战略”理论则坚持将发展战略作为制度变迁的外生的逻辑起点，认为传统经济体制（包括扭曲的宏观政策环境、资源的集中计划配置制度和缺乏自主权的微观经营机制）内生于发展战略，由这一理论推导出来的“后发优势”和“发展战略优先”的改革思路也构成了中国渐进式改革的一个重要的理论支撑（林毅夫等，1994）。但是这一理论所遭受的最大质疑就是其逻辑起点的确立是否具有历史真实性，这一点一旦被否定，各变量之间的关系就要重新排列，整个理论体系就面临被证伪的可能。张军就认为，传统经济体制的逻辑起点，不是重工业优先发展战略，而是社会主义制度，对于经济问题而言，它才是外生的。只有在以财产国有化、集中控制的资源分配体系、统一的财政、税收和物价等为特征的社会主义经济制度确立以后，从逻辑上讲，国家才开始选择以什么样的战略来发展社会主义经济问题（张军，2001）。通过对明清王朝治乱循环的历史经验研究，本书对上述两种观点都提出了质疑：史料表明，明朝统治者在王朝建立初期，也实行了大规模的“国有化”运动。例如，据《明史·食货志》载，“弘治十五年（1502年），天下土田止四百二十二万八千五十八顷，官田视民田得七之一”。在国家赋税主要来源地的江南地区，官田的比重更高，顾炎武《日知录·苏松二府田赋之重》推算宣德七年（1432年）苏州“一府之田地土无虑皆官田，而民田不过十五分之一也”。顾诚甚至推断明代的国有土地已经超过了全部土地面积的60%～70%（顾诚，1986）。同时国家还设立大量相当于国有企业的官手工场，许涤新、吴承明推断洪武二十六年（1393年），官手工业所占的劳动力约占全国人口的3%，涉及全国17%的家庭（许涤新、吴承明，2003，第115～121页）。与财产的国有化相伴随的是高度中央集权的财政体制、严格的户籍管制、对商业和贸易的抑制以及严厉的思想控制。如果在明清王朝的历史制度演变中，这些现象之间的逻辑关系可以得到确定，那不管是重工业优先发展战略，还是社会主义制度，作为当前经济制度结构的逻辑起点，都是不恰当的——明初既没有工业化发展战略，也没有社会主义思潮的影响，但统治者所确立的制度体系与毛泽东时代却有惊人的相似。承认这一点，就意味着承认历史制度和现实制度可能存在着共同的逻辑起点和演变规律。只有依据长期的历史制度变迁经验来构建制度变迁理论，才能避免基于短期经验所获得的命题的局限性。本书选择明清王朝治乱循环现象为直接研究对象的目的正在于此。

三、基于长期历史经验所获得的制度变迁理论有助于预测现行制度的未来走向，为打破中国历史中始终存在的“制度陷阱”提供一个合理的解

20世纪末，随着改革的继续推进，中国政治经济领域诸多深层次的问题和矛盾逐渐暴露出来，新制度经济学对制度变迁理论的研究也由以往的经济领域推进到政治和社会领域，开始将经济体制的改革纳入一个整体的制度结构变迁中来分析，并出现了理论和观念上的冲突，最具代表性的当属杨小凯和林毅夫关于后发优势与后发劣势之争。Sachs，胡永泰和杨小凯（2003）认为政治垄断下的经济转轨，会被内含的国家机会主义所劫持。不通过宪政改革来限制政府权力，非政府部门所创造的收益会被国家机会主义剥夺，从而使社会进入制度化的腐败，也就是张五常（2000）所说的“坏资本主义”，落后国家能通过模仿发达国家的技术和管理经验而获得短期的快速增长，但无法保证长期发展，相反，增加的财富会刺激和强化国家机会主义，使宪政改革成为不可能。社会最终会由于增长停滞、腐败、收入分配恶化等问题而陷入危机。林毅夫（2003）则从“发展战略决定论”出发，表达了相反的观点，认为：宪政改革不是一个国家的经济增长的充分或必要条件。避免落后国家后发劣势的，不是共和宪政体制，而是正确的发展战略。后发国家的政府，只有确立了按比较优势来发展经济的战略思想，才能使资源禀赋结构不断提高，微观主体的经济力量得到快速提升。随着微观主体相对经济力量的提升，依法治来界定政府和各经济主体的权利和义务的需求就会越来越强，从而实现制度的提升。

林、杨之争直接关系到中国改革的未来走向问题，宪政优先还是增长优先似乎是摆在中国面前的两难选择。如果承认宪政优先，那接下来不能回避的问题就是好的宪政从哪里来？大革命式的改朝换代只表示统治者的更替而不表示制度的更新，明清王朝的治乱循环经验表明一个国家在根本的政治、经济结构没有发生改变的条件下，宪政层面上的制度变革不可能实现，明清间的朝代更迭，只是原有制度的重复而不存在根本性的制度提升和改善。清末曾进行大规模的宪政改革，试图向现代民主法律制度过渡，但形式上的改变并不能导致实质性的制度变革。即使是民国年间，情况也不例外。民主、法制旗帜下的国民政府，曾试图以现代法律来代替乡间传统的非法收租行为，禁止地主所雇用的收租局扣押、拷打欠租的佃户，并要求将问题诉诸于法律，但当地主由于佃户欠租而无法完成政府的税收任务时，国民政府的最初设想遂发生改变，放弃对收租局的干预，费孝通在 1936 年进行调查中表明，收租局在江南地区仍然大量存在（白凯，2005；费孝通，2001）。

另一方面，如果坚持增长优先，同样不能回避的问题是什么样的条件决定了这种增长最终导向制度进步而不是杨小凯所预言的危机。明清王朝在后期，都经历了商业和贸易的增长，例如，麦迪逊（Maddison，1998）甚至估算出，在 1820 年前后，中国 GDP 占世界总量的近 1/3，但最终都不能免于崩溃。强制性制度变迁的确需要有一个诱致的过程，但不是所有的增长都会诱致出制度结构的提升，王朝治乱循环现象的存在，表明中国历史中始终存在一种制度陷阱或诺斯所说的“锁入效应”（North，1990）。经济增长和制度无法突破一种预设的上限而实现社会的长期稳定与发展。从明清王朝经济增长与社会政治、经济结构间关系的变化规律中，寻找到打破治乱循环的“制度陷阱”的解，对于解答当前的“增长优先还是宪政优先”的争论，具有重要的借鉴意义。

第三节 研究方法

本书的研究在一个新古典的理论框架下进行，历史中的制度及其变迁被作为内生变量纳入到理论中来。尽管它是关于历史的，甚至也被冠以了新经济史的标签，但它和传统的以对历史事实描述和分析为基本特征的经济史研究有本质的区别。这种区别可概括成“我注六经”和“六经注我”的差别。历史的经济史，正如吴承明先生所说的，是“研究过去的、我们还不认识或认识不清的经济实践，因而它只能以历史资料为依据”。在这里，所有的经济理论都是方法论，是为了对历史中已经存在的经济事实进行更深入的分析（吴承明，1995）。而经济学的经济史，正如希克斯所强调的那样“为了不致使逻辑进程与最大最明显的事实发生冲突，我们应当回过头来看看历史记录”（希克斯，1987，第10页）。在这里，所有的历史事实都是案例，是为了证实和证伪相关的理论。计量经济史将分析建立在对大量的历史数据的技术性处理上，看起来很像传统史学“挖掘事实”——“深入分析”的思路，但是这种相似仅仅是表面的：当经济学家在收集历史数据进行计量分析时，他们心中已经预先设定好了一个逻辑结构，数据处理的结果只是用来证明这个预先的设定是否正确[①]。这两种经济史在对历史事实审视时，一个由内及外，一个由外及内，它们殊途同归交融于一处时，人们关于历史的认识就会达到一种极佳的境地，就如同一位日本雕刻大师所说的：“我不是在用树木雕刻佛像，而是把驻在树里的佛请出来。”在这里，由外及内还是由内及外已经没有区别。事实上，在解释和预测中国历史的演进时，吴承明先生基于历史事实的归纳和新制度经济学家基于理论的逻辑演绎，最终都指向了同一结论：即市场化和现代化之间的必然联系（吴承明，2001）。

作为经济学的经济史研究，本书的研究方法具有以下的特点：

一、方法论的个人主义

“方法论的个人主义”由韦伯、米塞斯提出并由哈耶克、波普尔以及哲学家华特金斯（J.W.N.Watkins）普及和深入，这一术语已经成为包括新古典经济学在内的众多社会科学的方法论基础。根据 David L. Prychitko（1999）的解释，“方法论个人主义的原则在于这样一种信念，即个人构成了人之科学中分析的终极单位。根据这项原则，所有的社会现象，在不考虑有目的的行动者个人的计划和决策的情况下，是不可能得到理解的”。Hamlin（1991）则以一种较为具体的方式概括了方法论的个人主义的三项基本命题：（1）人之个体乃是社会、政治、经济生活的惟一积极主动的参与者；（2）个人在进

① 关于两种历史研究方法在范式上的区别，详见本书专论1。

行决策的时候将为了自己的利益行事，除非受到强制；(3) 没有人能够像利益者个人那样了解他自身的利益。在新古典经济学中，这种方法论的个人主义一直表现为个人主义、自由主义和功利主义的三位一体，这是新古典理论体系不可动摇的底线，也是包括新制度经济学在内的其他理论分析是否能够融入其内的一个基本前提①。

以方法论的个人主义来研究国家组织结构变迁时，会遇到一个不可回避的问题，即研究方法的个人主义和研究对象的整体性之间存在的持久冲突。国家、制度、产权结构、社会变迁、经济增长等概念通常是以社会整体的形式出现，很难对应到具体的个人。有学者甚至怀疑交易成本概念在解释制度变迁时是否有用，因为一切的成本都是基于个人而言的，而个人在整体的制度变迁面前，通常是无能为力的（汪丁丁，1995）。与此相反，在马克思的历史唯物主义中，不管是研究对象还是研究方法，都是整体主义的，个人始终是作为阶级的组件参与到制度变迁中来的，国家则是一个阶级剥削另一个阶级的工具，推动社会变迁的生产力和生产关系都是整体性的概念，不能，也不需要对应到个人身上。研究对象和研究方法的一致性，强化了马克思历史唯物主义的内在逻辑性，但这种建立在整体主义方法论之上的历史理论，除了能告诉我们关于历史制度变迁的一个宏观框架外，很难再提供细节的内容。为了了解国家组织结构详尽的变迁过程，个人主义的方法论基础是不可或缺的。

为解决方法论的个人主义与研究对象的整体性之间的冲突，诺斯引进了意识形态理论，以超越新古典成本—收益的个人主义计较（诺斯，1994，第12页）。但这种做法也受到另外一些学者的质疑，如黄少安认为，“把意识形态作为国家制定和变更产权的最后依据，显然是脆弱的”（黄少安，1995，第380页）。丹尼尔·安卡鲁（2002）则指出，诺斯的这种超越实际上使他的理论越来越偏离新古典体系。本书试图通过以下方式来协调这一冲突：(1) 将社会整体分解到个人，将“国家”、“市场”、“企业”、“宗族”等组织形式还原成个人间的契约，将承载于社会整体之上的经济增长和制度变迁最终落实到个人身上。(2) 以“专业化人力资本”概念来分解“意识形态”、“文化”等具有整体特征同时又不可操作的因素，认为一个社会主流的文化和意

① 关于方法论的个人主义更为详尽的陈述和分析，参见邓正来（2003）。

识形态在大多数情况下是它过去的或现在的人力资本运动的轨迹，是个人在既定制度、技术、法律条件下的互动以及这种互动的结果在历史中沉积、扩散和遗传过程。(3) 采用基于个人主义的交易费用（成本）概念，认为交易费用（成本）是个人或组织界定、转让产权的费用。(4) 强调制度变迁的边际分析，认为具有整体特征的制度变迁总是从边际上开始的，服从于经济人个人的成本—收益分析。

二、国家的经济人假设

本书接受“国家的经济人假设”，将国家看作是一个以保护和公正来交换税收和租金的“企业”，服从于一个追求权力（收入）最大化的统治者（集团）的指挥。这种方法论上的简化，对于分析明清这样的专制国家是较为可行的。专制国家，如巴泽尔（Yoram. Bazel）所言，是一个“拥有全部剩余索取权的企业”（Bazel，2001），统治者、官僚、臣民间类似于一种所有者（委托人）——代理人——管理对象的古典企业关系，国家最终可以落实到统治者个人（或集团）身上，这一点可以从专制国家的统治者常说的“朕即国家”，或“普天之下，莫非王土”而得到体现。统治者（集团）对权力（收入）最大化的追求影响和决定了社会的产权结构及其变迁。

三、定性的、案例的研究方法

在本书的研究中，很少涉及定量分析，这主要是因为：(1) 历史数据的缺乏。吴承明曾指出，清代之前的经济史研究，由于缺乏可靠的数据，不适合采用计量方法来研究（吴承明，1995）。何炳棣在研究 1368～1953 年的中国人口问题时，也回避了定量分析，“因为中国的明清时代并不具备为这一目的需要的人口普查数据和政府统计报告这类现代或接近现代的统计数”（何炳棣，2000）。人口和土地一向是古代王朝统计资料最齐备的，情况尚且如此，其他方面的资料状况自然可想而知。(2) 对定量分析在制度研究中是否可行的疑问。近年来在制度研究中多国回归的定量分析方法颇为盛行，并出现了一些有影响的作品，如 Acemoglu，Johnson and Robinson，2002a，2002b；Barro，1997，1999；Bahdan，2005 等。但由于受指标选取和数据真实性的制约，回归结果不可避免地会产生偏差和失真。对制度的研究，仍然离不开历史的、比较的方法。(3) 案例的好用性。案例研究在很大程度上可以弥补定量分析的不足，一个精心寻找的实例往往能够提供比理论模型更丰富的内容。作为一个研究国家组织结构变迁的案例，明清王朝的治乱循环至少具有以下的优点：(1) 典型性；(2) 时间跨度长，展示充分；(3) 资料充分，这得益于中外史学界在这一领域所取得的丰富的研究成果；(4) 现实感强，较短的时间距离使其文化与政治权力在现实中的沉积很容易被体会到，并成为一种重要的引导学术研究的直觉力量。

四、历史的研究方法

基于中国改革短期经验所获得的理论的局限性，表明了制度研究中历史视角的重要性。制度研究的历史视角不仅仅是指在制度的研究中，应该关注历史中的制度，包括非正式制度在当前制度中的沉积及其影响，或者注重对历史案例和经验的研究，如阿西莫格鲁等关于前殖民地以及大西洋贸易的研究（Acemoglu，Johnson and Robinson，2002a，2002b）。在更大的程度上，它应该被理解成：在对制度的研究中应该有意识地将研究对象纳入连续的历史时间序列中，把特定阶段的制度变迁看成是历史演进中的一个场景而不是一个独立的过程。林、杨之争反映了经济学家因为历史视角的不同而对制度变迁的不同理解。林毅夫主要截取了建国后至今的时段，因而以“重工业优先发展战略”为理论起点，而杨的忧患更多来源于中国近百年经济史中的经验。如果将研究视角继续扩展，将由明至今看成一个多周期的制度时段，又会获得另外不同的认识。

第四节 基本概念和逻辑结构

一、基本概念

本书所涉及的基本概念包括：

1. 组织：由经济人组成的从事生产型活动或者非生产性活动的集团，集团内部存在着一定的规则和执行机制。

2. 国家：一个建立在暴力基础上的以保护和公正换取税收的特殊企业，服从于一个统治者的领导。国家在暴力的使用上拥有比较优势而不是垄断优势。

3. 制度：约束特定组织内人的行为的规则。

4. 结构。一个社会的政治、经济等正式制度与意识形态的非正式制度所构成的制度体系，包含各种具体的制度安排。

5. 产权。个体（经济人）关于一项资产的权利，通常被分解成财产权，即消费、处置这项资产的权利和契约权，即让渡这项资产的权利，也可按照资产的属性被分解成不同的产权束，关于一项资产的产权由无数的产权束组成。

6. 交易费用（成本）。与界定和执行产权有关的费用（成本）。从个体的角度来讲，它是个人获得、保护和转让一项权利的费用（成本）。从整个社会的角度来讲，它可以被理解成人与人之间合作的费用（成本）；从企业、国家或特定组织内部来讲，它等于组织内规则运行的成本，可以与组织成本、统治成本等概念互换，本书在研究国家组织结构变迁时所使用的交易费用，主要是指这一层次上的。

二、逻辑结构

本书对明清王朝治乱循环中国家组织及其产权结构的研究以交易费用为主线，按照由外及内、由框架至细节的思路，从3个层次上展开。

1. 国家组织形态的变迁。在最宏观的层次上，研究了军事技术和交易费用影响下的国家组织形态的变化和调整，提出了王朝循环的交易费用假说，为整个明清国家组织结构的变迁提供了一个基本的分析框架。

按照本书的解释，国家的范围不是外生的地理变量，而是一个国家军事供给技术和内部组织成本的函数。在军事技术既定的前提下，国家的均衡点位于范围扩大增加的边际收益和边际成本相等时。超此范围之后，国家规模即处于不稳定状态中。在古代中国，保护的规模效益、协作治水、抵御风险、协调外部性以及对统一市场的需求，极大地提高了国家统一的收益，促使分裂的小国重新走向统一。但是，在前现代的技术条件下，统治者以有限的资源维持辽阔疆域（众多人口）的统治，会受到交易费用的约束。为避免交易费用上升导致的国家不稳定，统治者设计了一系列制度来加强对统治范围内的控制，如限制个体自由、抑制商业和贸易、实行思想控制等。这些短期内降低交易费用提高统治效率的制度，从长期来看，不但抑制了社会产出（意味着保护和其他公共品供应能力的降低，国家统一的收益下降）而且会不断内生出新的交易费用，使国家统一的收益和交易费用间的差距进一步扩大，最终导致国家走向分裂。这个过程是从边际上展开的，表现为国家保护、税收和作为第三方执行契约的范围逐渐被竞争者侵占。在前现代的条件下，中国始终不能克服统治范围和统治资源间的矛盾，因此只能在反复的治乱循环中徘徊。

2. 国家组织形态变迁中的产权结构调整。在国家组织形态变迁的框架之下，从财政、税收的角度研究了明清管制型制度体系的演变规律。认为：国家对产权的界定受到交易费用的约束，并服务于统治者监督控制臣民以及税收的目的。暴力优势使国家和个人间的契约不可能在平等的基础上达成。国家产生之后的初始产权状态通常是在严格监督的等级制“类奴隶制”状态下开始的，并随着监督、控制费用的改变而改变。不同的交易费用条件下，统治者的监督、控制成本不同，所界定的产权结构也因此不同（奥尔森，2003；奈（John V.C. Nye），2003）。

在王朝的初期，统治者监督、控制官僚的费用较低，因此用官僚体制来直接征税、控制臣民，提供保护和法律等公共品，并确立了低税收、社会管制以及财政集权三位一体的制度体系，它们构成了统治者维持大一统的制度基础。其中，以低税收政策提供臣民合作的激励，以严格的管制降低征税和监督臣民的成本，以高度集权的财政制度提供实施管制的资源保障。

随着交易费用的上升，统治者对官僚和臣民的监督费用上升，统治者对权力的追求使他们不可能采取制度性分权或者赋予臣民以经济自由的方式来节约监督费用，而只有默许官僚一定程度的腐败，以强化他们的忠诚，避免卸责，结果造就了国家正式的财政税收制度之外的庞大的非正式资金体系，社会产权结构演变成轻徭薄赋、财政集权与腐败的三位一体。

非正式资金体系的运行使中央政府、国家与官僚之间形成了一种事实上的财政分权。官僚在分成比例的确定上，居于主导地位，在最大化的假定之下，他们会努力地扩大自身的份额。为此他们可能会加强对基层纳税人的搜刮，也可能通过促进商业发展来扩大税基，商业发展和底层社会被严重剥夺现象在王朝中后期同时存在，并导致加剧了城乡二元化结构的形成。

随着非正式资金体系在全部税收收入中所占的比重越来越高，财政集权消亡，中央政府丧失维持社会管制的资源保障，原有的官僚体制转变成了事实上的包税人，征税的功能挤出了国家管理的功能，国家机器运转失灵，明清型低税收、社会管制以及财政集权三位一体制度体系彻底崩溃。

3. 产权结构调整对经济绩效的影响。以产权经济学为工具，从一个超微观的角度来分析了明清管制型制度体系对经济绩效的影响，通过对产权束的分解来显示管制制度所产生的效果。

管制造成个人产权的稀释，私人在最大化的假设之下，会对产权稀释所产生的浪费进行调整，并因此使一些重要的产权属性落入巴泽尔的公共领域中，被最靠近它们的人所攫取。

从公共领域攫取财富的行为虽然在短期内可以减少社会资源的浪费，但是从长期来看对经济增长的负面影响也是深远的，它不但导致了管制社会后期的无政府化，而且使一个封闭社会的文化呈现出越来越强的寻租特征，最终社会被锁入进“低增长、高寻租”的贫困均衡状态中。这是李约瑟之谜产生的根本原因。

三、结构安排

本书共包括6章和4个专论，内容安排如下：

第一章为绪论。

第二章为文献综述。对新制度经济学的国家理论进行了评介，这些理论回答了“国家是什么？国家的范围如何确定？国家怎样界定产权并进行制度调整？国家的产权制度和经济绩效间具有什么关系？”

第三章为“明清国家组织的变迁：王朝循环的交易费用假说”。探讨国家组织规模在边际上的变化及内在动力，提出中国历史上治乱循环的交易费用假说，解释国家如何在统一的收益与由此增加的交易费用间权衡，国家加强管制降低交易费用的制度如何不断内生出新的交易费用，以及国家组织在边际上的变化怎样发生。

第四章为“交易费用影响下的制度变迁：明清王朝产权结构的演变”。揭示明清管制型制度的内在演变规律，财政制度、官员腐败、地方政府（官员）行为、贸易制度变迁、思想控制等均作为内生变量被纳入到统一的理论框架中。

第五章为“管制为什么不利于经济增长：李约瑟之谜的产权经济学解释”。从产权经济学的方法论来考察管制型制度对社会经济的影响，解释李约瑟之谜产生的原因。

第六章为“在制度与增长的互动中前行（代结论）”。根据前文的分析，探讨打破王朝治乱循环的解，为中国当前政治经济的改革提供新的思路。

4个专论是对前面所涉及问题的深入探讨。这样安排既可以提高研究的理论深度，又保持全书理论框架的简洁明快，不会因为对单个问题的深入研究而影响到读者对全书整体框架的把握。4个专论包括：

专论1：新经济史学方法论的演进：兼论当前中国经济史研究中史学与经济学范式的冲突与交流。这一专论主要讨论了新经济史学的研究方法问题。本书的研究属新经济史学的范畴，即以新制度经济学的理论和方法来研究中国历史问题，是经济学的经济史而不是史学的经济史。这种研究方法目前还存在着很大的争议，主要是来自于传统史学的质疑。他们认为这样的研究是在“以理论臆断历史”，使历史变成了理论的附庸。另外，本书的研究是建立在二手史料的基础上，不像传统史学研究一样强调史料的挖掘和发现，这在传统史学家看来也是不可接受的。在本专论中对这些质疑进行了反思，思索了新经济史学和传统史学在范式上冲突的原因以及解决的方法，特别反思了在历史案例的研究中，经济学家应该向史学家来学习什么。

专论2：明代海外贸易管制中的寻租、暴力冲突与国家权力流失：一个产权经济学的视角。这一专论是对第四章内容的扩展。以产权经济学的方法分析了贸易管制过程中产权的重新配置以及由此导致的寻租、暴力冲突对国家权力结构变迁的影响。国家的灭亡尽管通常被归因于农民战争和外族入侵，但实际上它是一个长期自我积累的过程：贸易管制中的寻租和暴力冲突，不但降低了国家的行政、税收效率，而且侵蚀了国家的统治范围，使得国家的灭亡在边际上逐渐展开。

专论3：资源禀赋、交易成本与企业形式：从明清江南纺织市场到当前温浙中小企业集群。这一专论是对第四章的扩展，描述了明中期之后交易费用上升所带来的管制放松如何促进了以纺织业为代表的早期工业的发展以及如何推动契约、组织形式及社会法律制度的演变。将管制放松后的社会图景与管制下的状况相对比，会更深刻地展示明清王朝社会管制措施对经济增长的抑制作用。再联系到当代中国改革前后的情况，这种对比效果就会更加明显。

专论 4：社会权力结构调整与中国经济转轨的路径选择：基于经济学文献的分析。这一专论是对第六章结论部分的扩展，也是本书研究的最终落脚点。对明清王朝治乱循环的研究是为了找出这种制度锁入现象的原因及打破锁入的解。一种使国家和社会在权力使用上具有共容利益的权力结构对于中国走向长期的繁荣和稳定是至关重要的，这个过程应该怎样实现，“增长优先”还是“宪政优先”的争论也许可以统一到社会权力结构的边际调整上来。

第二章 DI ER ZHANG

新制度经济学视角下的国家组织结构变迁：文献综述

新制度经济学有关国家的理论试图回答：国家是什么？国家的范围如何确定？国家怎样界定产权并进行制度调整？国家的产权制度和经济绩效间具有什么关系？是好的制度导致了一个国家的经济增长还是只有经济增长带来的物质财富和人力资本积累到一定程度后一个国家才有可能选择好的制度？在长期的历史进程中，国家的组织结构变迁是怎样在边际上展开的？如果一个国家不幸被锁入了坏制度及其导致的贫困陷阱中，那它挣脱樊笼的契机又在哪里？

第一节 国家的性质与起源

新制度经济学的国家理论在一定程度上可以理解成是科斯企业理论向政治组织的扩展。在科斯看来，企业是作为市场的替代机制出现的，政府也一样。企业可以通过市场契约将各种生产要素集中于一个企业组织之中使其服从一个权威的指挥，政府也可以通过强制人们必须做什么不做什么而规定出各种生产要素的使用方法，因此“政府是一个超级企业（但不是一种非常特殊的企业)”。政府和市场中的企业的不同在于后者的规模受制于其内部的组织成本，当企业内的组织成本在边际上等于市场的交易成本时，企业在规模上达到均衡，超出了这个均衡点，企业内的要素就会重新退回到市场或者交由另一企业组织。而对于政府而言，这样的均衡点存在但政府却可以不受它的制约，即使政府内的组织成本高于市场交易成本，政府仍然“可以依靠警察和其他法律执行机构以确保其管制的实施”。因为没有了外部均衡点的制约，所有政府执行契约的经济效率是不确定的。“直接的政府管制并不必然带来比市场和企业来解决问题更好的结果。但同样也不能认为这种政府的行政管制不会导致经济效率的提高。尤其是像烟尘妨害这类案例中，由于涉及许多人，因而通过市场和企业解决问题的成本可能很高”（科斯，2003b）。

诺斯首次在科斯的“超级企业”中填进了暴力、产权界定、税收与保护的交换等实质性内容，提出了一个完整的新古典国家理论。其中，国家是一个以保护和公正来换取税收和租金的特殊企业，在暴力的使用上拥有比较优势，其边界取决于军事技术和内部的组织成本。国家的业务主要集中在两个方面：一是规模地提供保护，以节约经济体中的个体自我提供保护的成本；二是为经济体中个体之间的契约提供规则并保证其履行，从而降低交易（合作）费用促进经济增长。从这两方面来讲国家对于人类社会的发展和进步是不可或缺的。“与法律、公正和防卫的设计相关的规模经济是文明的基本源泉。”但国家本身具有经济人的特征，会利用暴力的优势来为自己谋取税收和租金的最大化。国家在界定产权的时候必须在这两个方面进行权衡，由于“在使统治者（和他的集团）的租金最大化的所有权结构和降低交易费用和促进经济增长的有效率体之间，存在着持久的冲突”，国家经常会为了自身的收益来选择无效率的产权制度，最终破坏经济增长（诺斯，1994）。

国家会利用暴力的比较优势来降低交易成本促进经济增长，同时又会为了税收和租金的目的来破坏经济增长，社会产出取决于国家在这两个目的间权衡并相应分配暴力的最终结果。国家在两个极端目的间徘徊而不是驻留在某一端点，这正是新制度经济学的国家理论和以往的国家理论的不同。诺斯之前的国家理论，主要包括契约论与剥削论，它们分别位于国家目的的两个端点：契约论拓展了交换的逻辑，强调了国家在使社会福利最大化方面的作用，但忽视了国家内部的各集团为自身利益最大化而产生的外部性；马克思主义经济学为代表的剥削论或掠夺论，强调了作为某个阶级或集团的代表人的国家对其他阶级或集团的成员的掠夺和榨取，但忽视了掠夺者基于长期掠夺的考虑而对被掠夺资源予以的保护。位于两个端点上的国家是极不稳定的非常态，诺斯提出的“暴力潜能”分配功能理论将国家置于了一种更稳定的一般形式。这一点被包括奥尔森、巴泽尔、奈、埃雷森纳（A. Alesina）、阿西莫格鲁（Acemoglu）等在内的几乎所有的新制度经济学家所认可，尽管他们对国家居于哪一端更远、哪一端更近的理解并不一致，同时关于国家内部的运行方式也持不同的观点。大体来讲，诺斯、奥尔森更靠近于掠夺论，巴泽尔则相反（Bazel，2001；奈，2003；Alesina，1997；Acemoglu，2004）。

诺斯的国家是企业的延伸，受到交易费用的约束。国家内部是一个科层组织，存在着信息成本导致的逆向选择和道德风险，统治者和官僚体制之间具有委托—代理关系，来自于官僚体制的风险是国家内部交易费用的重要组成部分。国家作为一个科层组织所节约的交易费用在很大程度上来源于威廉姆森所说的与纵向一体化下和资产专用性有关的敲诈，或曰准垄断资金占用。这一点后来的法经济学家有进一步的论述。如兰德纳和波斯纳（2004）论述了国家的公共执法系统中可以避免私人执法的外部不经济[①]。

国家还面临着竞争约束。统治者的竞争者既包括来自其他国家的现有竞争者，也包括来自内部的潜在竞争者。为应付外部的竞争者，国家需要对军事技术的投资，并因此加强税收；为应付内部的竞争者，国家会强化权力控制，这两个目的都会影响到国家的产权结构的设计。使统治者目前收益最大化的产权结构会由于军事技术、要素价格、各集团力量对比的改变而不再有效，并迫使统治者做出相应的调整，这是经济史中的结构变迁的主导力量。这也就是说，统治者是制度供给的主体，但制度的变迁并不惟一地依赖统治者，在大多数情况下，它是统治者和其他社会集团讨价还价的结果。

奥尔森关于国家起源的常驻匪帮论更接近掠夺论，但与马克思主义者的观点所不同的是，他强调了国家以税收的方式来掠夺财富时所赋予被掠夺者

① 例如，执法者A开始对违法者X的调查，收集了广泛的信息，并准备起诉，此时执法者B，得知A的调查，而先对X提出诉讼。A的收益减少，尽管它可以通过向B出售信息来获利，但收益总是会少于其拥有的独立执法权时的情况。通过赋予A排他性的执法权来解决外部性也是不可行的：如果那样做，就会激励人们花费时间设计并提起一些贫乏的申诉，指控大公司违反了各种法律，然后便坐等有调查技能和资源的人来购买其请求权。这种设计和起诉的投资会造成社会资源的过度消耗。资产专有性问题在一体化的垄断执法组织——国家的公共执法系统中可以得到避免。

的收益。奥尔森从其长期研究的集体行动的悖论出发，认为由于存在着搭便车现象，一个社会中成员以契约的形式来组织国家是不可能的，国家源于流窜匪帮向常驻匪帮的演变。当一个流窜匪帮在一个地区驻扎下来，以税收代替抢劫，并提供产权保护，国家便代替了无政府状态。奥尔森的国家理论提供了一个重要的新思路，即国家组织产生、演变中的政治权力结构变化。奥尔森将人类社会文明的产生和进步归因于统治者（流窜匪帮的帮首）和臣民在权力使用上的利益共容，认为它和亚当·斯密的"无形之手"同样重要，国家的产生是这支无形之手的"初次恩惠"。奥尔森的这一思路在很大程度上被阿西莫格鲁等承袭（奥尔森，2003；Olsen，2000；Acemoglu，2004）。

同诺斯一样，奥尔森也将国家视作以保护来换取税收的组织，强调国家对私人产权的保护之于经济增长的重要意义。所不同的是，奥尔森基本上没有关注国家内部的组织结构及交易费用，而主要着眼于公共财政和线性税收，将国家产权结构的变化同税收紧密联系在一起。他认为国王，即流窜匪帮的首领，由于任期有限及继承权的内在不确定的原因，可能会采取短期行为，像一个流窜匪帮一样掠夺财富、征收重税而不是保护产权和契约，因此"国王万岁"具有重要的经济意义。因为，如果国王的生命如果真的能够无限延长，那么他就会注重长期契约，从而使私人产权获得保护。民主的意义在于：一方面它以一种非人格化的机制来代替有限生命的统治者，从而避免了流窜匪帮的短期行为；另一方面，民主制下的税率通常比独裁者追求的税率要低，因为民主政治中，多数人控制了征税权，由于他们与社会具有更大的共容利益，以减少国民收入来转移财富的重税收不能为他们带来好处。

与诺斯和奥尔森不同，巴泽尔的国家理论更接近于契约论。他将整个理论体系的逻辑起点建立在一种假定的霍布森的"自然状态"下。在这种状态下，社会中的每个个体都从事生产、保护和偷窃，保护是一种自我执行机制，取决于个体在暴力上的实际拥有量，个体会对暴力进行投资，直至投资暴力的边际成本恰巧等于由此所能获得的收益。这时，某个（些）在暴力上具有比较优势的个体就会从其他活动中分离出来专门从事保护，这种依托于暴力的第三方执行机制提高了保护的效率和偷窃的成本，最终将其他个体从保护和偷窃中分离出来专门从事生产，社会产出因而提高。随着合作程度的提高，个体间关于生产和交换的契约越来越多，这些契约最初也依靠个体间的自我执行机制，如格雷夫（Avner Grief）所描述的具有长期契约关系的贸易伙伴间的相互惩罚机制来执行（格雷夫，2003）。由于短期契约和陌生交易者间的契约执行缺乏保证，那些在暴力上拥有比较优势的个人（或团体）作为第三方来保证契约的执行变得有利可图，这种分工带来了交易扩大、产出增加。这个提供保护和保证合同执行的第三方执行机制就是国家。巴泽尔从这两层含义上抽象出了国家的定义：国家由一群个体所组成，他们服从于一个建立在暴力基础上的单一的、终局的第三方执行机制。国家的界域，即这些个体居留之处由这个执行机制的权力抵达范围所确定（Bazel，2001）。

在巴泽尔的国家理论中，作为第三方执行机制的国家的出现是个体集体行动的结果，是个体出于自身利益最大化的考虑而做出的理性选择，而且个体在做出选择之前已经事先知道国家有可能依靠其在暴力上的优势来侵犯个人的权利，因此除非个体在集体行动中已经预先设立了防止国家权力泛滥的机制，他们不会选择它，民主在巴泽尔的国家中是先验存在的。这是巴泽尔与诺斯和奥尔森的一个最显著的不同：巴泽尔将公众作为委托人限制国家权力的民主制度视作国家的常态，而将专制视作一种特殊形式，将其出现归因为自然灾害、意外事故的冲击（Shock）所导致的对国家强权的需求。诺斯、奥尔森则将国家为了税收目的而破坏经济增长的专制状态视作经济史中的常态，而将民主和保护产权的制度的出现视作一种满足特定条件时的特殊解，如诺斯认为民主在英国的产生是财政压力之下议会限制王权制度的偶然确立，奥尔森则更直接地指出民主产生的关键就是不具备专制建立的条件，当在一个范围较小的领土内，各个集团谁也不能战胜谁最后不得不选择权利分割和制衡的和平共处秩序时，民主才会产生。奈（2003）也认为国家在强制力上的优势决定了国家和个体之间不可能存在平等的契约关系，社会初始的权力结构应该是强制的奴隶制。只有随着控制成本的上升统治者占有臣民无利可图时，才会出现巴泽尔所说的契约国家。

巴泽尔和诺斯、奥尔森的另一个重要区别是国家与制度出现的顺序的不同。在巴泽尔的理论中，制度先于国家，国家的出现只是出于效率上的优势而以第三方执行机制来代替自我执行机制，推动制度变迁的最终力量是公众而不是国家；而奥尔森和诺斯的理论中，国家出现之后，才出现了界定产权的制度，国家在制度供给方面具有决定作用。诺斯认为不同集团成本—收益函数的变化会影响到国家的最大化选择并使国家对产权结构做出调整，个体只有依靠意识形态的力量才有可能会有意地采取行动影响制度变迁，奥尔森则直截了当地断言，由于集体行动的悖论，即使处于暴君的统治之下，个体也很少会采取行动来推翻政府，制度的变迁在大多数情况下是统治者在既定约束条件下的选择（奥尔森，2003，1995，1993）。

诺斯、巴泽尔、奥尔森国家理论的不同还体现在对国家的人格特征的理解上。尽管都是从经济人的假定出发，但奥尔森的国家是一个能够克服搭便车现象的少数人构成的集团，诺斯的国家是一个科斯意义上的科层企业，巴泽尔的国家则是一系列的契约的联合体。在这一点上，巴泽尔显然是受到了张五常的影响，张五常（2003）认为一个科斯意义上的企业是一个契约的联合体，企业即以要素契约代替产品契约，但大量的混合契约，如计件工资，分包制的存在，使他最终陷入了“不知企业为何物”的困惑中。科斯对此并不认同，他认为企业的核心是指挥，即各种要素服从一个企业家的指挥；这个企业家，在诺斯的国家理论中，被置换成了统治者；而巴泽尔的国家中仅有契约没有统治者，这使得他在一定程度上也落入了“不知国家为何物”的困境，在他的理论中，犯罪组织和起义团体同样都满足国家的特征。

诺斯、奥尔森、巴泽尔的国家理论侧重点不同，各有千秋。诺斯以竞争约束和交易费用约束所构建出来的国家分析框架是清晰而明朗的，企业理论的大量成果又为填充这个框架提供了丰富的工具，在分析长期历史中的国家组织结构变迁时，它是无可替代的。而巴泽尔一贯所擅长的产权分析方法在分析产权结构调整中的细节，包括原因、发生的过程、产生的绩效方面又是无与伦比。诺斯将产权结构的调整归因于国家在使统治者收入最大化和降低交易费用两个目的方面的权衡，而调整的过程是怎样发生的无从论及，甚至最终不得不引入意识形态理论来解释个体如何克服搭便车实现制度变迁。而巴泽尔凭借着“公共领域”一个概念，轻而易举地刻画出了个体出于自身利益最大化的行为如何最终影响了整体制度的变迁[①]（巴泽尔，1997）。奥尔森所提供的公共财政和税收的角度是研究国家组织结构变迁的一个最方便、直接的切入点，柏克在《法国革命反思录》中曾断言“国家的税收就是国家”，财政税收制度在一定程度上可以看成是国家所供给的产权制度的基础和先决

① “公共领域”是巴泽尔提出的一个重要的概念。他认为由于交易成本，主要是界定产权的信息成本的存在，一项产权永远不可能得到完全界定，得不到界定的权利便留在“公共领域”中，被最靠近它的人所攫取。对这一概念的更详细的阐述，见本书第五章。

条件——私人产权位于国家税收权利之后，一个国家的产权状态在根本上取决于国家与个人间所形成的税收关系，诺斯也表明私人产权保护制度在欧洲的确立就是因为国王的征税权受到了议会的限制。近年来十分活跃的公共经济学中的财政分权理论已经成为解释专制国家制度变迁的一条重要思路。为能对历史中的国家组织结构变迁作出更深刻的、符合历史事实的解释，将这三种理论结合使用是非常必要的。

第二节 国家的范围与规模

经济学视野下的国家范围或规模（size and scope）是作为内生变量而被纳入分析框架中的。早期有代表性的文献是威特福格尔的治水理论和弗里德曼关于国家规模与形式的理论，前者将国家的规模同水利系统的整体不可分联系在一起；后者则将国家的规模和形式与收入类型联系在一起，认为主要政治收入，如果来源于贸易则导致大国，来源于租金，则导致小国，来源于劳动，则形成封闭边界和相同文化的国家（Wittfogel，1957；Friedman，1977；诺斯，1994，第26页）。新制度经济学家兴起之后，国家的范围与规模、其产生的原因及对制度变迁的影响就成为新制度经济学国家理论中的一个重要内容。

新制度经济学中的国家范围与规模是其掌握的暴力资源和交易费用的函数。诺斯论述了与军事技术相关的保护的供给曲线对国家规模的影响，认为军事技术的特性“决定了国家内部和国家之间暴力潜能的分配”。军事技术决定了一个国家规模的上限，而国家可以实现的有效规模则取决于军事技术和交易费用的双重约束，因为交易费用影响着国家内部的产权结构和税收能力。一个“有效率”的政治—经济单位的规模应该位于“保护的边际成本等于增加的税收时”的均衡点上，如欧洲庄园制下，“由于城堡具有不可分性，因而存在着处于被保护中的规模经济。然而，当受到封建领主保护的居民数量增加时，耕地与城堡之间的距离就增加了，并最终引起保护费用的上升。总而言之，保护呈现出经济学家非常熟悉的U形成本曲线，庄园的‘有效’

规模取决于提供保护的边际成本与领主所得的劳动边际产品价值（即税收）相等的那一点”。军事技术及组织的改变，可以扩大国家的规模，但凭军事力量造就的大帝国通常是不稳定的，最终要在保护、税收能力的约束之下分解和收敛（诺斯，1994，第230页，第26页，第25页）。

巴泽尔从契约的角度来阐述国家规模。在巴泽尔看来，国家仅仅是一个第三方的执行机制，其规模取决于所执行的契约量在全部社会契约中所占的比重。在不存在保护和交换的情况下，国家执行的契约量为零，国家的规模也为零。在存在保护和交换的条件下，国家的规模也是动态的，变化的，如纵向一体化组织，或者犯罪组织，将原来由国家执行的契约变成了组织内部自我执行的契约，降低了国家的契约执行比重，国家的规模因此缩小了（Bazel，2001）。

由于交易费用的影响，国家所执行的契约，不管是关于保护的，还是关于交换的，都不会占到全部契约的100%，如家庭在执行有关儿童养育、教育的契约上比国家更有优势。在有些情况下，犯罪组织和起义团体在暴力上的优势也会超过国家[①]。现代国家通常所宣称的在领土内拥有暴力垄断权的说法在巴泽尔看来是不恰当的。奈认为垄断只是国家权力结构均衡状态中的一种而已，如由一个奴隶主和一个奴隶构成的极端奴隶制国家（奈，2003）。巴泽尔的国家规模，是一个动态的不确定量，取决于国家权力所能抵达的范围。地理特征会影响到国家范围，因为地理上天然的障碍或隔绝，如高山、大河、海洋等会影响到国家权力的延伸，一个保护者同时向地理障碍两端的被保护人提供保护会受到保护成本的制约。在既定的地理范围之内，国家的范围会受到国家在暴力上的相对优势和与契约的执行有关的交易费用的影响。在国家积弱和交易费用过高的情况下，包括犯罪组织在内的各种竞争性组织会逐渐地侵占国家的范围，这个过程是在边际上展开的。国家被推翻、取代或者由专制转向民主虽然常常表现为一种巨变，但实际上它的发生过程是缓慢的、渐次的，是从“公共领域”中通过权利的逐渐转移进行的（Bazel，2001；巴泽尔，1997）。

埃雷森纳将国家范围作为直接研究对象，他认为国家的范围不是外生的地理变量，而是其法律、制度能够抵达的范围，事实上，从长期来看，即使

---

① 在有关非法偷猎的案件中，我们经常看到偷猎者比保护区工作人员有更好的装备。

地理变量也是内生的，由国家的法律制度所决定。例如，一个国家的法律如果允许通过全民公决决定一个地区的独立权，那这个国家的地理范围和特征就会因为公决的结果而改变。在关于国家范围的一系列文献中，他和他的合作者建立起正式的模型来分析国家范围与经济增长、贸易、战争等变量的关系，并确定了一个分析框架（Alesina，1997，1998，2003）。在这个框架中，军事技术是既定的，国家的范围主要取决于交易费用的约束，即国家在范围扩大中所获取的收益与增加的交易费用间的权衡。范围扩大为国家所带来的收益包括：（1）税源增加带来的公共品人均成本的下降①；（2）抵抗外敌入侵能力的加强；（3）市场扩大；（4）地区抵御分享能力的加强；（5）地区间的转移支付与再分配；（6）地区间外部性的内部化。交易费用则来自于人口增加所带来的偏好多样化和异质性增加。作为同一个国家中的一部分，不同种族、语言、宗教、文化的人必须服从同一政策，这些政策可能涉及收入再分配、公共品供应或外贸政策，人口中的偏好异质性越强，就某项政策达成一致的机会越小，国家就会越不稳定。

国家位于范围扩大带来的收益与偏好异质性增加所确定的均衡点上。埃雷森纳认为这个均衡点既是规范的又是实证的。他以国家的数量作为国家规模的反向替代指标，并以一个正式模型来描述追求自身利益最大化的个人如何以投票的方式就国家的规模做出选择，最终表明民主制度下，公众通常会选择小国。这一点从二战之后的经验中得到证实：二战后的民主化产生了众多的独立的国家，使国家的数量空前上升。专制的国家统治者为了追求税收和租金，通常会扩大国家范围，但大帝国通常是不稳定的，随着偏好异质性的增加，国家会选择独立和分裂，国家的规模退回到均衡点。

埃雷森纳的国家范围是多维度的。一方面它是广度上的，即国家的法律、制度所覆盖和管辖的人口数量；另一方面，它又是深度上的，即法律、制度所代表的国家权力对社会生活的介入程度。国家需要在范围扩大带来的收益和增加的交易费用之间进行权衡，专制国家为维持大帝国，通常要采取某些措施来减少社会偏好多样化以降低交易费用避免国家的分裂，常见的手段有限制个体自由流动、抑制贸易、控制思想等，使国家在深度上也同时扩

① alesian 和 Wacziarg（1998）表明随着 GDP 的增长，政府支出在 GDP 中所占的比重是下降的，即小国通常有大政府。

张。事实上，国家在两个维度上的扩张是互相支撑的，民主制度因为事先预设了一种机制来防止国家权力对个人权利的过度侵犯，因此在广度上的扩张就受到制约。专制国家缺乏这样的机制，所以大帝国通常与高度集权的坏法律共生，正如亚里士多德在他的《政治学》中所写道：“在一个人口众多的国家，要运行好的法律，即使不是不可能的，那也是困难的。”孟德斯鸠持同样的观点，但他认为民主联邦制可以克服大国坏法的宿命。其原因用埃雷森纳的语言来描述就是联邦制是一种自治基础上的横向联盟而不是一种纵向的科层，它可以获取国家范围扩大的收益而避免了协调偏好多样化的成本。Ades 和 Glaeser（1995）的跨国经验分析证实了以上的观点。他们以专制国家的首都人口占全国人口的比重来作为集权程度的替代指标，通过回归分析表明专制国家具有更强的集权程度。

公共经济学中的财政分权理论也为分析国家范围在深度上的变化及其影响提供了一个有益的视角。这一方面已有大量的文献，如台伯特（Tiebout，1956）通过一系列的假定证明彻底的财政分权和地区之间的竞争可以实现帕累托最优。奥茨（Oates，1972）也证明地方性公共品由地方政府来提供，可以提高资源配置的效率。近几年来更有关于转轨国家财政分权的大量文献，如钱颖一（Qian，1998）等，表明财政分权对转轨国家经济增长的促进作用。财政分权意味着偏好异质性的增加，也意味着国家在深度上的缩减，这种调整对经济绩效而言，是有益的。在这一点上，从孟德斯鸠到新制度经济学家的看法都是一致的。

与巴泽尔的契约国家不同，乔舒亚·查瑞普（Joshua Charap）和克里斯琴·哈姆（Christian Harm）（2003）构建了一个匪帮征服模型。在这里，国家是一个奥尔森的匪帮，或曰盗窃型团队，国家的规模涉及盗窃型团队的规模及领土控制的范围。盗窃型团队服从于一个领导者，团队内人数的增加会加强团队成员自我监督的动机，例如当一个团队只有包括领导者在内的 3 个成员时，一个成员的造反活动只有一个潜在的同盟。这个同盟出于自身利益的考虑，不会去告发造反者。因为不管造反者是否采取造反行动，对于他来说，这都是占优选择。当造反者不采取行动时，他和造反者共同保持沉默，避免了由于团队规模下降而失去竞争性规模经济。当造反者采取行动时，保持沉默使他能够和潜在的胜利者结盟。当团队成员扩大到 4 个时，考虑到第 4 个人可能会和造反者结盟，或者告密，他会选择告密，预见到这一点，造反者的造反动机会就会减弱。但是，随着团队人数的继续增加，会有更多的造反者出现。在团队内出现多个竞争者时，个人自我监督的动机下降，造反机会增加。团队中的监督活动的减少和造反机会的增加在边际上达到均衡时，匪帮实现最佳团队规模。同样道理，匪帮所控制的领地的最佳范围，也要考虑到领地内个体的造反机会。给定最佳匪帮规模的情况下，匪帮所控制的领地的最佳范围“是由匪帮从大领地区域内得到的额外的边际收入与农民反叛的边际可能性两者的平衡所决定的”。匪帮之间的相互征服通常会导致某个匪帮的领地范围超出最佳规模，为避免不稳定，匪帮会设计出相应的机制来实现税收和控制，一个社会的政治制度和产权结构都服从于这一目的。乔舒亚·查瑞普和克里斯琴·哈姆认为在掠夺性的政治环境中，腐败内生于政治过程，被设计用来培养官僚的忠诚和强化资金抽取。在阐述国家规模与产权结构的关系上，他们与埃雷森纳及古典自由主义学者的思路是一致的，即国家为维持过大规模的统治，以制度性手段来降低交易费用时，会导致坏制度的出现。经济史中的衰落在一定程度上可以被归结为军事技术与交易费用间的冲突。

第三节
国家如何界定产权

国家负责界定产权并对由此所造成的增长和衰退负责，诺斯指出，国家需要在使统治者收入最大化的产权结构和降低交易费用的产权结构之间进行权衡，但这个过程是如何进行的，诺斯并没有展开。在解释国家如何界定产权这个问题时，巴泽尔、奈给出了更为详细的叙述。

巴泽尔认为国家对产权的界定派生于其保护功能，国家要在其拥有暴力优势的范围内提供保护，必须首先要对被保护的对象进行区分。如一个同时保护两家或两家以上彼此相邻的人家的保护者，必须要先划出公共界限，才能减少纠纷实现各家财产的净值最大化。法律即划定界限的规则。产权界定体现的是一种权力，即“施加成本的能力”。个人、宗教团体、犯罪组织或其他组织都具有这种能力，国家因为在暴力上的比较优势而具有更强的施加成本的能力，因此在产权界定中居于主导地位。由国家所界定的权利，称作法定权利（legal right），它是相对于经济权利（economic right）而言的，后者指直接或间接消费一项资产或服务的权利。经济权利产生于法定权利之前，可以由习俗、惯例或者个体凭借暴力上的优势来界定，如在公地上居住的人已经通过各种手段获得了事实上的经济权利。关于这种事实上的产权的起源和确定，产权经济学家已有大量文献，如德姆塞茨、巴泽尔、阿尔奇安等(德姆塞茨，2003；阿尔奇安，2003；巴泽尔，1997)。国家凭借暴力上的优势出面界定产权可以减少私人间的纠纷，法定权利会增强经济权利。"但对于后者的存在而言，前者既非必要条件，也非充分条件。"由于国家界定产权受成本—收益函数的约束，只有当界定一项产权的收益大于其成本时，国家才会提供这项服务。影响国家由产权界定所获取的收益的因素是多方面的，例如，当国家认为某项权利会导致过高的社会成本时，会放弃对它的界定和保护，毒品交易、赌博在大多数国家都是非法的，另外，出于意识形态的原因，许多国家宣布色情业是不合法的。国家界定产权的成本主要源于信息障碍导致的交易费用，由于交易费用的影响，国家不可能对家庭、企业组织内的所有权利作出界定。在国家不提供权利界定的领域存在着各种经济权利，可以观察到的事实是：在宣布色情业、赌业非法的国家里，相关的交易并没有消失。事实上，法定权利在任何时候都不可能完全涵盖经济权利，即使在已经明确界定的法定权利中，也总有一部分产权束落入"公共领域"，被最靠近它的人所攫取，如买樱桃的人会攫取到过度挑选的权利。国家也会为防止攫取来进行投资，最终所形成的实际权利状况，取决于国家和个人在公共领域内的博弈结果。"公共领域 "是巴泽尔产权理论中的一个重要概念，具有很强的理论意义，它将博弈引入了产权之中，表示产权不是一个静止的状态，而是一种动态的演进，是人们"自己直接努力加以保护、他人企图夺取和政府予以保护程度的函数"（Bazel，2001；巴泽尔，1997，第2页）。

奈（2003）同巴泽尔一样，强调了最大化假设之下的国家在界定产权时如何受到交易费用的制约，但不赞同巴泽尔的"契约隐喻"，认为暴力优势使国家和个人间的契约不可能在平等的基础上达成。"从整个历史上看，产权的初始配置状态通常源于：（1）以现有的技术保护产权或（2）那些有能力剥夺别人的人夺取了他们所能夺取的一切，然后以某种身份保护产权。"

他将产权的初始状态设定为具有等级制度特征的，然后分析产权的初始状态和交易费用如何影响到后来的产权制度变迁。

假定产权的初始状态为一种极端的奴隶制，统治者可以依靠奴役方式来强迫臣民劳动并占有其结果，但必须对奴隶的劳动进行监督。监督成本越高，统治者所获得的净产出越少，其改变产权结构的激励就越强。如巴泽尔在奴隶自我赎身的经典案例中所阐明的那样，随着监督成本的提高，奴隶主通过给予奴隶一些所有权来交换他们认为价值更大的奴隶劳务，可以增加财产的价值，于是奴隶成了所有者，有时还能够为自己赎身（巴泽尔，1997）。奈认为这种交易费用的约束是产权调整的根本原因。诺斯和托马斯论及“为什么在封建时代地主没有简单地将雇农变为奴隶完全拥有他们”时，认为有二个方面的原因；一是劳动力稀缺导致的劳动力价格上升；二是劳动技术复杂性提高导致的监督成本的上升（North & Thomas，1973）。

奈（2003）认为第一条原因并不重要，在古埃及和罗马的统治者之间也存在使用劳动力的竞争，但他们仍然采用了奴隶制。希克斯对欧洲黑热病之后东西欧产权制度的比较支持了奈的观点。劳动力价格的上升，在西欧促发了自由劳动力市场，而在东欧却导致更严厉的农奴制（希克斯，1987）。奈认为第二点，即监督成本的上升才是西欧农奴制解体的根本原因。中世纪欧洲农业生产技术的提高促使了监督成本增加，给予农民产权以节约监督成本的做法对奴隶主是有利的。

监督和控制臣民的成本的变化是国家产权结构调整的内动力。一个以奴隶制为初始产权状态的国家，“只有当监控措施得到改进，或者更为复杂的生产方式提高了统治者维持对生产方式日常监控的机会成本，允许自治的收益才会比监控的基本问题和维持监控的需要重要。只有在一个较为发达的社会中，个人不会因为自身较弱或有助于个人控制的技术而被他人占用，才会如巴泽尔所说的那样，出现契约安排的可能性”（奈，2003）。

第四节
产权制度的变迁：政治上的科斯定律是否有效

如上文所述，受交易费用的影响，最大化假定下的国家会选择有利于短期控制而不利于长期增长的产权制度。国家的私人成本和社会成本之间的冲突在历史进程中如何调整？在解决国家产权结构的外部性上，科斯定律是否有效？

科斯曾指出，在产权清晰界定且交易成本为零的条件下，产权的初始分配不影响资源的配置效率，交易的双方可以通过谈判来实现产出的最大化并将新增收入在交易双方间分配（Coase，1960）。将科斯定律扩展至政治领域，便会得到：当一项制度使一部分人获益而使另一部分人受损时，双方可以通过谈判来达成协议选择最有效率的制度然后由制度的获益者补偿受损者，阿西莫格鲁将这种理论称为政治上的科斯定律（Political Coase Theorem，PCT）（Acemoglu，2004），在它背后是一个隐含的信念：一个社会最终必然会选择富有效率的制度。在以往的新制度经济学文献中，这一信念通常是作为一个基本的方法论前提出现在经济学家的理论中。如德姆塞茨在有关产权起源的文献中指出随着土地稀缺性的增加土地的私有制更有效率，因而在公共产权制度之上产生了私人产权制度，科斯、威廉姆森（O.E.Williamson）、阿尔奇安（A.A. Alchian）等在企业理论中也暗示有效率的制度最终会被选择（Coase，1937；Demsetz，1967；Williamson，1964；Alchian，1950）。诺斯和托马斯也表明庄园制从产生到废除体现的都是有效率的制度对无效率的制度的取代（North & Thomas，1973）[①]。另外，贝克尔（Becker）的压力集团模型也表明利益集团间的竞争最终会导致有效率的政策或制度的出现。无效率的制度是不稳定的，制度企业家可以通过推翻它来获益，如争取到更多选票

① 诺斯后来改变了这一观点，意识到由于交易费用的存在，制度可能被锁入到某种无效率的状态中，参见 North（1990）。

(Becker, 1958)。

温加斯特（Barry R. Weingast）、青木昌彦的比较制度研究表达了相反的观点。他们认为，制度作为一种博弈的均衡，具有自我实施功能，一个社会一旦被锁入进侵犯产权的坏制度中，就会一直自我运转下去，这种情况下，政治上的科斯定律是难以实现的。温加斯特建立了一个简单政治交换博弈模型来说明政府与个人的博弈最终怎样形成了各种产权结构，而且各种产权结构（包括盗窃型政府、勾结型政府和民主型政府）一旦形成，就能够自我实施,社会最终被锁定到某种产权状态中（Weingast，1997；青木昌彦，2001）。

这个模型中包括政府和两个参与人A和B（用来代表公民、选民、利益集团等的类别表示）。假定政府将其作用限制在保护私人产权不受侵犯的"最小国家"和"守夜人"状态。为实现这一目的政府需支付2t的成本，这一数目依靠向私人征税获得。A和B每人支付税收t，享受效应T。再假定政府为获取α单位的额外收益，需要增加A、B中的一人，假定为A的税收。A、B为抵抗政府的侵权行为，可选择抵抗或不抵抗，如果选择抵抗，每人的抵抗为c，它不依赖于对方是否选择抵抗。如果A、B同时选择抵抗，政府的侵权行为注定失败，政府要承担C的成本（如下台）。如果B不合作，A的单独抵抗不能成功，政府的目的得逞。政府侵权造成的社会成本2Δ，由AB均摊。当$\Delta-c\leqslant 0$时，B的最优策略是不抵抗，预见到这一点，A也会选择不抵抗，最后政府、A、B间的策略组合｛侵权，不抵抗，不抵抗｝构成一次性博弈的纳什均衡结果。假定博弈重复进行，由于静态纳什均衡同时也是重复博弈的一个解，社会可能被锁入这种"掠夺型"产权结构中。当$\Delta-c>0$时，与A合作符合B的利益，但如果政府向B支付s的贿赂，其中$\Delta-c\leqslant s<\alpha$，则政府、A、B间的策略组合｛侵权，不抵抗，不抵抗｝仍能构成一次性博弈的纳什均衡结果，在博弈重复进行的情况下，这种勾结型产权结构也有可能自我实施。在这两种博弈类型中，都预设了一个前提，即政府已经明确地将A作为侵权对象。假定政府在未来时期以1/2的概率持续侵权两人中的一人，则每个人不抵抗的未来损失之和的现值为$\delta(\alpha+2\Delta)/2(1-\delta)$，而抵抗的现期成本为$c-\Delta$。如果在$\Delta-c\leqslant 0$时和$\Delta-c>0$时，存在一个正数$\delta$满足$\delta>2(\Delta-c)/2c+\alpha$，则两人共同抵抗的威胁就是可信的，这时政府不得不放弃对任何个人的侵权行为，退回到保护产权的最小状态，民主型政府出现。在这个博弈论模型中可以证明，如果$\Delta-c<\alpha$，

将存在多重子博弈均衡，即盗窃型、勾结型和民主型政府一旦确立，即成为自我实施的。这种不同的均衡对于产权安排和市场发展的影响是不一样的。没有理由认为盗窃型政府和勾结型政府一定能够过渡到民主政府。

在温加斯特的理论寓言中，保护产权的民主制度与“所有人同等面临政府侵权的高度不确定性”这个假设密切相关。“如果谁都知道，政府总是将侵权目标对准某些特定个人（或利益集团），其他人都会袖手旁观，或与政府勾结。正是由于害怕政府可能侵犯到自己头上，人们才有激励参与抵抗”（青木昌彦，2001，第161页）。这种情况出现的一种可能性是“政治域的私人参与人对于政府来说是对称的”。这在一定程度上可以帮助理解威尼斯共和国和19世纪英国代议政府的演化模式。

同温加斯特、青木昌彦一样，阿西莫格鲁也将改变产权结构的根本原因归于政治市场的权力结构。他认为科斯定律在政治市场并不存在，并从理论上和经验上进行了证明。在理论上讲，科斯定律发挥作用的前提是国家作为第三方来界定和执行产权。农夫和养牛者之间的交易所以能够达成，就在于他们相信合约是能够确保被执行的。如果养牛者赔偿的承诺不可置信，农夫不可能做出让资源的决定。政治市场上缺乏的恰巧就是这种第三方保证机制，统治集团和其他社会成员间的合约没有一个第三方来强制执行。这主要表现在两个方面：一方面是掌握政治权力的统治集团不会放弃在未来的时间里通过再分配和抽租为自身谋取利益的做法，只要他们手中所控制的政治权力允许这样做，他们就不会自动停止。保证机制的缺乏引发出敲诈问题。在缺乏产权保护的社会中，统治集团鼓励投资增加租金来源，也会承诺保护产权，但这种承诺通常是不可信的，统治集团外部的投资者一旦将投资付诸实施，就会面临着来自统治集团的敲诈，统治集团会凭借对政治权力的垄断来没收财产或提高税收。预见到这一点，社会成员便不会参与投资。另一方面，在政治市场上也不存在一种机制来保障统治集团外的其他社会成员遵守承诺。按照政治上的科斯定律，其他社会成员可以从统治集团手中赎买权力，统治集团承诺放弃掠夺性的坏制度，实行保护产权的好制度，其他社会成员将好制度带来的产出剩余中的一部分支付给他们。但事实上是，一旦统治集团按照协定放弃了权力，便没有能力约束其他社会成员遵守承诺，预见到这一点，再加上担心丧失权力后的政治迫害，统治者不会实行可能导致他们权力丧失的好制度，即使这种制度能够提高社会产出。统治者和社会成员间的合约缺乏保证机制，一个典型的例子是20世纪80年代罗得西亚白人精英向津巴布韦黑人大多数的权力移交。白人精英要求黑人政府建立保护他们租金的制度，在他们交出权力之后确保他们财产的安全，包括建立他们要求的选举制度，在独立后第一年按照这样的规则进行选举，保障他们在国会和众议院中的席位。尽管1980年的宪法条款中规定保护白人产权，10年内不进行土地革命，之后如要进行必须赎买，但是黑人政府的承诺并不可信。1985年Mugabu政府便改变了选举制度，1990年众议院被取消，然后宪法被修改，允许土地改革，白人的土地被剥夺（Acemogle，Johnson and Robinson，2004；Acemogle，2004）。

关于历史中的制度变迁，阿西莫格鲁提出并验证了一个以政治权力为核心的"社会矛盾论"理论模型。他认为经济制度作为一种集体产品体现的不是个人偏好而是集体选择。由于经济制度具有再分配功能，不同的利益集团偏好不同，最终什么样的制度会被选择，就取决于该社会中政治权力的分配。掌握政治权力的集团会按照自身偏好来设计和实施经济制度，通过再分配政策（制度）来抽租。经济制度是由掌握政治权力的集团供给的，他们只在不会导致他们权力丧失的范围内供给经济制度，其他集团只有通过改变权力的分配状况才有可能改变经济制度。政治权力包含两个内容：一是法定政治权力（de jure political power），即被社会政治制度所赋予的权力。政治制度为政治市场的参与者提供约束和激励，不同的政治制度规定了执政者的不同权力，其内容包括政府的形式（民主、专制还是独裁）、对政治家和政治精英的限制等。二是实际政治权力（de facto political power）。没有被政治制度赋予权力的集团，可能会通过行动来获取实际的政治权力，如通过造反、发动政变或和平方式下的抗议将本集团的意愿加诸社会之上。一个集团实际政治权力的获得取决于两方面的因素：一是该集团克服搭便车组织集体行动的能力；二是该集团手中控制的经济资源，它决定了该集团是否能够利用现有的政治制度来获取权力以及是否有能力雇用和使用军事力量来反对其他集团。

阿西莫格鲁以一个简单的静态模型描述经济制度、政治制度、政治权力、资源分配间的关系：当前的政治制度决定当前的法定政治权力，当前的资源分配决定当前的实际政治权力，当前的法定政治权力和实际政治权力共同决定当前的经济制度，当前的经济制度决定未来的产出和资源分配。未来的资源分配又会影响到未来的实际政治权力，同时，当前的政治制度也影响着未来的法定政治权力的分配，如民主制度的确立可以限制未来执政者的权力。从长期来看，经济制度对于社会产出尽管至关重要，但却始终是经济系统的内生变量，是由该社会的政治制度和资源分配所决定。外来因素，如新技术的引进、国际环境的变化、偶然性历史事件，是通过影响政治权力间接而不是直接作用于经济制度的。

阿西莫格鲁以欧洲工业革命前后制度变迁的历史事实验证了自己的理论。17 世纪，私人产权制度在西欧，主要是英国和荷兰的建立，被认为是西方世界兴起的原因（North and Tomas，1973）。阿西莫格鲁认为，这种制度上的变化是由这一历史时期英国的政治权力变化所导致的。在他广为引证的论文《欧洲的兴起：大西洋贸易、制度变迁与经济增长》中，他阐明了这样的观点：在 1500 ~ 1850 年之间，大西洋贸易促进了欧洲的兴起，不是因为得自对外贸易的直接利益，而是因为贸易改变了政治权力的分配格局。政治权力的变化导致经济制度的改变并最终决定了社会产出的变化。16 世纪初期，英国和荷兰将从事大西洋贸易的机会赋予了广泛的社会阶层，而在西班牙和葡萄牙，对外贸易权却一直被王室垄断。大西洋贸易为英国和荷兰造就了一个王室之外的富裕阶层，他们与国王存在利益上的冲突，要求限制王权保护私人财产的安全。财富使他们拥有实际的政治权力，1642 年的英国内战和 1688 年的英国光荣革命是英国王权受到限制的两个重要的标志性事件，在这两次战争中，富裕的商人、贵族都支付了大量的军费来支持议会打败国王。西班牙和葡萄牙尽管也从事大西洋贸易，但贸易没有改变原有的政治权力格局并引发制度变革（Acemogle，Johnson and Robinson，2004，2002b）。

实际的政治权力决定经济制度，但实际权力通常是短暂的、易变的。由于集体行动中的搭便车行为，也由于各集团手中控制的资源的相对改变，今天在实际政治权力处于劣势的集团在未来的时间里就可能会占据优势地位，并选择符合自身偏好的经济制度，这会导致一个社会经济制度的不稳定。政治制度具有稳定经济制度的功能，它通过在制度上分配法定政治权力而决定，至少在很大程度上决定未来的实际权力分配。民主政治制度的意义正在于此，它在制度上确定了未来权力的再分配方式，从而克服了阻碍有效率的制度实现的保证机制问题。以英国现代民主制度建立为例，20 世纪 20 年之后，随着工业革命的稳步进行，英国原有的政治力量格局发生改变，在工业革命中积累起巨大财富的中产阶级要求从地主和贵族组成的少数精英手中分享法定政治权力。利益冲突使英国在1832年之前爆发了一系列的骚乱和暴动，如1811～1816年路德骚乱等，法国也发生了1830年的七月革命。面对这样的骚乱，掌握政治权力的精英可能有三种选择：一是镇压，如1848年的法国大革命；二是让步，赎买暴动，如德国贝斯马科（Bismark）时期实施的福利政策；三是扩大选举权，建立民主制度。英国选择了第三种，将政治权力以法律的形式分配给精英之外的其他社会阶层。阿西莫格鲁认为这符合英国权力控制者的成本—收益比较。一方面，这一时期的工业化和城镇化使镇压的成本上升，因为，第一，共同劳动的工人更容易组织集体行动；第二，工业化使社会财富更依赖于人力资本，镇压将导致严重的人力资本破坏。另一方面，人力资本在财富中所占比重的上升，使依赖权力进行收入再分配的收益减少，因为如巴泽尔所述，人力资本天然地属于其承载者，一旦被剥夺，他们就会被隐藏起来，丧失再分配的价值。

阿西莫格鲁将制度变迁的动力归结到权力，统治者或曰权力控制者，也就是巴泽尔所说的拥有施加成本的能力的个人或集团，只有在制度变迁所导致的权力分配格局符合他本身的利益时才会推动这种变迁。与权力结构变迁有关的制度变迁发生的条件通常是：第一，与权力控制者存在激励相容；第二，竞争者（集团）推翻或取代原统治者，按照符合他们利益的分配方式来重新分配权力。在阿西莫格鲁的制度变迁模型中，没有考虑意识形态的影响，并将诺斯的竞争约束和交易费用约束都归结到了政治权力之上，即认为来自于这两方面的制约是通过影响统治者的权力函数而在制度变迁中发挥作用的，这是他与诺斯的显著不同。他对于特定政治市场的近镜头透视无疑是微观更深入的，但是对于长期历史制度的变迁，他的理论视野却显得不够宽阔，以至于在逻辑上表现出一种循环论证。例如，大西洋贸易导致政治权力分配的改变和经济制度变迁，但大西洋贸易权的分配又是此前的经济制度和政治制度所决定。这使得他笔下的历史发展落入一种“鸡生蛋、蛋生鸡”的循环往复中，反倒不如诺斯所勾勒的长期历史制度变迁的框架更为简练而富有说服力。

本 章 结 语

制度、权力与经济增长：人类历史演进的基本线索

政治上的科斯定律不存在意味着国家组织结构的变迁不是一个必然向前的进程，如同马克思的历史决定论或者达尔文主义的生物进化论所指示的那样。国家的产权制度可能被锁入到某种状态之中，善者愈善恶者愈恶，最终有些国家实现了持续的增长，有的国家却落入贫困的陷阱。关于国家组织结构变迁的一个不能回避的问题就是，如果一个国家不幸被锁入了坏制度中，它挣脱樊笼的契机在哪里？是宪政改革还是发展战略？

温加斯特、青木昌彦以及阿西莫格鲁等表明国家产权结构的改善，必然是从政治市场的权力结构的改变开始的，而影响统治者政治权力分配的成本—收益函数又包括商业发展、市场演进、人力资本进步等诸多因素。没有这些因素的诱致，政治权力结构的改变不可能实现，但是没有预设的政治结构前提，这些因素的出现又是缓慢甚至不可能的。诺斯曾明确地指出，它们（上述因素）不是增长的原因，而是增长本身，它们的出现依赖于保护产权的制度的出现。这使得对制度和经济增长间关系的探究很容易陷入一种循环论证中。

其实，人类历史的演进本身就是在制度与经济增长的互动中向前的，制度和经济增长的互相提升，依赖于权力结构的改善。制度的改善需要经济增长来诱致，但最终导致制度变迁的不是经济增长本身而是增长过程中的社会权力改变。如果不能导致社会权力的重新分配，增长最终会被旧制度下的国家机会主义所侵吞，中国历史上王朝循环提供了最好的例证：明清王朝在后期都存在经济增长和商业繁荣，但最终都不能避免制度的大崩溃。同样，如果没有增长

过程中积累的社会权力结构改变，制度的变迁只能沦为改朝换代式的循环，而不能获得实质性的飞跃。因此，制度、权力、经济增长构成了人类历史演进的基本线索，对经济史的理解，必须从这些变量的互动中来获得。

第三章 DI SAN ZHANG

明清国家组织的变迁：王朝循环的交易费用假说

本章在新制度经济学企业理论框架下分析中国历史上治乱循环中的国家组织演变。本章的重点在于探讨国家组织在形态上（包括范围和规模）的演变及其背后的动力，发生在这个过程中的产权结构调整留在下一章中讨论。

第一节 关于王朝循环的观点比较

秦汉之后，中国历史一直在王朝兴衰和国家统一、分裂的循环往复中向前。“中国的历史是一部不断改朝换代的历史，因而不断产生令人感到乏味的重复：创业打江山、国力大振、继而长期的衰败，最后全面崩溃”（费正清，2002，第81页）。每个朝代的赋税、行政、军事制度及其变迁规律有着惊人的相似。为了解释王朝的循环，历史学家和经济史学家提出了各种不同的理论。

一、统治者个人道德论

中国古代的历史典籍通常将王朝的衰亡归结到统治者个人的道德和人

格，认为开国之君都是具有雄才大略的圣主明君，造就了强大的帝国，而末代的皇帝或者昏庸无能或者贪得无厌，导致了王朝的衰落。统治者的个人道德与国家的兴衰相关尽管不无道理，但是这种观点显然忽略了官僚体制在国家制度供给中的重要作用，实际上，即使最专制的帝王，其行为和决策也要受到官僚体制的制约，孔飞力将中国专制王朝的政治结构称作“皇权官僚制”，在这种制度下，统治者（皇帝）会将官僚体制置于个人的控制之下，官僚体制也会小心翼翼地坚持对统治者个人偏好的修正，最终形成了皇权居于中心，官僚居于外围的复合统治，国家的制度不只取决于统治者，而是统治者和官僚体制间博弈的结果（孔飞力，1999）。

二、人口危机论

这种观点认为王朝的循环主要是由于人口与资源的关系决定的，在每个朝代初期，刚经历了长期战争，人口大量减少，土地资源相对丰富，食物供应充足，社会因此可以维持一段时间的稳定和发展，随着人口的增加，要素报酬递减，食物危机导致社会矛盾加剧，王朝衰亡，而经过战争、瘟疫、饥荒之后，人口危机消失，新的王朝因而可以开始下一轮的循环（何炳棣，2000；雷海宗，2005）。这种观点没有意识到技术进步对克服要素报酬递减的作用，李伯重认为万历之后江南地区通过精耕细作技术和早期节育技术克服了人口危机。在清代前中期200年的时间里，江南的人口增长率只有3‰，而经济增长率却远高于此，已经克服了马尔萨斯危机（李伯重，2003）。事实上，明清两代最大规模的农民起义都不是发生在人口密度最大的江南地区。因此，导致明清王朝统治崩溃的应该另有原因。

三、自然灾害论

这是一种变形的人口危机论，如 Ellsworth Huntington（2003）认为地理气候存在潮湿期和干燥期的轮值，潮湿期农产丰裕，农业区生活易于维持，人口增长并逐渐进入饱和状态，社会生活水平持续下降，随着干燥期的到来，产出减少，饥荒、瘟疫发生，对食物的争夺引发战争和混乱，同时气候变化致使牧草不生牲畜饿死，游牧部落就会南下侵略、征服农业区，中国历史上最大的两次统一都是由北方的游牧部落发起和完成的，并都发生在干燥期。这种观点属于一种“地理决定论”，即认为从长期来看各国在财富上的差距，主要是由地理、气候或生态方面的差异决定的。阿西莫格鲁（Acemoglu，Johnson and Robinson，2002a）通过多国回归分析证明从长期来看，收入与地理因素不相关，各国收入差距产生的原因是各国的制度差异。从经验上来看，这种观点也是容易推翻的，许多国家处于完全相同的气候环境下，其收入状况却大相径庭。

四、财政危机论

如费正清（2002）认为，各朝代在开国初期由于统治集团短小精悍，财政支出少，税收效率高，国库充足，出现经济发展人口增长的盛事景象。随着国家用于宫廷、驿道、水利设施、军事设计和军费开支的增加，国家的财政支出大幅增加，同时由于享受特权的人数不断增加，纳税人口减少，收支缺口出现并不断扩大，致使政府不得不增加税收，导致社会矛盾激化，最终使王朝灭亡。王毓铨也认为在王朝建立初期，统治者欲行仁政，实行了轻徭薄赋、休养生息的税收政策，而到王朝后期，国家流弊丛生，赋税上升，“向农民征收过重的田赋榨干了中国的农业经济”（Wang，1938）。这种观点似乎颇有说服力，但对财政税收与社会矛盾间的联系过于简单。首先，低税收对于一个国家的经济增长而言，并不总是有利，有效率的税收水平应该出现于增加一个单位公共品的边际成本恰巧等于边际税收时。其次，即使税收真的高到不可忍受，由于搭便车心理的作用，农民也很少能够组织起来反对政府，大规模的造反依赖于集体行动的能力。本书认为，一个王朝由最初的轻徭薄赋演变到后期的苛捐重赋，有内在的原因和动力，对这些内在因素的探讨，才是解开王朝循环之谜的关键。

五、财政制度论

黄仁宇（2001）认为明清两朝的问题不是税收过高，而是税收制度过于简陋，国家以分散的短线补给方式来运作财政，无法形成“数字目”的管理，致使资源分散，体制僵化，流弊丛生，严重抑制了工商业的发展，最后国家包括军费在内的各种开支严重不足，被内部及外来的竞争者灭亡。这种观点对专制帝国的财政制度进行了深入的分析，在“财政即国家”的隐喻之下揭示了王朝灭亡的深层原因，但却没有回答为什么统治者选择这样的而不是另外的财政制度。宋元两代，工商业得到极大的发展，税收已经以货币税为主。但明代却反其道而行之，重新回到实物税收上来，并确立了被黄仁宇称为“简陋”的财政制度，工商业的发展被严重抑制了。黄仁宇没有回答为什么明初的统治者放弃更为高级的财政制度而宁愿因陋就简，本书认为在专制王朝制度变迁中，财政制度也是内生变量，由统治者的权力控制方式所决定。

在比较上述观点的基础上，本书提出了解释王朝循环的内生交易费用理论，认为国家的规模取决于军事技术水平和交易费用条件。在军事技术既定的条件下，国家规模的均衡点位于国家范围扩大带来的收益和增加的交易费用在边际上相等的点上，超此范围之后，国家规模即处于不稳定状态中。在古代中国，保护的规模效益、协作治水、抵御风险、协调外部性以及对统一市场的需求，极大地提高了国家统一的收益，促使分裂的小国重新走向统一。但是，在前现代的技术条件下，统治者以有限的资源维持辽阔疆域（众多人口）的统治，会受到交易费用的约束。为避免交易费用上升导致的国家不稳定，统治者设计了一系列制度来加强对统治范围内的控制。这些短期内降低交易费用提高统治效率的制度，从长期来看，不但抑制了社会产出（意味着保护和其他公共品供应能力的降低，国家统一的收益下降）而且会不断内生出新的交易费用，使国家统一的收益和交易费用间的差距进一步扩大，导致国家的内在不稳定。同时，统治者用来强化社会控制的措施，如保甲制也提高了国家的竞争性组织采取集体行动的能力，最终这些竞争性组织逐渐侵占国家的统治范围，国家重新走向分裂。这个过程是从边际上展开的，表现为国家保护、税收和作为第三方执行契约的范围逐渐被竞争者侵占。在前现代的条件下，中国始终不能克服统治范围和统治资源间的矛盾，因此只能在反复的治乱循环中徘徊，如图 3－1 所示。

本书以明清王朝为研究样本，这是因为这一时期，即西方史学界称作晚期中华帝国的时期，专制帝国的制度特征及变迁规律得到最为充分的发展和展示。通过对这两个波动周期长、波动规律类似的“历史周期”的研究，可以发现专制国家组织结构稳定和变迁的一般规律，从而对历史上的治乱循环作出一般性的解释。

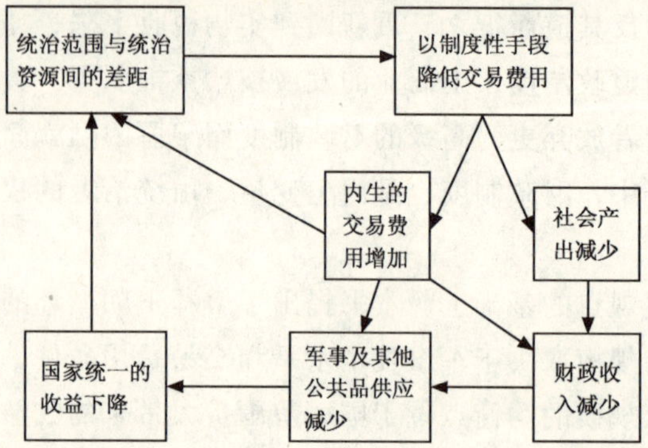

图 3-1　内生交易费用与统一王朝的治乱循环

第二节
作为企业的国家：统一王朝的成本—收益比较

新制度经济学中的国家是一个科斯企业的延伸，是一个建立在暴力基础上的以保护（公正）换取税收（租金）的特殊企业。国家的规模受到军事技术水平和交易费用的双重约束。在军事技术既定的情况下，国家范围的均衡点位于由于范围扩大所增加的交易费用和收益在边际上相等的点。国家范围扩大所带来的交易费用主要是指由于语言、文化、习俗、宗教、教育、收入水平等方面的差异扩大而导致的偏好多样性增加；收益主要包括：(1) 税源增加带来的公共品，如国防、政府服务的人均成本的下降①；(2) 抵抗外敌入侵能力的加强；(3) 市场扩大；(4) 地区抵御风险能力的加强；(5) 地区间的转移支付与再分配；(6) 地区间外部性的内部化（Alesina，1997，1998，2003)。

春秋之后，胡服骑射的引入、铁制兵器的使用及军事知识的提高改进了

① Alesian 和 Wacziarg（1998）表明，随着 GDP 的增长，政府支出在 GDP 中所占的比重是下降的，即小国通常有大政府。

中原地区的军事技术，使组织大规模的军事活动成为可能，从而为中原地区统一王朝的建立提供了技术上的支持。如战国时期出现的《孙子兵法》表明这一时期中原地区的军事知识已经达到很高的水平。秦灭六国之后，建立起第一个统一王朝，但这个看似强大的王朝仅维持了不到20年（前221～前206年），就被起义组织所推翻，后者建立起新的统一的西汉王朝，其军事、赋税、行政制度奠定了中国专制王朝统治结构的基本框架，后世王朝的统治制度皆在此基础上演变而来。此后的中国历史一直在改朝换代与统一——分裂的反复循环中向前。将这种治乱循环纳入到一个企业理论的框架之内，就会发现，王朝的统一与分裂受到成本—收益的制约，历史上的治乱变迁在一定程度上可以被理解成国家这个特殊企业在成本—收益的约束下不断调整边界的结果。需要指出的是，这种调整并不意味着王朝的统治者自觉地在成本—收益的比较下进行选择和决策，而是一种阿尔奇安所谓的"事后观察"，即从事后来看，只有那些符合成本约束的选择才能够稳定下来（Alchian，1950；弗罗门，2003）。

1. 统一王朝的收益。主要表现在：

(1) 保护的供给。中国历史上，农耕民族长期处于同游牧民族的军事对峙中。由于游牧民族在军事技术上相对于农耕民族有天然的优势，农耕民族必须集中众多的人口和资源才能有力量与之对抗。亚当·斯密指出，在枪炮发明之前，"富裕和文明的国家发现难于捍卫自己来对抗贫穷和野蛮的国家"(亚当·斯密，2001，第777页)。因为游牧民族日常的生活和训练同军事训练一致，全民游牧的生活习惯使其不必为军事转移和后勤保障支付额外的费用，其日常放牧的工具同时也是战争的兵器，这种"全民皆兵"的特性使他们为战争所支付的边际成本几乎为零。农耕民族则相反，农业生产的特性使士兵必须从生产中分离出来专门从事战争，他们依靠国家财政来供养，只有人口众多总产出量大的中央集权国家才有能力维持一支足以保护边境安全的常备军。中国历史经验表明，农业区单个的小诸侯国根本没有能力抵御游牧部落的入侵，搭便车心理的普遍存在也使他们不可能采取集体行动共同抵抗外敌，当农业区中央集权国家衰落地方分裂割据的时候，如魏晋南北朝、五代十国时期，游牧民族就会大举南下，迫使农耕民族南迁，游牧民族和农耕民族的地理分界线也从阴山南移到黄河、淮河甚至长江（冯涛、兰虹，2003）。史念海先生曾指出阴山的险要是保护农耕文明的重要屏障。葛剑雄也指出，一旦阴山的防线突破，整个农业区就都处于游牧民族的威胁之中，黄河、长江很难发挥军事屏障的作用，历史上真正“划江而治”的时期是很短暂的。统一王朝通过在边境设置常备军并修筑长城等军事设施，保护了整个农耕地区人口和生产的安全，为农业的发展创造了条件（史念海，1963；葛剑雄，1994）。

（2）治水及水利设施修建。威特福格尔等认为尼罗河的泛滥和治理造就了埃及中央集权的国家（Wittgogel，1957），中国中央集权国家的形成虽然不能断言直接源于治水，但统一国家在治水上的优势则是毋庸置疑。作为中国农业文明发祥地的黄河，在历史上一直是灾害多发。“据粗略统计，黄河下游决溢改道见于20世纪50年代之前的文献记载，约有1 500余次，较大的改道有二三十次，洪水遍及范围北至海河，南至淮河，纵横25万平方公里，对我国黄淮海平原的地理环境和社会经济造成巨大的影响”（邹逸麟，2005，第30页）。黄河的治理不但包括大型水利设施的修建，也包括上游水土的保持，需要整体流域内的协调和组织，如果由众多的小国来进行，则无法克服谈判成本和搭便车的心理。流域内统一国家的出现将治水的外部合作纳入国家内部完成，从而节约了交易（合作）费用。

（3）减少外部摩擦。在缺乏天然的地理隔绝时，各个小国之间划定的保护和税收的界限具有极大的不确定性。由于缺乏一个第三方来确保各国关于其界域的权利，国与国之间的摩擦和纠纷就会随之发生，并导致战争的出现。战争不可避免地造成人口死亡和财富损失，同时也打击了人们关于未来的预期，致使投资和产出下降。例如，战国时期，诸侯国的纷争尽管在许多文学作品和历史著作中不乏浪漫的英雄主义色彩，但实际上是极其血腥和残忍的。有文献记载的坑卒和杀死战俘事例，死亡人数就超过150万。如《史记·秦本纪》记载：

> 献公二十一年，与晋战于石门，斩首六万；惠文王七年，与魏战，斩首八万；惠文王后元七年，秦败五国兵，斩首八万两千；惠文王后元十一年，败韩岸门，斩首万；惠文王后元十三年，击楚于丹阳，斩首八万；武王四年，拔韩宜阳，斩首六万；邵襄王六年，伐楚，斩首两万；邵襄王十四年，白起攻韩、魏于伊阙，斩首二十四万；邵襄王三十三年，破魏，斩首十五万；邵襄王四十三年，白起攻韩，斩首五万；邵襄王四十七年，白起破赵于长平，坑降卒四

十余万；邵襄王五十年，攻三晋，斩首六千，晋军走死河中二万；邵襄王五十一年，攻韩，斩首四万；攻赵，首虏九万；王政两年，攻卷，斩首三万；王政十三年，攻赵，斩首十万。

民间“宁为太平犬，不做乱世人”谚语，反映了人们对乱世的恐惧和统一的渴望。统一王朝将各个独立的政治经济单位纳入到统一的组织中来协调和管理，从而避免了这种摩擦和损失。

（4）市场与贸易收益。统一王朝可以通过扩大国内市场来获取贸易收益。关于内生增长的大量经济学文献已经表明了大市场的规模效益，在中国古代限制对外贸易的情况下，这种市场扩大带来的规模效益尤为重要。唐宋以来，中国经济中心南移的局面已经确定，长江流域代替关中平原成为全国最重要的产粮区，商业中心也集中在长江中下游的江南一带，而与游牧民族的对峙使农业区的政治、军事中心一直位于北方，南北间资源的转移要求有一个统一的国家来保障国内市场的运转。许涤新、吴承明指出，明代粮食、棉布和棉花、丝和丝织品、盐、茶已经成为长程贸易的重要商品（许涤新、吴承明，2003，第90页）。南北经济间的依赖性越强，国家统一的经济收益越高。中国历史上统一与分裂循环往复，分裂的时间甚至超过统一的时间，但自明代统一之后，分裂的局面越来越短，在一定程度上与南北方的政治、经济、军事格局要求有统一的国内市场有关。

（5）抗击灾害、抵御风险。中国是在自然灾害多发区，除水患外，还常遭受旱灾、虫灾的影响，在铁路铺设之前，旱灾所造成的内地省份的人口死亡要大于水灾（何炳棣，2000，第273页）。统一王朝通过“常平仓”制度、税收豁免或者地区间的粮食调拨可以减少灾害的损伤程度。

2. 统一王朝的成本。在现代化的交通、运输、信息、会计技术缺乏的条件下，维持统一王朝的成本也是极其高昂的。主要表现在：

（1）关于土地、人口与收入的信息获取成本。中国历代王朝均以土地和人口作为纳税的基础，在前现代的技术条件下，关于土地和人口的精确信息是很难获得的，国家越大，信息获取的难度也大，征税的效率也就越低。中国历代王朝关于土地与人口的统计资料都是粗略的，可信度很低，明太祖“大军检户”，依靠元末征服战争中培养起来的军队来进行人口的调查和登记，所以何炳棣认为洪武初年的人口统计资料（黄册）尽管有技术上的缺陷，但是基本可信的；此后乾隆四十一年以及1953年的人口统计数据也有一定的参考价值，其他年份的大多数统计资料则根本不可靠。梁方仲也指出，明代虽然十年一造黄册，但除了最初二次或三次对人口研究有一定的参考价值外，其他年份基本上是编造出来的，崇祯五年（1642年）的黄册中，户口竟然已经预造到明亡后的七年（1651年）（梁方仲，2004b；何炳棣，2000，第26~27页）。清代情况类似，乾隆四十年（1775年）湖北东部十九县歉收，影响到60%~80%的人口，但要求赈济的人口竟然比这些县的“人口总数”还要多100 000人（何炳棣，2000，第55页）。

相对于人口，土地数量对于国家税收的意义更为重要，但土地的信息也更难获取。明初朱元璋为了确保赋税征收，曾派国子监生到主要的赋税区浙江和苏南去核实田亩，洪武二十年（1387年）编成鱼鳞册，作为征税的基础。但据何炳棣考证，国子监生编制的鱼鳞册仅限两浙，其他地区由地方自编，为了减少地方承担的赋税，各地通常会少报土地，即使是国子监生，由于技术人员的缺乏及来自地方的抵制，也不可能进行精确的土地测量。明清两代，国家关于土地的信息是极不准确的，何炳棣发现，除了从万历三十年（1602年）的统计数外，从洪武三十一年（1398年）到同治六年（1867年）的469年间各地上报的土地数量竟然没有增加，而人口已经由洪武三十一年的大约6 500万上升到道光三十年（1850年）的4亿3 000万，人口和土地间的这种差距是不可能的（何炳棣，2000，第124~127，117页）。

影响征税的另一项重要内容是实际产出情况，因为在发生自然灾害等导致歉收的情况时，统治者通常会对灾区税收进行豁免，地方官员无不以谎报灾情的情况来争取税收减免，如清代江南，存在地方官以“卖荒”的方式将中央政府的税收优惠出售的情况。同时，由于交通、通信技术的限制，一些偏远地区发生的实际灾情却难以传达到中央政府，如光绪二年至五年（1876~1879年）发生在陕西等北方省份的旱灾致使1 000多万人死亡，而直到光绪三年半后消息才传到京城（白凯，2005；何炳棣，2000，第270~272页）。

（2）关于官僚体制的信息获取成本。统一王朝依靠庞大的官僚体制完成税收和其他国家管理任务，信息障碍增加了来自官僚体制的代理费用。如前文所述，土地与人口方面的信息障碍使统治者无法对官僚体制的责任与权利范围进行明确划分，因而难以对其绩效作出正确的测量和评价，拥有专业特长的技术官僚与统治者相比，尤其具有信息优势。人口、土地的准确情况，不但中央政府难以获得，有时甚至连科举出身的地方官员也同样缺乏，它们实际上掌握在吏胥、师爷等技术性官僚手中。他们上下其手营私舞弊是国家税收体制中的最大隐患。统治者通过在官僚体制内部设立监督机构来监督官僚的行为，如明清设御史制度负责监察官员的行为，但作为监督者的监察人员，也是官僚体制的组成部分，在重复博弈中，选择与其他官僚进行合作对他们来说是占优选择。明代统治者依靠内侍来获取官僚体制的信息，设立东厂、西厂和锦衣卫等特务机构，对后者的监控失效结果造成了明代严重的政治灾难；清代统治者依靠官员密奏的“奏折制”来获取信息，但是这种建立在私人信任基础上的特务制度使统治者获得的信息经常是被扭曲的。孔飞力(1999)在《叫魂》一书中，记述了1768年江浙一带发生了“剪辫案”和“妖术杀人案”的传闻，并蔓延到全国的大部分地区，这种子虚乌有的传闻没有引起地方官的重视，但他们很快得到来自皇帝的警告和训斥，在皇权的压力下，他们开始追查剪辫党和妖人，借助严刑逼供，有一百多人被认定有罪。孔飞力认为叫魂案主要体现了乾隆皇帝对官员的威慑，皇帝试图通过这一事件警告官僚：他对他们的行为了如指掌，从而激励官员及时地向他传递信息。

(3) 商业信息获取成本。商业活动与农业相比，政府获取信息的成本更高。农业生产中，土地是固定不变的，土地的产出也较容易根据历史经验测算出来，政府征税的成本相对较低。而商业经营活动的流动性大，活动分散，政府监督其业务量与收益的难度大，尤其是在缺乏现代计算工具及会计技术的条件下，对商业活动征税是极其困难的。

(4) 国家运转行政管理机器的成本。运转中央集权的统一国家，需要有一个庞大的官僚体制。国家要为官僚体制的选拔、监督和考核耗费大量的成本，同时也要支付大量的粮食和薪俸来维持官员的生活。如前文所述，明代以后，国家的政治中心和经济中心是分开的，京城中官员的粮食及其他消费品均需从南方经大运河运输。在缺乏现代交通的情况下，仅粮食运输的成本就是极其高昂的。漕粮运输的成本高、损耗大，再加上运丁、官员的贪污，致使浮收、加派日益严重，民间负担不断加重（倪玉平，2005）。

一个中央集权的大国，还要维持一支常备军和修建必要的军事设施。在全国范围内调集军队、征发徭役的成本极高。中国民间孟姜女哭长城的古老传说也表达了在统一国家范围内征发徭役的不堪忍受，大多数情况下，人们服徭役的时间还不如他们赶往指定地点所耗费的时间多，顾炎武因此主张国家应该回到封建分封之下。沈括的《梦溪笔谈》卷十一里记载了前现代的条件下调集军队的代价。

统一国家的另一个重要职能是在全国范围内调集资源为各地的灾难提供援助，但在现代交通出现之前，实现这一功能也是极其困难的。如上文提到的清末发生在西北的大饥荒，“官方与民间虽采取最紧迫的行动，大批粮食仍无法从沿海地区迅速运往内地”。时任天津万国救灾委员会主席的马勒礼记载往山西运粮途中道路毁坏、交通阻断、匪盗横行、猛兽出没的混乱情况。即使有粮食，运往灾区也是困难的，到1788年这场大饥荒最终导致了900万～1 300万人口的死亡（何炳棣，2000，第271～272页）。

第三节
寻求交易费用的降低：以制度性的手段弥补统治资源的不足

在科斯零交易成本的假定之下，企业的规模可以无限扩大，国家也一样。如果没有交易费用的影响，统一王朝就可以实际地获取来自统一的好处。假定在军事技术所能抵达的最大统治范围内，统治者（或其集团）对国家的控制权不会受到信息成本、不确定性、个人机会主义等因素的影响，他（们）总是能够寻找并建立起最有效率的产权形式，使统治者的个人收益和社会产出达到一致，即由国家范围扩大所增加的一个单位税收和其提供一个单位的公共品的成本在边际上恰好相等。在这种情况下，国家是一个规范意义上的最小国家，即只提供保护、法律等基本的公共品，而不会在税收之外侵占私人产权。

但是这种理想国并不存在。在交易成本为正的现实世界中，国家规模的均衡点位于统一的收益与由此产生的交易费用在边际上均衡处，统治者以武力所缔造的大帝国通常是不稳定的，随着交易费用的相对提高，国家内部会出现分裂、独立或自治，从而丧失统一的收益。在最大化的假定之下，统治者对大帝国、权力和收入再分配的追求，促使他们通过调整产权结构来降低内部组织成本，以避免“不稳定”状态的产生。这种做法在明清王朝尤为突出。明清以前现代的技术条件统治辽阔疆域和众多人口，其行政、军事及征税机器很难覆盖全国，两朝统治者皆以加强社会控制的方式来降低交易费用，稳定统治。

1. 对经济资源的控制：国家通过土地和重要资源的“国有化”，既获得了实行控制的资源保障，又节约了税收及分配的成本。明初曾实行大规模的“国有化”运动，直接将土地转移给皇室、皇族及藩王。据《明史·食货志》载：“弘治十五年（1502 年），天下土田止四百二十二万八千五十八顷，官田视民田得七之一。”许涤新、吴承明认为这一数字基本可以代表明前期情况（许涤新、吴承明，2003，第 52 页）。在国家赋税主要来源地的江南地区，官田的比重更高，顾炎武《日知录·苏松二府田赋之重》推算宣德七年（1432 年）苏州“一府之田地土无虑皆官田，而民田不过十五分之一也”。官田主要来源于前朝遗留、罚没富户以及屯田，后者包括军屯、民屯和商屯，其中军屯为最主要的形式，民屯是军屯的补充，商屯数量很少。军屯制是一种典型的国家农奴制，通过军屯，国家把大量的土地人口控制在自己手中，以保障粮食、兵役的供给，因屯田而涉及的强制移民接近当时人口的 20%。顾诚推断，明代军屯田的数目达到 400 万顷以上，只是出于保守军事秘密的需要，才挂在了湖广和河南布政使司名下，考虑进这一数目，明代的官田要达到全部土地面积的百分之六七十以上（顾诚，1986；晁中辰；2005；秦晖；1998）。另外，明政府还设立了许多官营匠局，即国营的手工工厂来生产制成品，供应政府需要，所需工匠从民间征集，并实行匠籍制度，在籍匠户不准转业，定期执行徭役性劳动。官手工业在中国有较长的历史，但在明代前期发展到高峰。根据许涤新、吴承明的研究，明初的官手工业包括七个部门：营造（内府、王府、城垣、庙宇等造作及仪仗）、军器（军器、盔甲及军服）、织造（制帛、诰敕、冠服）、窑冶（陶瓷、铸造、铁冶）、烧造（砖瓦、石灰）、船只（御用船、军船、粮船、湖船）、器用（祭祀典礼用器、颜料淘洗、印造纸札等），占有工匠 30 万人左右，加上从民间以力役的名义征来的辅助性劳动力（大体比例为“一匠五夫”），官手工业大约占用 180 万人。洪武二十六年（1393 年）全国人口大约为 1 065 万户，6 055万人，官手工业所占的劳动力约占全国人口的 3%，按一户一匠计，有 17%的家庭劳动力为它所占用。“匠户一经编籍，便世代罔替，不仅失去经营的自由，有的还失去迁徙的自由，永世按时为官府服役。”他们在工官和作头的管制下劳动，类似于一种国家工奴制（许涤新、吴承明，2003，第115~121页）。清代初期也大量占有官田，清代的官田包括皇室庄田（内务府官田）、宗师庄田、八旗官兵庄田、驻防官兵庄田、官庄等，其土地来源主要有圈占、籍没前朝、屯田等。没有直接的数字表明清初官田的数量和比重，但光绪十三年（1887年）年的统计数据显示全国土地为849 946 244亩，其中民田占87.07%，官田占12.93%，考虑到王朝后期大量的官田已经被隐占、冒占、私占、私卖，清初官田的规模应该是很大的。有资料表明，顺治四年（1644年）在土地圈占比较严重的北直隶，唐县、雄县、玉田、密云等县，被圈占的土地占到过去全部民田的十之七八（朱伯康、施正康，2005）。与明代不同的是，清代基本上没有设立国家直接控制的官手工工厂，顺治年间设的织造局，基本上是一种领织制度，即官府将织造任务分派给核定的承揽人，承揽人转包给机户生产，清初的织造局就是把分散的机户集中在一起生产（许涤新、吴承明，2003，第117~118页、155页）。

2. 对商业的控制：限制商人的自由经营，保持重要商品的国家专营。明清两代，食盐等重要商品均由国家专营，具体而言，国家通过发放盐引，即许可证来指定商人专营，民间不得私自经营。《明史·食货志》载："鬻盐有定所，刊诸铜版，贩私盐者罪至死。"专营制度作为一种商业税的替代，弥补了商业税征收中的信息费用，出售盐引的收入加上盐商的报效，即为竞争盐引向国家的捐赠，是政府财政收入的一个重要来源。即使在允许私商经营的领域，商人所受限制也非常多，商人的贩卖活动要受到政府的严密控制，《大明续编》明文规定，一般商人外出经商，"其业邻里务必周知"。商人外出，需有引为证，在城市住宿，需严加盘验。城市商人要编成"排甲"或"行会"，不但要替官府"采办"，还要负责征收各种杂费，承担各种官府指定的义务。重农抑商在税收效率上的作用表现在两个方面：一是将人口和资源留在农业，因为农业税比商业税的征收成本更低；二是保障重要商品的国家专营，后者，如前文所述，是一种重要的税收替代形式。

3. 对官僚体制的控制。明代以官僚体制来进行国家的管理，为减少来自官僚体制的代理风险，统治者加强了对官僚的监督和控制，常见的手段包括：(1) 分割官僚的权力，使官僚相互制衡。这些分权制度，经过历代的反复实践，至明清时达到巅峰。如废宰相，置内阁，将行政权力分割在吏、户、礼、兵、刑、工六部，六部的权力又被其他部门所分割和制衡[①]。但由此也导致国家行政效率的降低。如明代户部管理全国的田亩、户口、赋税、俸饷等财政收支事宜，但它只负责税收收支的账目登记，而无法干涉其他各部门的预算，更不能控制皇室的支出。皇室财政由内务部管理，另外，其他各部都有一定的财政权力。财政权力的过度分解，使国家始终缺乏与现代财政部类似的统一的财政管理机构。(2) 加强官僚体制内部的监控，如实行监察御史制，但随着时间的推移，官僚会倾向于隐匿信息，互相合作。(3) 实行基于地域、亲缘、职务的连带责任，激励官僚互相监督，但从长期来看，会加剧官僚间的相互倾轧，迫使官僚结成集团，从而形成政治市场的寡头垄断格局，官僚集团间谈判的成本下降，相互合作的机会增加。(4) 建立特务机构，以官僚体制外部的力量来监督控制官僚，但却无法解决“谁来监督监督者”的问题。(5) 默认官僚一定程度的腐败，以保障官僚的忠诚，并以腐败为借口随时处置不顺从的官僚，达到一种“绑架效应”，但随着官僚腐败程度的加深，国家机器的运转会逐渐地失灵。

4. 对人口流动的控制：户籍制度。明代前期实行实物税制，将全部户口按职业划分为军户、民户和匠户等种类，其中，军户出兵役，匠户出工役，民户纳粮并出杂役，户籍世袭不得转业，并以里甲制来管理人口的流动。农户活动必须限制在里甲之内，如果走出本里之外，则要有路引，并在规定的时间内返回。各交通要塞都设有巡检司，负责盘查过往行人。如果不能按期返回，邻里要向官府汇报。“一里之间，百户之内”不许有无业游民，否则“逸民处死，里甲四邻化外之迁”（《大诰续诰》互知丁业第三）。清代“摊丁入亩”之后对人口流动的控制减轻，但保甲制的执行仍然要求有户口登记制度。

5. 对海外贸易的控制。明清两朝都曾长时间地实行海禁政策，明太祖规定片帆不得下海，严禁私人海外贸易，对外贸易的交流完全依赖朝贡贸易。在隆庆元年（1567 年）明穆宗宣布部分开放海禁之前，各代统治者都实行了严格限制对外贸易的做法，如宣德八年为鼓励告发私自出海者，规定将犯人一半的家产给予告发者，“知而不告，及军卫有司之弗禁者，一体治

① 有关这方面的详细论述，可参见钱穆：《中国历代政治制度的得失》；秦晖：《西儒会容，解构“发道互补”》，载该文作者所著《传统十论》。

罪”（《明宣宗实录》卷一百三十）。嘉靖二十三年（1543 年）为官清正的大臣朱纨为了肃清中国人与葡萄牙人的走私贸易，竟将葡人驻留的优良港口双屿港填塞，海船再不能进入，该港因走私贸易已经异常繁荣（晁中辰，2005，第 179 页）。清初为了对付郑成功，也实行了严厉的海禁政策，如顺治十八年（1661 年）清廷发布“迁界令”，令沿海居民内迁，界外房屋，全部烧毁，“反有官民违禁出界贸易……俱以通贼论处”（《钦定大清会典事例》卷七七六，第 11 页）。康熙初年也实行了海禁政策，而且措施更为严密，但二十二年（1683 年）收复台湾后的次年开始开放海禁，实行（云台，宁波，漳州，澳门）四口通商。但这种较为开放的政策仅持续了几十年，到乾隆二十二年（1757 年）就回到一口通商的闭关局面，直到鸦片战争，其中的原因主要在于统治者担心中外的交流与接触增加控制臣民的困难。戴逸（1993）指出：“清朝统治者所以要执行严格的闭关政策，并非担心外国有立即入侵的可能，而主要是针对国内的骚乱与反抗，他害怕中国人民和外国人频繁接触，不是带来中国之间的无休止的纠纷，就是中外结合，增强反对清朝统治的情绪与力量。”[①]

6. 对思想的控制。清代的文字狱已经广为人知，明代的文字狱和思想控制与清代相比有过之而无不及。统治者通过一系列思想控制的措施，来强化其权威和合法性，以降低服从的费用，同时在全社会范围内追求一种思想上的整齐划一和标准化，以降低监督、测量的费用。不用说当时的知识分子，就是孟子也因为“民为贵，君为轻”的民本思想而被朱元璋赶出文庙。自洪武十三年后，在“胡惟庸案”等大案中被诛杀的 10 多万人中，相当大一部分是入仕后的知识分子。对不愿意为朝廷服务的知识分子，朱元璋也是格杀勿论，“寰中士大夫不为君用，是自外其教者，诛其身而没其家”（《大诰三编》苏州才人第十三）。以至于到洪武七年，“才能之士，数年来幸存者百无一二”（《明史·茹太素传》）。除了严厉的惩罚外，朱元璋还以“八股取士”改造科举制，导致思想的进一步扼杀，顾炎武认为“开科取士，则天下之人日愚一日”，“八股之害等于焚书，而败坏人才，有甚于咸阳之郊”（《日知录》卷十六）。通过类似的强选择性激烈措施，明代统治者严格控制了知识分子的思想。另外，统治者对下层民众也要进行思想灌输，朱元璋命令国

① 关于明代海外贸易管制的更深入的研究，可见本书专论 2。

子监生将其撰写的《大诰》在全国宣讲，各地师生赴京到礼部面视，按背诵多少分级受赏，某年一次来京宣讲《大诰》的师生竟达到19万人（晁中辰，2005，第20～25页）。类似的做法在前苏联也可以见到，如罗曼·罗兰（2003）的《莫斯科日记》中写道，对斯大林的歌颂成为"歌曲中必不可少的歌词。无论在街头还是在游行队伍中，都有像房子那样大的斯大林画像"。

7. 控制实施的制度保障：保甲制。明清统治者借助保甲制来完成上述一系列的控制任务。保甲制最早出现于春秋时的齐国，商鞅变法后应用于秦国，正式建立于王安石变法之后，明清两代得到强化。明洪武年间保甲制开始在江南实行，后推广到全国。保甲制采取甲内互保、奖励举报、惩罚藏匿的方式，将连带责任扩展成一种一定范围内的集体惩罚，"一家有事，九家连坐"，使社会成员有激励互相监督，从而使政府降低管理、控制社会的信息成本。以对外贸易的控制为例，清初的海禁政策规定凡有商民船只私自下海，不论官民，俱奏闻处斩，本犯家产，尽给告发之人，地方文武各官不行盘缉，皆革职从重治罪。地方保甲不行举首，皆处死。这种从社会最底层到官僚体制都包含在内的信息披露激励机制，成为统治者实现控制的重要手段。随着商业的发展，主要针对农村设计的保甲制被引入城市人口管理中，不但各行会要"行内互保"，而且各种生产组织内部也要进行互保，如康熙年间，政府对踹坊实行保甲制，连带责任范围从赌博、偷盗到集会、结社、罢工，踹匠犯罪，包头负连带责任（苏州历史博物馆等编，1981）。责任连带，也应用于官僚体制内部，亲属、师生具有互保的义务。

第四节
国家组织的调整：成本—收益约束下的稳定与变迁

国家为弥补统治范围与交易费用间的冲突而强化社会控制的措施，从长期来看会：（1）抑制产出，使财政收入减少，从而使国家统一的收益减少；（2）扩大了国家的规模（纵向范围），进一步增加了交易费用；（3）培养和强化了竞争集团，为他们克服搭便车采取集体行动提供了选择性激励。这三个方面的作用共同导致了国家规模的调整：(1)(2) 改变了国家的成本—收益函数，导致了国家的内在不稳定；(3) 使调整的发生成为可能。

一、财政收入减少导致的统一收益的降低

统一收益的减少与财政不足有关，后者是实行严格控制的专制国家所不可避免的结果。因为长期的社会控制既破坏经济增长减少税收基数，同时又内生出交易费用，使财政汲取效率不断下降。财政压力下，国家统一收益的减少表现在：

1. 随着财政收入的减少，国家的军事开支减少，保护能力下降，没有能力抵抗外来的入侵和内部的叛乱。例如，为了配合“高管制低产出”的制度安排，在政权稳定之后，明清王朝就努力减少军费开支。明政府甚至规定军队（卫所）自己生产粮食，同时还要求军队承担像粮食长途运输这样的事务，漕军（负责大运河段粮食运输的军队）收入极低，还要负责赔偿漕粮、漕船的损失，结果导致军士逃亡严重，未逃亡者则从事贩运私货等勾当，军事训练完全停止。明清两代，漕军虽然一直作为军队而存在，但却皆无任何战斗能力而言。正规部队情况也大抵如此，到明代中期，据顾炎武所称，士兵的实际数量仅剩下定额的五分之一，“屯因失额，操因失伍”，国家不得不从民户中征敛民兵（民壮）或招募雇兵来应付军事变故（顾炎武：《天下郡国利病书》；梁方仲，2004c，第 257 页）。如嘉靖之后的倭乱，主要依靠地方民兵力量来抗击敌人，国家丧失了统一供给保护的能力。当清军入关的时候，除了江南富庶地区的地方武装外，几乎没有遇到有威胁的抵抗；而二百多年后，当太平天国沿长江而下的时候，清政府同样也无法组织起任何有效的抵抗。在安徽，即使是兵力相对最强、防备最为严密的安庆省城，起义军也是“随到随下”，“所过郡县无所谓守，也无所谓陷，望风奔溃，一切财务粱米全以资贼”（周而庸，1983）。安徽沿江各地凡太平军经过之处，地方政权全部坍塌，盗匪四起，钱粮停征。地方官员无力组织抵抗，要么溃逃，要么自杀。国家作为保护供给者的功能已经丧失，各地依靠士绅、宗族、团练等地方武装进行自我保护，这为此后中国的地方割据埋下了伏笔。

2. 出于财政压力或其他目的，国家治理灾害修建水利工程的活动减少，严重时甚至人为地制造灾害。例如，清廷为确保漕粮运输通畅，对运河水源的管理极为严格，有所谓“江南水利以漕运为先，灌田次之”之说（光绪

《荆州万域堤志》卷八，《私堤上》)，遇到紧急情况，完全不顾运河两岸的农业生产和百姓死活，水小则闭闸蓄水，点滴不给灌溉，水大则开闸放水，听任农田蓄洪，冲毁房屋，伤及人口（倪玉平，2005）。

3. 财政压力下，各地对商业盘剥加重，关卡林立，统一市场丧失。太平天国运动后，各地为筹措军费，加征厘金，即工商业附加税，致使地区间的商业往来几乎中断，厘金“征收比例之高，征收名目之复杂，征收范围之宽，管理机构之复杂，管理制度之无序，都是中国税费制度史上罕见的”(郑备军，2004，第200页)。厘金加重了工商业者和普通消费者的负担，抑制了正当的商业活动。如广东的三水、佛山等地，原为商业发达地区，“自三水设厘卡，而水面为墟埃；佛山一阜……自厘金一设，而百行亏折亦”。另据汉江关税司务光绪十三年（1887年）的调查，汉口地区商人贩运茶叶时，“纵其茶不用价买来，尚差二、三两方足弥补厘金交用之数”（引自黄文模，2000)。

4. 受财政能力所限，国家投资公共品的能力下降。首先，国家对道路、通讯的投入减少，使各地区间分摊风险抵御灾难的能力下降，如上文所提及的清末西北的灾荒情况。其次，国家对促进经济发展、降低社会交易（合作）成本的其他公共品，如货币、金融制度的投入不足，从而使统一国家的经济效应降低。希克斯认为货币的产生和普遍应用是现代市场经济确立的一个基本条件，他奇怪为什么中国在长期的发达的农业经济中始终没有建立起以贵金属为基础的稳定的货币体系（希克斯，1987)。明清的历史表明，政府在以管制为最基本统治目标的前提下，始终没有将统一、稳定的货币体系的供给视作国家的基本责任，相反却想通过货币的供给和发行来获利以弥补财政收入的不足。明洪武八年（1375年），发行宝钞，规定每贯钞折铜钱1 000文，或银4两，又或黄金1/4两，但由于发行过量，钞价不断下跌，国家又没有足够的财政能力来稳定钞值，至洪武二十五年（1393年），一贯钞大约只能折钱160文，而到宪宗成化（1465～1487年）末年，钞已经一钱不值。铜钱的发行和使用与宝钞类似。明朝建立前后，曾数次铸钱，并令与历代古钱通用，后来为了鼓励用钞，又多次禁止钱的使用，致使民间对钱信心不足，再加上经费不足，制钱质量参差不齐，又不能禁止民间的私铸滥造，钱的使用遂日趋减少，到英宗正统年间（1436～1449年），除小额交易外，已很少用钱，银成为普遍的支付工具（黄仁宇，2001)。但是中国本身产银不足，政府又禁止私人开矿及能使银流入的对外贸易，故银的数量根本不能满足交易和赋税的要求，实物税收在很大程度上被保留着。而后者要求社会必须停留在一种自给自足的状态，人口被按职业化定，或者纳赋，或者服役，经济的反市场化特征明显。清代在货币的供给上也没有实质性的突破。清代前期银、钱并用，而且白银供给呈现出明显的不足，康熙年间曾一度出现“银荒”，这与商品经济的发展扩大了对银的需求有关。但即使这样，清朝也没有发行金、银铸币来弥补银的不足，而只以铜钱作为补充手段，同明代一样，由于政府不能控制铸钱的数量和质量，银、钱之间的比价大幅波动，引发严重的经济危机和社会危机（周志初，2002）。

二、国家范围扩大带来的交易费用上涨

国家降低交易费用强化社会控制的制度，在短期内对于维持国家的稳定和统治者的权力的确发挥了重要作用。如对官僚的控制措施使明清两代几乎没有发生来自官僚的叛乱与起义。但是，从长期来看，它们会不断地内生出新的交易费用，促使国家偏离最初的稳定。因为对经济、政治、思想、社会的严格控制，不可避免地带来国家管理内容的增加，国家组织的科层增加。从新制度经济学的角度来看，国家范围是一个多维度的概念。一方面它是广度上的，即国家的法律、制度所覆盖和管辖的人口；另一方面，它又是深度上的，即法律、制度所代表的国家权力对社会生活的介入程度（Alesinan，1997，1998，2003；barzel 2001）。如埃雷森纳认为国家的范围即其法律、制度能够抵达的范围。巴泽尔将国家范围等同于它所执行的契约量在全部契约中所占的比重。国家对社会的控制，意味着国家范围向纵深处的扩张。国家从零交易成本假定下的规范国家，即“一个在全部市场范围内提供单一服务（保护和公正）的企业”转化成“一个在全部市场范围内提供多种服务的企业”（专制国家），要求有更多的资源和信息才能支撑起它的有效运转。以官手工场为例，国家限制手工业的私人经营，而改由国家直接控制经营，意味着科斯意义上的组织成本的增加，国家必须为此增设官僚（工官、作头），并支付高昂的监督费用和代理成本。事实上，在官手工场中，始终存在工匠以怠工、失班（即避不当班）、隐冒（如隐于僧道；或分家、入赘、养子归宗等为“异籍”，即改变户籍；或冒充民籍）、逃亡等形式的反抗，早在宣德初，就有“近年在京工作匠人多有逃者”的记录。以后逃者日多，正统三年

(1438 年)，各处有司逮捕逃匠 4 255 人。景泰元年（1450 年)，逃匠总数达 34 800 人，到了成化年间，有的单位已经逃亡过半（许涤新、吴承明，2003，第 116～124 页)。国家在纵向上的深入，使国家范围和交易费用间的冲突进一步恶化，并成为国家不稳定的内在动力源。国家控制内生交易费用的过程如图 3－2 所示：

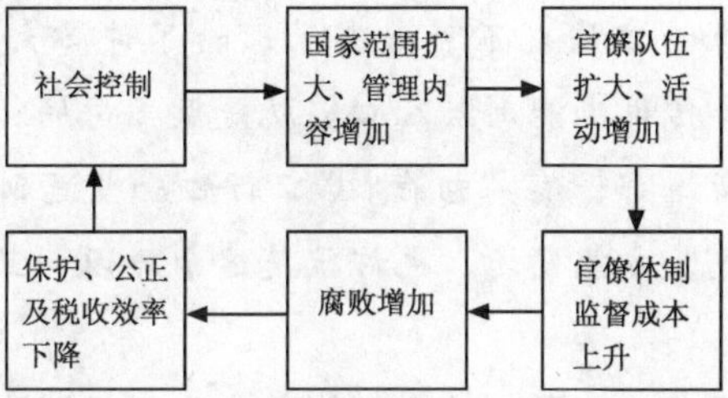

图 3－2　国家控制下的内生交易费用

三、国家组织的调整

国家统一的成本—收益函数的改变导致国家的不稳定，但正如诺斯所言，“不稳定是一回事，变化和调整的发生过程又是一回事”（诺斯，1994，第 31 页)，后者在很大程度上取决于竞争组织的情况。专制国家后期通常会分裂成一种军阀割据的无政府状态，即在军阀集团统治的内部是有秩序的，而军阀集团之间是无秩序的。国家的这种裂变是在边际上展开的，即随着国家提供保护和公正的效率下降，原本属于国家的范围（供给保护、法律及征税的范围）逐渐落入竞争者手中。巴泽尔将国家看作是一个执行保护和契约的第三方机制，其范围取决于所执行的契约量。在存在交易费用的情况下，国家所执行的契约（含保护契约)，不可能占到全部契约的 100%，如家庭在执行有关儿童养育、教育的契约上、私人保安公司在执行特殊保护的契约上、犯罪组织在执行毒品交易的契约时，比国家更有优势，因此国家不是一个垄断组织，垄断只存在于假定的“一个奴隶主和一个奴隶”组成的极端奴隶制国家状态下（Bazel，2001；奈，2003)。国家规模，是一个动态的不确定的量，取决于国家暴力上的相对优势和与契约执行有关的交易费用。从这个角度来看，严格意义上的统一并不存在，历代王朝，经常在统一的旗号之下政出多门，与各种竞争力量并存，如清代虽然号称拥有辽阔疆域内的统治权，但边远的地区一般是依靠土司制度来管理的，湖南西部直到清代中期还存在土司制（何炳棣，2000）。20世纪中国杰出的文学家湘西出生的沈从文在其名作《湘西·白河流域几个码头》中提到当地关于土司制留下的传说：

> 三个县份清中叶还由土司统治，土司既由世袭，永顺的姓向，保靖的姓彭，永绥的姓宋，到如今这三姓还为当地巨族。土司的统治已成过去，统治方法也不可考究了，除了许多大土堆通称土司坟，但留下一个传说尚能刺激人心。就是做土司的，除同宗外，对于此外任何人新婚都保有“初夜权”。新妇应当送到土司府留下三天，代为除邪气，方能发达。也许就是这个原因，三姓方成为本地巨族。

在存在多种竞争者的情况下，大一统的丧失只是国家与竞争者势力范围调整的结果。历史上所观察到的乱世，不过是包括犯罪、起义组织、政治、军事集团、宗族在内的各种内部竞争性组织或外来竞争性组织侵吞、解构国家的情景。

以责任连带和集体性惩罚为特征的保甲制在客观上培养和强化了竞争集团。保甲制作为一种信息披露激励机制，有效地弥补了统一国家信息资源的不足。有学者认为明清政府能够在前现代的技术条件下以有限的官员维持国家的大一统和社会的稳定，保甲制发挥了重要的作用（张维迎、邓峰，2003）。但从长期来看，保甲制在解构国家大一统方面的作用也是不可忽视的：保甲制通过连带责任赋予了宗族、地方、行会等次级组织以法律权威，从而使这些组织具有“类国家特征”；同时，连带责任作为一种强选择性激励措施，增加了次级组织克服搭便车组织集体行动的能力，这种能力既可以为统治者服务，也可以成为反对统治者的能力，中国历史上农民起义的频繁发生在一定程度上与保甲制下的连带责任和集体惩罚有关。从一个法经济学的角度看，保甲制和连带责任使集团内非造反者（告密者除外）和造反者面临同样的惩罚，导致集团内非造反者实施造反行为的边际惩罚（成本）下降为零，从而起到激励造反的作用。既然造不造反都会被杀头，就不如反了拉倒[1]。

以清代宗族制度为例。清代通过“立族正”、族内互保的方式使宗族组织成为国家监督和控制乡村社会的基本单位，以弥补国家无法将行政、军事机器推广至此的缺陷。宗族要约束族众纳税、完粮，进行族内赈济，而且对族众的违法、行为负责，如康熙二十八年（1689 年）规定：“族长不能教训子孙，问绞罪”(《康熙莆清小记》，1980；张妍、牛贯杰，2002)。严重的罪行，如造反，通常会有“株连九族”的严刑处罚。这使得宗族组织具有强烈的动机来监督、制止和惩罚违规的成员，并为此引入规则和执行规则的机构。为强化宗族组织集体行动的能力，宗族组织内部的规则被赋予了国家权威，国家“承认以家长、族长为支撑点的各种形式的习惯法，如家训、族规的法律效力”（张晋藩，2005，第 117 页)。雍正四年（1726 年）的一条上谕正式承认并授予族长包括处理族内承嗣权、教化权、经济裁决权、治安查举权等在内的各种权力，次年的一条上谕及刑部“遵旨定例”实际上给予了宗族组织对于本族族人的生杀大权（《钦定大清会典事例》卷八一一，《刑律》)。族权被大大强化，各地宗族组织成为独立王国，有恃无恐，滥施族罚，不断出现直接处死族人、破坏国家统一司法权的事件。鉴于此，乾隆五年（1789 年）清廷废除以家法处死族人减等免罪的规定，但这时宗族势力已经尾大不掉，国家的禁令很难被执行，到 19 世纪太平军叛乱之后，国家需要借助宗族势力来组织团练抵抗叛军，“立族正”于道咸之际又被写入法律条文（咸丰《户部例责》卷三，《保甲》)。巴泽尔认为国家作为第三方的执行机制，它和其他次级组织的区别在于对于它所管辖的人口而言，它是单一的终局的。犯罪组织满足于这一特征，因此也可被视作“国家”。随着宗族权威的提高和权力的扩大，对于族内成员而言，宗族也具有了单一的、终局的权力，因而也成为具有国家特征的组织[2]。

马克斯·韦伯在《中国的宗教》一书中强调了中国高度自治的村社与世袭君主制国家之间的紧张、对抗关系，认为宗族势力支配着乡村生活，建立

---

① 这种集体惩罚导致的过度激励的典型例子是：太平军将领李秀成在被俘后的供词中指出，如果曾国藩对广西兵纳降而不是一律格杀勿论的话，太平军早在几年之前就自行解体了（罗尔纲，1937)。

② 从沈从文的小说《湘女潇潇》中可以发现，在 20 世纪初期的湘西，宗族仍然可以对违反族规的成员以私法处死（沉潭)。

在拜祖基础上的宗族凝聚力，“抵制着世袭君主行政体系的无情入侵”（韦伯，2004）。韦伯没有意识到宗族的凝聚力正是由于国家权威的介入才得到强化。宗族组织最初是作为国家的次级组织出现的，协助国家完成最基层的社会管理和控制任务，并服从国家的终局权力，但随着双方权力的相对改变，宗族逐渐地挣脱国家权力的束缚而成为具有国家特征的竞争性组织，即由国家控股的子公司变成了独立的竞争者。国家与基层社会间的格局因为双方权力的相对变化而呈现出不同的阶段性特征。马克斯·韦伯观察到的中国的高度的乡村自治局面正是这一演变过程的后期阶段，即国家权力积弱后表现出来的国家—社会格局。方江的《家园记》记载了清太平天国运动后，国家力量消退，在安徽桐城由宗族代表所组成的“平安局”如何在行使国家权力。他们“募勇铸兵器，截留捐输”，“既逼捐，又强行规定城中居民有赋六担者养局勇一人”，“局中执事朱黑分拿，俨若官吏”（方江，1986）。“平安局”具备了显著的国家特征，与国家在保护、法律和税收上进行竞争。

尽管历史上王朝的覆灭通常被归因于造反农民的揭竿而起，但事实上，由于存在搭便车的心理，单个的分散的农民很少有动力组织集体性的造反活动，除非存在内在的或外在的压力改变他们的成本—收益函数。阿西莫格鲁认为一个组织所拥有的权力包括法定政治权力和实际政治权力，前者由国家的法律、制度所分配，后者取决于组织拥有的资源和克服搭便车的能力（Acemoglu，Johnson and Robinson，2004）。明清为强化控制而对宗族等次级组织实行保甲制下的责任连带和集体惩罚，使这些组织获得了选择性激励从而克服了集体行动中的搭便车心理。经过长期的积累，一些豪门大族已经控制了大量的资源，包括祖产、族田、族众以及依附的族外民众，已经有足够的能力来对抗国家权力。如清代中期安徽的捻军起义中，“当时的捻首、捻头，同时也是寨长、围主、圩住、练首或族长”，他们“以其亲族、戚党或其所属的贫困的圩众”，作为捻军的基本队伍（傅衣凌，1979）。

竞争性组织对国家“市场”份额的侵占使国家范围在横向上收缩了，国家的法律、保护以及税收所覆盖的人口和疆域减少，国家由大一统转入分裂和竞争的状态，即由“一个在全部市场范围内提供多种服务的企业”（统一而专制的国家）转化成一个在“部分市场范围内提供多种服务的企业”（分裂而专制的国家），国家转入分裂和割据状态。历史上治乱循环的演变，可以从国家组织在横向和纵向两个维度上的变化上来理解，即国家由“一个在全部市场上供给单一服务的企业”这一假定的逻辑起点上，怎样一步一步演化成“一个在全部市场范围内提供多种服务的企业”，最后变成“部分市场范围内提供多种服务的企业”（分裂而专制的国家）。

本章结语
统一中的国家与社会冲突

从新制度经济学的角度来审视中国历史上的治乱循环，会发现其基本的动力源于国家统治范围过大与统治技术资源不足之间的矛盾。为维持统治权力的稳定，统治者通过加强政治、经济、社会、思想控制来降低交易费用，但是这些在短期内有利于统一和稳定的制度措施，从长期来看，却极大地抑制了社会产出，并具有高昂的内生交易费用，最终导致统一国家的裂变。中国历史上缺乏技术进步和经济增长的原因，通常被归结为产权保护制度、理性思维、科学精神、对外贸易等因素的缺乏，事实上，在本书所提出的解释中国历史上的治乱循环的内生交易费用理论中，它们也是内生变量，由管制制度而决定。

中国历史上治乱循环的悲剧在于：在前现代的条件下维持中央集权的条件和维持经济增长的条件是相背离的，所以国家的稳定和社会的繁荣总是不能一致。统治者私人成本和社会成本间存在着持久的冲突，统治者强化权力提高统治效率的制度通常是破坏社会产出的，国家权力强大的时候，社会产出被抑制了，当国家权力式微时，社会产出增加，但国家统一供给保护的能力也下降了，战争和动荡随之而来，国家和社会间的持久矛盾最终导向一种负和结果，传统典籍中“诗家之大幸，乃史家之大不幸”或者相反的说法，均表达了国家和社会间的这种持久的矛盾与冲突。

现代化和全球化为中国摆脱这一悲剧提供了机遇：现代技术，包括交通、通信、会计技术的引入，降低了国家的组织成本，使国家可以在辽阔的疆域内实行有效的统治而无需再以管制社会牺牲经济自由为代价。当国家的活动仅仅限制在提供保护、公正的狭小范围内并且有足够的力量来保证其服务的供给时，提高国家统治效率的制度和实现长期经济增长的制度就会趋同，国家繁荣和社会稳定间的一致性也会随之呈现出来。

第四章 DI SI ZHANG

交易费用影响下的制度变迁：明清王朝产权结构的演变

本章以财政、税收为主线探讨了一个管制型产权结构的内在演变规律，揭示了一个以管制为基本特征的产权制度体系（本书称之为明清型制度体系）如何在交易费用的作用下走向解体。

第一节 轻徭薄赋、管制与财政集权：交易费用约束下的初始产权界定

国家对产权的界定受到交易费用的约束，并服务于统治者监督控制臣民以及税收的目的。尽管持契约论的经济学家将一个社会的产权状态归因为人们为追求福利最大化而形成的社会契约的结果（如 Barzel，2001；North，1981；North，1981；North & Thomas，1973），但实际上暴力优势使国家和个人间的契约不可能在平等的基础上达成。从整个历史上看，产权的初始配置状态通常源于那些有能力剥夺别人的人夺取了他们所能夺取的一切，然后以某种身份保护产权，并因此带来社会产出的提高。国家产生之后，一个社会的初始产权状态通常是在严格监督的等级制“类奴隶制”状态下开始的，并

随着监督、控制费用的改变而改变。不同的交易费用条件下，统治者的监督、控制成本不同，所界定的产权结构也因此不同。例如，奈认为17世纪英法两国在产权制度上的不同主要是由它们不同的交易费用条件所决定的。法国的土地和人口要比英国大好几倍，在军事控制、征税、社会管理等方面面临更大的困难，只有依靠包税制、国家垄断、价格管制等方式来降低交易费用，从而不能向英国一样提供更多的自由、安全以及产权保护（奥尔森，2003；奈，2003）。以同理类推，明清王朝以前现代的技术统治辽阔疆域的众多人口，在征税以及与保护和法律的供给有关的社会管理（制）方面所受到的交易费用的制约，远甚于17世纪的法国，因此，在产权制度上所表现出来对自由（包括财产自由和契约自由）的剥夺和限制也应该更为严重。明清王朝的历史经验也恰巧吻合了这一理论推断。

专制王朝的核心目标是：（1）税收；（2）监督、控制臣民和官僚，防止他们造反。后一点尤为重要，这是因为专制国家的统治者面临着更强的造反意愿。在一个民主与法制健全的国家中，刺杀领导人的行为即使能够成功，刺杀者仍然要面临法律的制裁；但在专制国家中，成功的刺杀行为可能会将刺杀者推向王位，因此反对、推翻现任统治者的行为在专制国家有更强的激励（巴泽尔，2001）。预见到这一点，现任统治者会在预防造反上投入更多。

为在高昂的交易费用条件下实现上述目标，王朝初期的统治者在产权制度的设计上突出了以下方面：

一、轻徭薄赋的低税收政策

明清统治者在王朝建立初期都实行了轻徭薄赋和休养生息的政策，这一方面是为了获得纳税人的合作，减少逃税行为，降低征税成本，另一方面是为了增加臣民对新王朝的认可，减少反抗和造反的动机。如明初的税率（田赋），“凡官田亩税五升三合五勺，民田三升三合五勺，重租田八升八合八勺，没官田一斗两升”（朱伯康、施正康，2005，第163页）[①]，与当时的亩产量相比，税率是很低的[②]。清初继续实行轻徭薄赋政策，康熙五十年

---

① 这个税率并没有在全国通行，在江南一带因张士诚、陈有谅故被征收重税，每亩课税二斗至三斗，没官田每亩七斗至一石。

② 明初江南水田的产量在两石左右（一石 = 10 斗 = 100 升）。见许涤新、吴承明主编：《中国资本主义的萌芽》，第43页，附表2-3明代江南水田亩产量举例。

(1711年）又颁布“滋生人丁，永不加赋”的免税政策。人们通常会将专制王朝和重税联系在一起，诺斯的经济史理论中也表达了这样的观点，但明清王朝的经验表明这种联系被过于简化了。

二、严格的管制

包括对基层社会的管制和对官僚体制的管制。对基层社会的管制措施主要有限制人口流动的户籍制度、限制思想的文字狱、抑商及海禁政策、保甲制等。这些制度不但降低了边际监督成本，减少了臣民造反的机会，而且提高了征税的效率。明清王朝通过官僚体制及其在乡村的代理人来完成税收征取，大约相当于实行了一种工资制的征税合约。与租金制合约（包税制）和分成制合约相比，工资制合约要求投入更多的监督。限制纳税人流动的管制措施，无疑可以减少为监督纳税人所进行的投入。从理论上讲，统治者也可以选择包税制而不是限制纳税人自由的方式来降低征税成本，但这样做可能带来政治风险和不稳定。因为在包税制中，包税商在支付一定金额的租金之后，就拥有对包税范围内的税收剩余索取权，这会导致他们对农民的过度搜刮，从而激起来自底层的造反行为，另外，包税制可能会导致中央政府之外的权力中心形成，威胁到国家统一和稳定的目标。所以，即使曾经长期实行包税制的法国，包税制也主要应用于商业税，在农业税的征收中，仍然以官僚体制为主。

抑制商业的做法具有双重作用：一是降低征税成本，因为商业税是间接税，税基是移动的，在缺乏现代通讯、交通、会计技术的条件下，征税成本很高，相反，农业税是直接税，税基是固定的，农业收入也便于预期和测算，其征收成本要大大低于商业税，限制商业的做法保障了田赋和徭役的征收。二是符合统治者对社会稳定的追求，统治者通常认为商人会利用商业活动中积累的财富进行土地兼并，从而引发无地农民的造反。降低征税成本的另一个更直接的做法即实行“国有化”政策，直接将土地等资源收归“国有”，由统治者及其集团所控制，以国家租金来代替税收，明清两代在王朝初期都占有大量的官田，明代还设立了国营官手工场，由国家直接征发工匠、组织资源来生产政府所需的制成品（详见本书第三章）。

对官僚的管制包括官僚的选拔、任命、考核、升迁、日常监控多方面。明清王朝的官员大多数是通过国家统一组织的科举考试选拔出来的，考试的最后一个环节为殿试，由皇帝亲自主持，确定考试的最后成绩。选拔出来的官员被派往原籍之外的全国各地任职，由皇帝和核心大臣形成的最高政治集团直接任命从中央到基层州县的所有官员。中央政府往各省派出按察使，并在省内继续分设分支机构，直接负责对各级地方官员的监督、弹劾，同时派出布政使直接负责赋税征集。布政使、按察使与各省督抚分权制衡，直接受控于最高统治者。通过庞大的受控制的官僚体制，明清的统治者将整个国家控制在自己手中。

三、财政集权

明清王朝的统治者为在轻徭薄赋的同时对社会进行一系列管制，实行了高度中央集权的财政制度，以将税收的绝大部分集中起来作为实施管制的资源保障。仅以明代的官手工场为例，大量“国有企业”需要庞大的官僚机构来进行管理，同时由于缺乏私人产权的激励和约束作用，工匠常以怠工、失班、隐冒、逃亡等形式反抗，负责管理的工官、作头也接受工匠贿赂而将他们“批工放回”或被允许他们做私活，工场生产效率极低，产品质量差，造成资源的过度消耗。国家只有集中农业收入来支撑这样的消耗，高度集权的财政体制变得不可或缺。表现在：

1. 财政结构。明清两朝都是中央财政直接控制地方财政的“条条”式纵向管理结构，清代更为完善。明清财政制度基本上可以看作是延续的。清朝建立之后，承袭了明代一条鞭法改革之后所形成的财政制度，并在此基础上进行了改进，使财政制度更为简化、统一和有序。如明代户部通管钱粮，但其他各部都有权从地方征收并使用自己的财政收入，而清代将《赋税全书》所规定的所有赋税都置于中央财政的管理之下。明清财政制度中的另一个不同是，清代正式确立了“奏销制度”，对地方政府的所有收支情况进行严格的核查。总体来讲，清代的财政制度较之前朝，更为简化和规范了，但其集权程度也更高了。为了简便起见，本书对明清财政制度的描述，更多的是以清代为例，因为两个朝代的财政制度在本质上并没有区别。在明清两朝，户部是主管全国钱粮的中央机构，在各省设置布政使，主管一省的“钱粮”。布政使为户部派驻各省的代表，属中央而不是地方财政机构。另外，户部还设分支机构管理各地的漕粮运输和盐政事务，并允许各省级机构在省内设“道”等下级机构。这样，中央控制的财政机构直接插入了地方之中。

2. 赋税征解制度。明清田赋的征收虽有地方官员具体负责，但征收的税率、时间、方法、税额和税目等，均由中央据各地的情况统一审核做出规定，地方不得任意减免或增加税额。一省的赋税收入，经地方财政官员汇总后，按户部核准的数额留一部分供本省开支，称作“存留”，其余部分均须按照规定上解户部或解运他省或指定军事区域，称作“起运”。作为中央财政收入的“起运”分为三部分：一部分要解付中央，供应京师开销，包括在京官员薪俸、各部门行政管理费用以及王室开支等，这部分在明代称作“京运”，清代折银后称作“京饷”；一部分解付边线供军队开支，称作“边运”或“边饷”；还有一部分解付临近州府，明代称作“转运”或“腹里运”，清代称作“协饷”。现存的资料表明，明清两代赋税收入中，“起运”所占的比重非常高，如梁方仲根据资料计算出清代不同年份各省地丁钱粮起运银数的比重为：康熙二十四年为77.82%，雍正二年为76.79%，乾隆十八年为78.77%，嘉庆年间更是高达81.56%（梁方中，2004d；1980，第425~427页）。这表明中央财政给地方财政留下的空间非常小。

3. 地方存留开支。地方政府的存留中，绝大部分也是用于与中央有关的开支。如清代的存留钱粮主要用于三方面的开支：军费、驿传体系和地方开支，其中前两项开支皆与中央有关。曾小萍根据康熙六十一年（1722年）山西省（居于全国中等水平）存留地丁钱粮的开支情况推算出，在山西的存留钱粮中，有85%用于主要关乎中央政府利益的开支上，见表4-1、表4-2[①]。

表4-1　　康熙六十一年（1722年）山西存留地丁钱粮

地丁总额（两）	存留地丁额（两）	存留地丁额占总额的百分比（%）	开支类别占存留额的百分比（%）			地方开支占总地丁额的百分比（%）
			军需	驿站	地方开支	
2 792 578	848 879	30.4%	65.63	18.54	15.83	4.8

资料来源：曾小萍根据《奏销地丁钱粮事文册》（见《内阁大库现存清代汉文黄册》第501号）整理（曾小萍，2005，第30页）。

---

① 表4-1、表4-2所提供的资料，根据康熙六十一年奏销的原始文档整理而出，可信度较高，作者的推算与梁方仲（1980，第2004页）的叙述基本一致。

表 4－2　康熙六十一年江西省地丁银存留额　单位：两

总地丁钱粮	地方支出			驿站	地方支出总额	地方支出占地丁总额的百分比％
	衙门开支、官俸和工食银	学子膏火银	慈善事业			
1 979 410	124 194	4 197	7 566	108 171	135 975	6.8

资料来源：曾小萍根据《苏州府属额正起存地丁本折钱粮督催经征各官职名完欠分数文册》（见《内阁大库现存清代汉文黄册》第 572 号）整理（曾小萍，2005，第 33 页）。

为保障中央集权的财政制度的实施，明清政府制定了一系列复杂而繁琐的制度来约束各级官员的行为，其中以清代初期确立起来的预算编审与“奏销制度”最为典型。户部每年根据各省收支情况编制预算，并审查各省的财政报告。各省上报的州县征缴总数必须与通知百姓应该缴纳的税单上的总数相符，布政使司上报的应收、未收总额必须与各州县上报的细目吻合。未经户部同意，任何地方存留经费都不可以支用，甚至那些预算内的经费在拨款时，也要另外上报确切的数目，否则不能支出。每年年终，户部将地方官员的奏效与京中的那些“收据”相对照，以确保所有收入和支出相等，并且所有的支出都是事先经过同意的。经过逐项审核之后，户部或准或驳，并将清册发还督抚修订或是对问题做出解释。尽管证据查证和清册的编制工作由各省较低级的管理层完成，并由布政使汇总，但最终的校正和提交责任再一次落在督抚身上。如果一名州县官被发现迟报奏销册或是胡编滥造、隐瞒欺诈这样的罪行，他会即刻遭到督抚弹劾。如果督抚未上报属下所犯错误，或是疏于监督未能发现不法行径，若这以后被揭参，他们也将负连带责任。清代的统治者试图通过这种层层奏销的制度来避免各级官员的侵贪和欺诈。奏销制度也包括对地方收入的日常支出的审查（曾小萍，2005，第 17 页）。

小知识：

什么是“易知由单”？

清初以“易知由单”通知纳税人应缴税额，从而使纳税人有依据拒绝缴纳额外的征收。所谓“易知由单”，就是政府用来催纳税人纳税的一种通知。单内开载田地的种类，苛责，应纳的款项，及交纳期限等事，以上一般通则，皆以一定的格式刊印。至如各花户应纳的钱粮细数，则多以毛笔随各栏下填注。此单应于开征以前发给纳粮人，使得依期如数交纳给政府。原具有使纳粮人知道纳粮的成案及其事由的用意，故名曰"易知由单"（梁方仲，2005f）。梁方仲先生研究证明易知由单的使用始于明正德年间，废止于康熙二十四年（1685年），后改为各州县勒石告知，原因是朝廷发现地方官员和衙役以印制由单为名向百姓额外收费。曾小萍在《州县官的银两》文中关于由单只在清代前期使用的叙述似乎有误。

第二节

轻徭薄赋、财政集权与腐败的三位一体：监督成本上升后的产权结构调整

一个社会的产权状态与统治者对臣民和官僚的监督、控制程度有关，而后者又与既定的交易费用条件下监督的成本—收益函数有关。当监督的成本在边际上等于由监督所获得收益（包括税收、权力等）时，统治者在监督的投入上达到均衡。超出这一点，理性的统治者就会放弃对监督的继续投入，而采用其他的替代形式，就如同巴泽尔所提供的奴隶自我赎身事例表明的一样，当生产条件的改变使监督奴隶生产的成本极其高昂时，奴隶主宁愿改变监督方式，以计件工资制代替直接监督，从而使奴隶享有了更大的自由（巴泽尔，1997）。阿西莫格鲁也指出，在一个人力资本为最主要生产要素的社会中，统治者通常不会镇压、控制民众，而是逐步给予他们更多的自由和产权保护，因为人力资本具有最高昂的监督成本，他认为这是现代民主制度确立的根本原因（Acemoglu, Johnson and Robinson, 2004）。

在明清王朝建立初期，统治者通过对臣民和官僚体制的严格监督、控制来降低国家范围过大所带来的交易费用，但随着时间的推移，统治者需要支付的监督费用在边际上不断上升，原因主要为：（1）管制的内生性。即一项管制措施会不断地派生出新的管制内容，由对臣民的管制派生出官僚，然后

派生出对官僚的管制、对管制官僚的官僚的管制，以此类推，随着管制内容的不断增加，监督的边际成本上升，边际收益递减；(2) 官僚在合作中逐渐合谋，统治者在信息上的劣势加强，这意味着统治者监督成本曲线的上移。如图 4－1 所示：

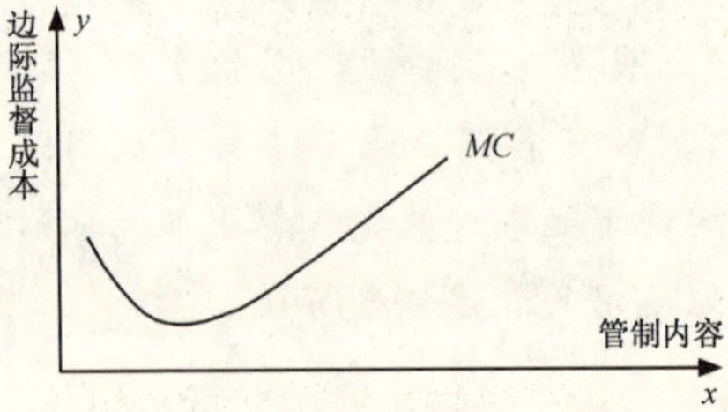

图 4－1（a） 管制内容增加导致的边际监督成本曲线上升

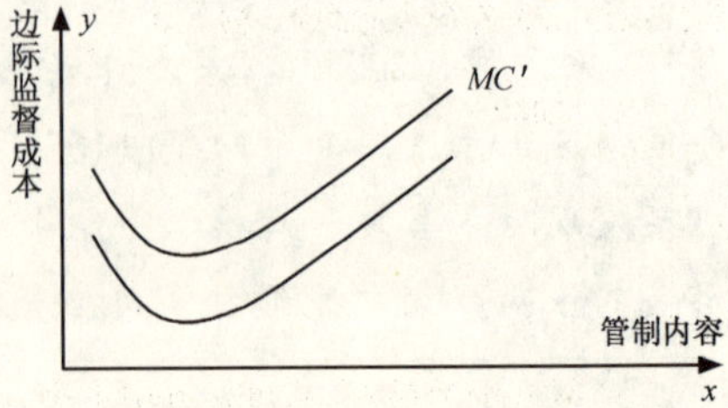

图 4－1（b） 官僚合谋导致的边际监督成本曲线上移

王朝初期，统治者凭着严刑的威慑和战争中形成的集体行动效率，能够使官僚保持与自身目标的一致，奉公守法，监督、举报、查处其他官僚的腐败行为，统治者在制度上也设计激励官僚互相监督的机制，如进行官僚间的权力分解、制衡、责任连带等。但随着时间的推移，官僚合谋腐败的机会上升。假定官员间的博弈是重复进行的，官僚间的合谋可以通过一个简单的合作博弈模型证明（见本章附录 4－1）。

边际监督费用的上升促使统治者改变监督方式，寻求更有效率的替代形式，从而带来社会产权结构的改变。从理论上讲，统治者可以选择多种方式来降低监督成本，如放松管制，减少国家的管制（理）内容，赋予个人以私人产权和经济自由；实行制度性的分权，构建与地方政府间的"类联邦制"，降低纵向一体化的科层数目从而减少信息劣势。但是，正如奈所说的，"统治者管制能力的任何变化……都会影响到权力、秩序、安全保障和个人自由的均衡模式"（奈，2003，第 171 页）。假定上述制度调整可以带来个人自由和社会产出的共同提高，且存在个人对自由的偏好以及统治者对收入（与监督费用负相关，与产出正相关）的偏好，统治者和臣民之间似乎应该能够导向一种双赢的合作，即确立起保护自由和产权的制度从而在提高社会产出的同时降低统治者的监督费用。但是，考虑到个人自由所带来的偏好多样化以及分权后形成的权力中心对国家权力和稳定的威胁，统治者不会做出这样的选择。如前文所述，统治者的核心目标包括税收和权力控制，防止臣民造反。在大多数情况下，这两个目标是统一的，税收为权力控制提供了资源保障，而权力控制为税收提供了暴力基础，但有些时候，两者也并不完全一致，一旦发生冲突，税收的目标则要服从于权力控制的目标，因为统治者的税收能力是建立在其权力之上的，一旦权力丧失，其税收能力也就消失。统治者宁愿为了加强权力而减少税收，而不会相反，为了税收而放弃权力（Acemogle，Johnson and Robinson，2004）。

对权力控制的需求使得统治者在解决监督不足的问题上，面临惟一的选择：在保持管制和财政集权的同时，默许官僚一定程度的腐败，以租金分享的方式来激励官僚履行自己的职责，从而弥补监督不足带来的官员卸责现象。这就如同大型的科层企业中，委托人通过让代理人分享股权的方式来激励他们努力工作，以弥补由管理工作的复杂性而产生的监督不足。在以往研究腐败的文献中，腐败通常被看作是一种代理问题，是由于低层官僚歪曲和滥用规则所致（如施莱弗、维什尼，2004；bardhan，2004；缪尔达尔，2000），但明清王朝的历史经验则表明腐败本身的内生性，腐败是特定的技术条件、地理环境、人口因素等所决定的交易费用状况下，统治者的权力控制模式的内生变量，正如查瑞普（Joshua Charap）和哈姆（Christian Harm）所表明的一样，腐败是特定的政治结构下，政府刻意创造出来的，用来满足统治者从经济中抽取租金和培养官僚忠诚的需要（查瑞普、哈姆，2003）。

在交易费用的作用下，腐败的官僚体制、轻徭薄赋的税收政策和高度的财政集权形成了明清王朝制度体系的三位一体，它对特定的历史背景下统治者提高税收效率、加强权力控制维持统治稳定发挥了重要的作用。首先，低税收政策和高度的财政集权导致官员，尤其是地方官员的低薪，增强了腐败的激励效应，同时为官员对底层社会的掠夺预留了空间。其次，高度的财政集权使地方政府陷入严重的经费不足之中，为了维持必要的行政运转和履行基本的社会管理职能，地方官员必须加入到腐败中来，加强对底层财富的搜刮，同时为了不被检举揭发，又要不断向上级官僚行贿，上级再向更上级行贿，直到最高层统治者，由此推动租金层层上传。这种租金上传机制，作为一种“非正式资金体制”，起到了税收替代的作用，弥补了由于低税收政策和征税效率不足带来的财政匮乏。同时，这种“非正式资金体制”也具有强化权力控制的作用。一方面，对租金的分享加强了官僚对统治者的忠诚，激励官僚为了获得租金更高的职位而自觉地维持这一体制的运转，而不会起来反对统治者，腐败成了一种有效的租金抽取和回报机制。塔洛克观察到落后国家中普遍存在着裙带关系，发现落后国家就像一台精心设计的将租金分配给家属、亲信的机器。从租金抽取的角度看，这一现象更好理解，统治者任命自己的家属、亲信直接控制社会中最重要的盈利部门，更能确保租金的上传（塔洛克，1999）。另一方面，在统治者洞晓所有的官僚都参与了腐败这一事实下，统治者可以随时以腐败为借口惩罚不合作的官员，官僚事实上就变成了统治者的人质。由此不难理解中国历史中一个普遍存在的怪现象：统治者为官僚设定了很低的工资标准而同时又无视或默许他们奢华的消费。在很多情况下，官僚会努力保持与统治者之间的这种人质与绑架者的关系，以表示对统治者的臣服和忠诚，从而避免给统治者留下造反的嫌疑。如史书记载西汉的萧何，为了获得刘邦的信任，而故意霸人田产，留下贪污的坏名声（秦晖，2003）。腐败，就如查瑞普、哈姆所言“不仅是加强忠诚的胡萝卜，而且是加强忠诚的大棒”（查瑞普、哈姆，2003）。

在明清王朝，建立在官僚腐败之上的“非正式资金体制”不但是统治者控制官僚的“胡萝卜”和“大棒”，而且也是国家行政运转和经济运行的“润滑剂”，弥补了僵化的正式财政制度的不足，使得“清政府取得的成就，远远超出了正式税收和财政制度的包容力”（曾小萍，2005，第 43 页）。清初，僵化的财政体制首先表现在低税收和高度财政集权造成的官员低薪和各级政府行政运转经费匮乏。清代统治者为官员所定俸银，根本满足不了他们基本的生活需求，以“从一品”的总督为例，其俸银仅为 180 两，而一个总督为满足基本的生活需要和工作排场，花费至少要在 5 000 ~ 6 000 两之间①。在财政困难的时候，官员还经常被要求捐俸，放弃微薄的薪俸。另外，各级政府的行政运转经费也明显不足，无法应付地方水利建设、灾害赈济等基本事宜，官员永远无法在“恪尽职守”和“遵纪守法”之间两全。官员与其因为失职被弹劾，不如去寻找额外的经费来源，这样既可以履行职责，又可以为自己带来收入上的收益，当所有的官员在这一问题上形成一种共同的默会知识时，官僚间合作博弈的条件产生，“非正式的资金体制”逐渐建立起来。它不依赖于任何的成文规则，而仅凭官僚间的“心领神会”，因此是非正式的；但它又是有规律的能够持续运转的制度体系，弥补了正式财政税收制度

① 根据《雍正朱批谕旨》中有关官员的陈述。见曾小萍，2005，第 34 页。

的僵化和不足，“制度性的腐败”这一简单的表述显然不足以涵盖其全部内容。这个体制的运转过程大致如下：

作为国家最低行政单位的州县，通过挪用中央财政统一管辖的资金，或者以向基层纳税人私敛、加派的方式获得额外的资金来源。常用的主要手段包括：

(1) 征收耗羡，即为补偿税米、税银征收中的损耗而征收的附加税。州县征收的碎银两需要熔铸成大块向上递解，熔铸过程中的损耗称火耗或耗银，火耗是地方自行征收的附加费，是构成“非正式资金”的重要内容。雍正年间财政改革的主要内容就是火耗归公，即将非正式资金体系中的收入纳入正式的财政税收体系中来。

(2)“飞洒”，即凭空增加纳税田地的总数，并由纳税人分摊税额。此外，地方官员还可以通过诸多手段获利，如在银钱的称重砝码、粮食的测量容器以及银钱比价上做手脚。为征收方便，纳税人通常以铜钱纳税，而由州县兑换银两，州县可以通过压低铜银比价获利。

(3) 隐瞒田地的数目，多征少报，将正式体制内的资金转移到非正式体制中来。何炳棣发现从明初到清末，中国的人口已经由6 500万增长到4亿3 000万，土地却没有连贯的增加。这种土地和人口的不合比例的怪现象，常常误导经济史学家，使他们得出中国存在高度的农业技术进步的错误结论，考虑到大量的土地瞒报，这种怪现象就不足为怪（何炳棣，2000，第117页）。

(4) 向中央政府报灾并申请税收豁免，同时又照原额征收。何炳棣(2001) 发现清代关于灾荒的官方纪录中存在一种反常的现象，即陕西、甘肃两省的旱灾比江苏、浙江还要少。前两省位于干旱少雨的黄土高原，而后两省位于水利灌溉条件为全国之冠的江南。其中的原因与税收豁免有关。在清代，江浙两省产生的进士和官员比任何一省都多，各地关于“旱灾”的申报比输送官员很少的陕甘两省更容易得到朝廷的承认。这种情况一直持续到民国。据1928年河南—陕西—甘肃旱灾赈济委员会的报告，辛亥革命以来陕西省几乎没有一年不发生内战和自然灾害，但因交通困难，主要是陕西人很少在政府服务，天灾人祸很少为外人所知（何炳棣，2000，第226～267页）。另外，白凯也发现19世纪中期中国江南一带所存在的独特的“卖荒”现象，即地方官将申请到的税收豁免并不分配给所有纳税人，而是出卖给大户，大户支付一定费用后，获得相关的税收豁免（白凯，2005）。

（5）在政府采买中压低价格，或者巧取豪夺；在工程中压低工役、材料价格；接受、要求或逼迫商人、富户捐献等等。

以各种手段获取的资金一部分用来弥补州县本身的经费不足，如兴修水利、赈灾、抚恤孤老、支付官员、衙役、吏胥的工资和办公经费等，另一部分上传至更高的部门。州县官需要向管辖自己的每一位上级官员呈送数额不等的陋规，即固定数目的金钱和礼物，如向督粮道呈送漕规，向驿传道呈送驿轨，向知府和道员呈送节礼，同时直接向省级的布政使、按察史、巡抚、总督呈送陋规。州县官自己也接受来自衙役、书吏的陋规，并在他们的协助下，完成各种征敛、加派、挪用活动。对以非法手段获得收入的依赖，使州县官员放松了对吏胥的控制，而任由他们在收税过程中大做手脚。这些衙役、书吏或者是因为接受里甲、富户等基层纳税人的贿赂，或者是为了中饱私囊，任意篡改土地登记，诡寄田地，即将应纳税的土地放入“逃亡户”、“绝户”名下，免予纳税，飞洒税粮，一县的钱粮收入情况最终完全掌握在这些书吏手中，科举出身的州县官反倒无法通晓其中的具体情况。

然后，那些州县官以上的官员将从属下得到的费用合在一起，并将其中的一部分向他们的每位上司呈送。省级大员所掌握的非正式资金的来源，主要包括：（1）下级官员呈送的陋规。这些陋规的数目非常大，尤其是巡抚和布政使。如雍正二年两广总督承认收受属下节礼 47 110 两。康熙六十年广西巡抚每年收受的节礼总数为 12 400 两，雍正五年山东巡抚上奏该省前任布政使从州县接受礼物 9 784 两，前任学政接受 3 204 两（《宫中档》，转引自曾小萍 2005，第 58 页）。（2）自本省所辖的关差和盐政的盈余。各省的关差收入以两种方式向上呈送，一是陋规，来自于商业税加派，由基层纳税人承担；二是盈余，来自贸易扩大所带来的税收增长，随着商业的发展，这一部分的收入不断扩大，如雍正十一年（1733 年）龙江关和西新关的税收盈余为 78 900 两，接近正额（152 000 两）的 52%。盐政收入是各省非正式体制的主要资金来源，盐商依靠官方支持的垄断地位获利丰厚，如吴承明（2001）认为万历之后，盐商的利润有所下降，但仍为普通商业经营的 2～3 倍。他们向官员支付大量陋规来保住资格，并捐献资金支持地方工程和公共开支。从州县到省里几乎每一位官员都得到来自盐商的陋规，省内大员所获数目尤其巨大。如雍正年间湖广的盐规为 16 万两（雍正五年），云南总督每年接受的盐规为 17 000 两，巡抚 6 万两（曾小萍，2005，第 61 页）。盐商的捐赠数目更是庞大，何炳棣提供了两淮盐商在乾隆三年（1738 年）至道光十二年（1832 年）年间的报效银数为 36 370 968 两，这一数目虽然不是完全进入了非正式资金体系，但其中的相当一部分用于了地方公共开支。另一个来自盐政的重要收入是地方官员在户部定额（盐引）之外的额外销售，这一部分收入甚至远远超出户部的盐课定额收入。雍正时期，在河东，盐课定额为17 100两，而额外盐引收入达 104 300 两，湖南郴州府每年的盐课定额是 1 375两，但实际的征收额约是这个数字的两倍（曾小萍，59 页）。这些收入最终都施加在消费者身上。由于食盐是一种需求缺乏弹性的生活必需品，食盐价格的上涨实际上相当于征收了人头税。(3）按起运钱粮的一定比例加征的费用。布政史在接收地方赋税时，要按照起运额征收一定比例的解费作为本部门的行政经费和公共支出。如雍正十年广州州县解送赋税，每百两额外缴纳 3 两，山东为 1.1%到 1.4%，另外州县还要交纳 0.5%～0.6%的运费。雍正五年的报告称某位苏州布政使在一年半的时间里由这样的费用中所获得的收入为 76 143 两。其他担当征税职责的高层官员也收取此类经费，如雍正六年的报告称山东州县每年解送漕粮时，督粮道每年从中收取公用银 14 568两。(4）采买和拨款过程中的经费盘剥。如清代江南州县向省里解送银两，省级负责采买粮食运往京师，银粮之间的价格波动、粮食的质量差异通常可以为省级部门带来一笔收入。另外，在采买中官员还利用衡器差异来获利，“大秤进小秤出”，通过在中央政府和百姓之间两头截流，获取经费。

接下来就是，省级的官员将他们从各种渠道汇集来的资金的一部分再呈送到中央各部门。例如，布政使要向户部呈送“部费”，向户部和户科解送饭食银等各种名目的陋规，否则将不能通过复杂的奏销。而支付了各种费用之后，即使账目上有些问题，也可以蒙混过关。其他，如按察使要向刑部呈送陋规，巡抚、总督也要向相应的中央部门呈送陋规。这些陋规中的一部分由省级官员直接，或者经中央部门的其他官员转手，最终到达皇帝及宫廷和朝中的其他重要人物手中。皇帝及皇宫的其他人都从非正式资金体系中获利，如清初两淮盐政要在核定奏销的款额之外，向供皇室消费的内务府额外解送一笔“利币银”。另外，康熙、乾隆皇帝几次南巡，其开支相当大部分也出自盐商的额外报销，如曾仰丰提到：“泊乾隆时，用度奢广，报销例开……加以南巡数次，供应浩繁，差费取给，出自商捐者居多”（曾仰丰，

1984，第24页）。这样，由州县的底层官员、吏胥到最高统治者的非正式资金体系就构建起来的。这个庞大的非正式资金体系最终当然是落实到基层的纳税人身上，成为他们在法定的税收之外的额外的负担。非正式资金体系的结构，如下图4－2所示：

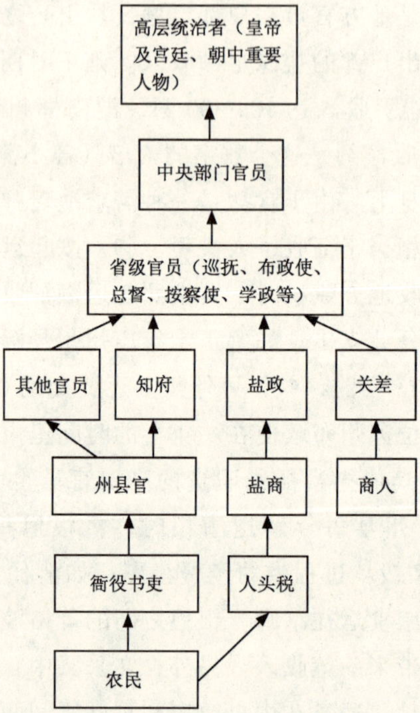

图4－2 非正式资金体系的构成

需要指出的是，由于非正式资金体系缺乏正式的制度约束，而仅凭官员间的惯例和心领神会来运作，对它的监督控制是极其困难的。进入这个体系的资金，究竟有多少用于了地方公共开支和行政运转，多少中饱了各级官员的私囊，是永远也无法获得准确判断的。但可以肯定的是，这种信息上的隐蔽，降低了官员贪污、腐败的成本，在经济人的假定之下，官员个人侵占的资金在非正式体系中所占比重会越来越高。

第三节

黄宗羲怪圈与城乡二元化：税收分成制下的产权结构变迁

非正式资金体系与正式的财政、税收制度的并行，意味着统治者控制官僚体制直接征税的工资制税收逐渐被一种中央与地方，国家机器与官僚个人之间的税收分成制所替代。当然，这仅仅是一种比喻性的说法，表明了二者之间的相似性，这种在事实中形成的税收分享制度，与正式的分成制相比，毕竟存在着很大的不同。首先，它是非正规的，不存在正式的规则来规定各方所享有的税收比例，也没有正式的法律、制度来界定和约束统治者、官僚、纳税人之间的权力与义务，它的运行仅凭官僚间的默会知识，也就是说整个国家的财政税收制度建立在一种“软预算约束”和“软法律约束”之上。其次，官僚在分成比例的确定上，居于主导地位，在最大化的假定之下，他们会努力地扩大自身的份额①。所采用的方式主要有两种：一是加强对基层纳税人的搜刮，导致体制外资金挤占体制内收入；二是通过促进商业发展来扩大税基，并将税收盈余留在非正式资金体系内，从而使国家正式财政收入在社会产出中所占的比重下降。另外，体制内收入的减少，导致国家机器的正常运转受到影响，军事及其他公共品的供应减少，统治者为核心的最高权力集团控制社会维持国家的统一与稳定的能力下降，最高权力集团通常会起来进行财政改革和其他配套的社会改革，利用权力将体制外收入再纳入体制内中。体制内收入和体制外资金的相互挤压，最终导致底层社会被严重剥夺。如图 4－3 所示：

（a）在初始状态下，国家的边际税收曲线为 M_{TL}，非正式资金体系所占国家全部税收收入的比重为 r，正式财政税收制度内收入比重为（$1-r$）。

① 官僚的个人目标函数中还包括个人名望、职位升迁、政绩等，在财政集权的背景下，它们都是官僚收入的函数。因为有足够的体制外资金，才能保证官僚履行职责，并通过租金上传来获取更好的职位。

体制外资金和体制内收入分别为 ΔABF 和 ΔBOF。

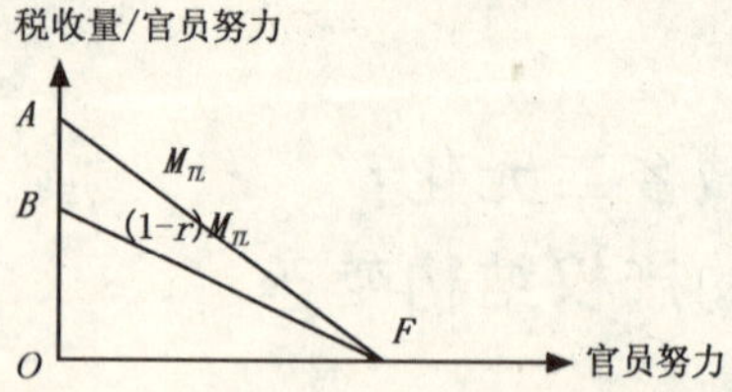

图 4－3（a） 初始状态下的税收分成

（b）地方官员通过对基层纳税人的加派来增加体制外收入，并将租金上传，但过度的榨取导致基层纳税人纳税能力的降低，从而无力完成国家的正式税收任务，最终体制外资金挤占了体制内收入，国家正式税收的边际曲线由（$1-r$）M_{TL}降低到（$1-r_1$）M_{TL}。体制外资金和体制内收入分别为 ΔACF 和 ΔCOF。

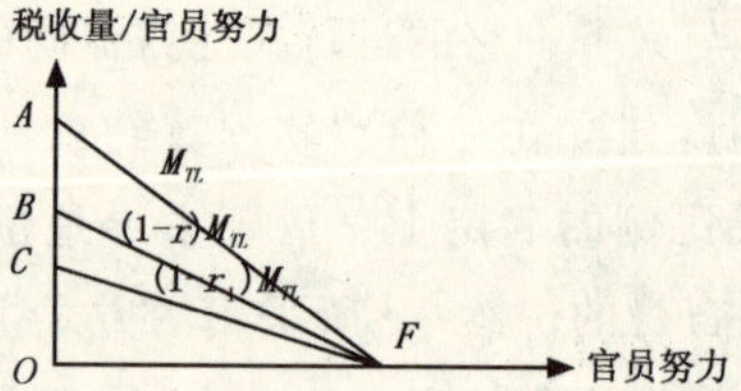

图 4－3（b） 体制外资金挤占体制内收入

（c）地方官员为追求税收盈余而促进商业发展，从而使边际税收曲线上升到（$1+r_2$）M_{TL}，由于税收盈余留在体制外，非正式资金在全部税收和社会产出中所占的比例提高。体制外资金和体制内收入分别为 ΔDCF 和 ΔCOF。

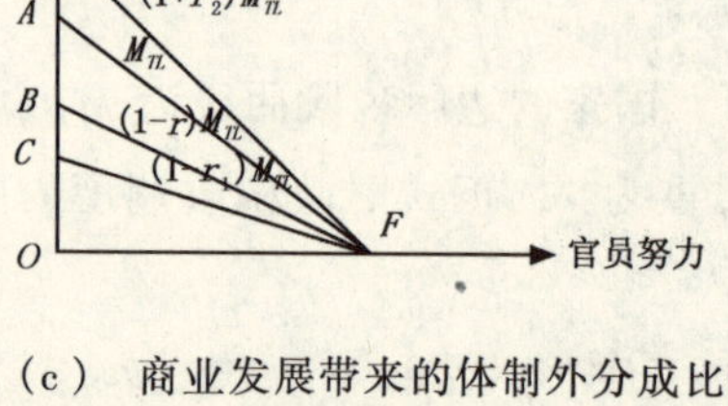

图 4－3（c） 商业发展带来的体制外分成比例上升

（d）针对体制外资金的挤压，最高权力集团通常会起来进行相应的财政改革，努力将体制外收入纳入体制内，从而使 $(1-r_1)M_{TL}$ 回升到 $(1-r_3)M_{TL}$。但是，由于地方官员在信息上的优势，体制外资金很难被挤占掉，最终的结果是整体边际税收曲线由 M_{TL} 上升到 $(1+r_1-r_3)M_{TL}$。

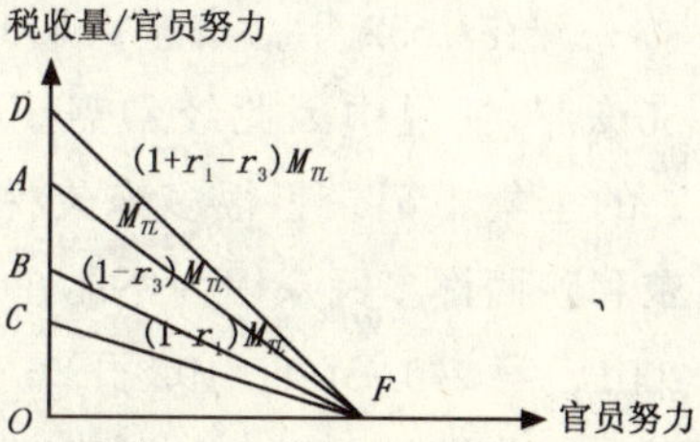

图 4－3（d）　体制内收入和体制外资金竞争所导致的社会赋税水平上升

一、黄宗羲怪圈与底层社会的被剥夺

在以农业为主要收入来源的国家中，非正式资金体制内的绝大部分收入最终还是要施加在农民身上。最初的加派或许仅仅是为了地方公共事务，如兴修水利、赈灾，加派的幅度和加派的方式也约束在一定范围之内。但随着时间的推移，这些约束被逐渐地超越。这是因为，一方面，人口的增长带来地方管理事务不断增加，导致对非正式资金的更大需求；另一方面，如前文所述，非正式资金体系本身就靠官员间的默会知识来运作，缺乏硬性的规则约束，因而对官员的监督极其困难，在不考虑个人道德约束的前提下，官员会越来越多将资金中饱私囊，或者用于对更高职位的寻租，并因此不断地增加对基层纳税人的加派。这种情况在中国历代王朝中都是十分普遍的，许多学者因此将中国历史上的王朝循环归因于后期的官员腐败和税收增长（费正清，2002；Wang，1938），但却忽视了滋生这些现象的政治结构本身。从梁方仲关于明代里长的一段陈述中，可以看出明代随着时间的推移加派现象不断恶化的情形。

> 关于里长的职务，初时只限于传办里内的公事，及催征里内的赋役，其后政府征敛日繁，凡祭祀，宴飨，营造，馈送……种种事务或其费用，皆责令里长负责供应。里长又责之甲首，甲首复责于各户，层层剥削，层层地转移负担。除非一里内的人户逃亡得干干净净，里长才会是最后一个吃亏的人。根据历史的记载，明代中期

之后，里长、甲首都累赔不堪，由此可知人户逃亡情况的严重（梁方仲，2004g，第73～74页）。

赋役加派导致民户或逃亡或贫困不堪以至于丧失纳税能力，各地税收拖欠严重，致使中央财政收入减少，同时也使税收征敛日趋困难，并不断引发出社会冲突，据黄仁宇称："在1632年，占（大明）帝国财政税区1/4的340个县，税收拖欠达50%。"征税中因此经常需要使用高压、强制手段，归有光（1506～1571年）的全集中记录了很多拖欠税款的农民被鞭打致死，顾炎武全集中记述了山东和陕西许多民众因为不能在最后期限完成税收而被迫自尽的事（黄仁宇，2001，第235，411，192页）。清代中后期也发生了同样的情况。自乾隆朝后期，清代官员的生活日渐奢靡，这意味着非正式渠道上传租金的不断增加，对应到基层，则是税收加派的日趋严重，到1753年，江南地区的税收加派已经达到正税的21%。白凯描述了19世纪中期之后，江南地区因为税收加派而导致的抗捐、抗税活动以及州县官如何通过卖荒的手段侵吞国家正式税收。州县官通过向国家申报灾情而获得税收减免，然后将这些减免出售而大户，大户获得税收减免，而其他的纳税人则照常纳税，卖荒所得，进入非正式资金体系，使地方官员拥有更多的资源来游说、贿赂高层官员以获得更多的税收减免。这种做法在18世纪已经出现，到19世纪20年代已经非常盛行（白凯，2005，66页，72页）。

非正式资金体系对正式的财政税收体系的挤出效应，使得中央政府不得不对其进行干预，通过禁止、规范、约束各种加派行为来保障中央财政收入，减轻农民负担。明代中期之后的一条鞭法改革就是在这样的背景之下进行的。改革将赋役折银，摊入田亩之中，统一征收，以代替名目繁多的差役，将原来位于正式体制外的资金纳入了体制之内。清代雍正、乾隆年间的财政改革也具有相同的性质。康熙一朝，虽然开创了盛世的局面，但1722年康熙皇帝去世时，国库存银仅有800万两，相当于中央政府年税收的27%（曾小萍，2005，第1页），因此雍正皇帝即位之后首要任务就是增加中央财政收入。以"火耗归公"为名的改革认可了作为重要的非正式资金来源的"耗羡银"的征收，并将其纳入户部统一管辖，同时禁止"耗羡银"之外的其他加派。这意味着最高统治者试图将国家的税收机器重新拖回到直接控制官僚征税的工资制下，重建高度集权的财政体制，使所有的税收都归国家统一支配，同时通过严厉的监督来防止官僚的代理风险（由此可以理解雍正一朝酷刑和特务制度的盛行）。但在实际的交易费用条件下，这种意图是很难实现的，日益增长的监督费用使国家无论如何不能回到高度管制、财政集权和轻徭薄赋的初始产权状态之下。事实上，在以强化中央财政集权的改革进行之后，对非正式资金的依赖，促使地方官员又进行各种新形式的变相加派，如清代雍正改革时，耗羡一般为正银的10%，到乾隆年间，上升到15%，而到道光年间，则已达到68%（周志初，2002，第50页）。梁方仲也揭示，明代一条鞭法改革推行不久，各地即形成"编外加编、编外加役"的尴尬形式。分成制税收下，中央财政和地方财政的冲突最终导致的结果是基层社会被掠夺程度的不断加剧（梁方仲，2004g）。

黄宗羲考察中国历史上的赋税变化，发现每次以减轻民间负担为目的的赋税改革，最终的结果都是导致了赋税水平的上升而不是降低，这就是所谓的"黄宗羲怪圈"。将"黄宗羲怪圈"放入分成制下中央财政和地方财政、国家的正式财政税收制度和非正式资金体系间的紧张关系中来看，其产生就极易理解。税收分成制下的黄宗羲怪圈的产生如图4－4所示：

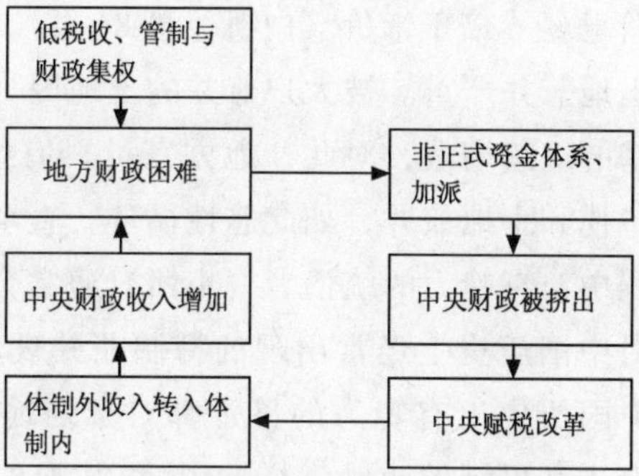

图4－4　税收分成制下的黄宗羲怪圈

加重底层社会被掠夺的另一个原因是捐输制度。捐输，即不通过科举制而仅凭交纳一定金额获取功名和官职的方法。捐输银是国家正式财政收入中的一部分，相当于一种针对富人征收的低成本的税收，而这一部分税源也是非正式资金的主要来源之一。地方官员总能利用自身的优势来分享到一部分。如在政府对捐输的名额控制很严的情况下，纳捐的人总得要支付给地方官员一定的贿赂或额外费用之后，才能获得机会。在国家财政困难的时候，不管是正式体制，还是非正式体制，都倾向于捐输的增加。由于获得功名的人会得到一定程度的税收优免权，捐输制度导致国家税基减少，普通纳税人的边际税率上升，纳税负担加重。如在19世纪中期，江南地区的州县官在漕粮折钱时，普遍的做法是大户按短价，小户按长价，例如常熟、昭文两县，1842年的短价为漕粮每石折5 200文，长价则达10 920文。按本色征收的漕粮，大小户的负担也存在着明显的差别，19世纪50年代早期，每石正额，苏州城里的大户只要交纳1.2～1.3石稻米，而其他小户则要交纳3～4石。一些江南州县有3种不同的漕价：一种适用于上层绅士（进士和举人），一种适用于下层绅士（生员），另一种适用于民户。太仓州，漕价分别是每石4 000、7 000～8 000和10 000文。1848～1849年的海盐县，小户负担3～4倍于正额，下层绅士负担相当于正额，上层绅士负担则低于正额。享有税收减免特权的大户，还非法包揽，以短价缴纳小户的税，并收取一定的费用。这种短期内对双方都有利的做法导致了税基的进一步减少，从而使其他小户的赋税负担更重。一位官员估计，到19世纪40年代中期，常熟县100户左右的大户代表90%的小户按短价纳税。地方官员为弥补亏空，只有提高起其他小户的折价，从而迫使更多的小户接受包揽，如此恶性循环下，到1845年，漕粮的长价已经6倍于米价（白凯，第84页）。不堪负重的农民只有出售土地，致使土地兼并严重。被大户兼并的土地因为也在税收优免范围之内，所以导致税基的继续缩减，对此，地方官员只有继续提高小户税率，从而刺激更严重的包揽和土地兼并，如此恶性循环，直至国家的税收制度完全崩溃。在这个过程中，有魄力的统治者（集团）通常会起来抑制兼并，制止事态的恶化。针对中国历史上经常出现的抑制兼并现象，李约瑟（1986）曾经疑惑“为什么中国历史上有魄力的皇帝都对豪强地主进行强有力的打击，就好像受到社会主义思潮的激励一样”。从税基维护的角度看，这一疑惑能够得到合理的解释。

另外，伊懋可发现中国历史上存在一种独特的“高水平陷阱”现象，即农业产出的高收益导致对土地的过度投资，从而使工业的发展受到有限资源的约束，并认为这是“李约瑟之谜”，即工业革命为什么没有发生在中国的原因（Elvin，1973）。伊懋可将农业过度投资的原因归结为人口增长导致的过高的农产品需求及农业生产收益，但明清王朝的历史经验与其论断不符：中国历史上发生的土地过度投资现象，是相对的，与税收特权有关。享有税收优免权的特权阶层（大户），经营土地的成本下降，因而对土地的投资增加，相反，那些没有特权的小户却因为边际税率的上升而成本大增，不得不放弃土地。这种情况随着特权阶层的扩大而日益严重，以至于到王朝后期出现一般小户“受田者与田仇”（张宣：《西园闻见录》赋役前）。“村野愚懦之民以有田为祸”（王夫之：《噩梦》），“地之价贱者亩不过一二钱，其无价送人而不受者大半”（康熙《三水县志》艺文）。从白凯提供的一份江南地区1797～1843年土地价格变动的资料可以看出1820年之后，土地的价格是持续下跌的（白凯，2005，第74页）。剔除掉银钱价格波动因素，这种趋势仍然是明显的。由此可见，高水平陷阱本身就是一个伪问题，见图4－5。

同样的现象在近代之前的法国、德国都曾发生过。在法国，免税的特权阶层从纳税农民手中买走了大片的农田，结果造成土地方面的过度投资和工商业投资的不足，国家因此颁布法令来控制资源在各部门间的流动，并为此目的设立臃肿的官僚机构来监督、执行，结果导致严重的财政危机（霍夫曼、罗森塔尔，2003）。

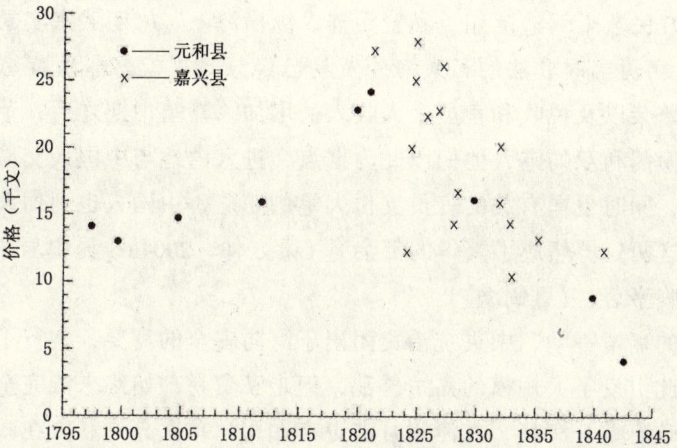

图4－5　1797～1843年元和、嘉兴两县稻田售价（地价按500文，四舍五入）

二、管制放松与商业发展

明清两代实行定额制税收，各省与户部核定税收定额之后，在以后的若干年里，会努力将定额维持在原有水平，而将盈余留在省内，进入了非正式资金体系，因此地方官员有强烈的激励来放松管制，促进商业的发展，以获得贸易增长所带来的税收盈余。明代隆庆、万历之后的管制松动与商业发展，在很大程度上与官员对非正式资金的追求有关。这一点在明代海外贸易制度的演变上表现得最为典型[①]。

明初的统治者，为了防止臣民造反，实行了严厉的海禁政策，禁止私人从事海外贸易，规定"片板不得下海"，凡有违反规定私自出海者，不但要处以死刑，而且要株连亲属、邻居等，对外经济交流主要通过朝贡贸易来进行。正德年间，明政府出于财政压力，开始对朝贡船只随带货物实行抽分制，征收税率约为20%实物税，用作地方开支和官员的薪俸（万历之后，逐渐改为货币税），但仍然没有允许私人从事海外贸易。抽分制的实行意味着政府对朝贡船只的资格审查放松，而转向以税收为主要目的。随着船只与货物的增加，海禁政策的严格履行逐渐变得不可能，对有关官员的监督也日益困难，在额外税收和商人贿赂的诱使下，地方开始默许甚至纵容私人的出海贸易，或者同非法前来的日本人、葡萄牙人进行贸易，"积而久之，私人的海外贸易成了既成的事实"（张维华，1956）。有官员的报告中提到正德之后每日"奸民数千驾造巨舶，私置兵器，纵横海上"（《明武宗实录》卷一百一十三）。可见当时非法的私人海外贸易已经颇具规模。非法贸易带来了地方经济的繁荣以及税收和官员个人收入的增加。嘉靖中期之后，葡萄牙私商开始盘踞澳门和双屿港，他们以此为据点，进入内地与中国人交易，并向关税司纳税，同时也向有关的官员支付大笔的贿赂，中国人也到葡人盘踞处交易，致使这两处俨然成了繁华的都会[②]（梁方仲，2004a；晁中辰，2005，另见明人王临亨著：《粤剑编》）。

之后的嘉靖一朝，中央统治集团出于海防安全的需要，实行了严厉的海禁，并因此引发了大规模的嘉靖倭乱，但走私贸易却始终未能完全根除。隆庆元年明政府重开海禁，在漳州月港设市舶司，首次允许私人在政府管制之下从事海外贸易，这就是历史上有名的"隆庆开放"，它标志着明代的经济制度由严格的管制转向了一定程度的放松。

开放海禁促进了商业的发展，中国丝绸、瓷器等手工制成品经东南出口到欧洲，促进了国内手工业的发展，同时大量的欧洲白银进入中国，弥补了中国通货不足的缺陷。海外贸易也带来了沿海地区的繁荣以及官员非正式收

---

① 关于明代海外贸易管制的更深入论述，可见本书专论2。

② 嘉靖二十七年朱纨驱逐葡人，填埋双屿港后，葡人开始转向澳门，于嘉靖三十六年（1557年）通过贿赂，得到海道副使汪柏的批准，开始定居澳门。葡人每年向广东输船课2万两，向香山县输地租500两。

入的增加。时人周玄暐有关于万历年间葡人对华贸易的记叙：

> 粤中惟广州各县悉富庶，……广属香山（按，即指澳门）为海舶出入咽喉，每一舶至，常持万金，并海外珍异诸物，多有至数万者。先报本县，申达藩司，令市舶提举司县官盘验，各有长例，而额外隐漏，所得不赀。其报关纳税者，不过十之一二而已（《泾林续记》）。

梁方仲推算由万历元年至崇祯十七年（1573~1644年）间，各国输入中国的白银至少远超过1亿元以上，这还仅仅是根据市舶司的申报数字推算出来的，考虑进走私贸易，数字将更为巨大。庄国土（1995）估计明季从海外流入的白银总数当在3亿5 000万披索（280 000万两）以上。Von Glahn对1550~1645年进口到中国的白银数量按来源和载体做了整理，明季中国从海外共进口约190 336万两白银，关于明代各国输入中国白银数量研究总结，可参加李隆生（2005）的总结。他根据各方估算的平均水平推算出明代在1530年之后从各国输入的白银在3亿两左右。弗兰克（Andre Gunder Frank）更是据此推断出明代中国已经居于全球贸易的中心。此论断虽然缺乏足够的事实依据而显得武断，但明代中后期手工业制成品的出口和白银输入则是公认的事实。白银的输入为后期的赋役折银提供了货币支持，使一条鞭法的改革成为可能，促成了明初设立的实物税收制度的解体，从而减少了农民对国家的依附，为商业的发展提供了条件。隆庆，特别是万历之后，白银大量输入的时期，也正是中国江南一带手工业迅速发展的开始，中国传统史学研究中的"资本主义萌芽"或"早期工业化"就是指从这一时期到鸦片战争为止这段时间（许涤新、吴承明，2003；李伯重，2000）。这一时期工商业的发展以纺织业最具代表性[①]。吴承明在考察明清全国长程贸易商品结构时指出由明至清棉布已取代食盐，成为最大宗的工业商品。由江南每年输往全国的棉布，明代后期约为1 500万~2 000万批，清代中期（鸦片战争前）则增长为4 000万批（吴承明，1985，第259~263页），作为江南棉纺织中心的松江因此有"衣被天下"之说。江南、福建所产丝绸更是远销全国和世界各地。许涤新、吴承明估算明中期江南一带丝的产量达20万批，值银16万两。清代商业在明代的基础上又有了巨大的发展。从商人所拥有的资本量上

① 关于明清江南纺织业发展与内部组织演变，可见本书专论3。

就能看出来。明后期大商人资本不过50万~100万两，而清代资本超过千万两的商人大有人在（许涤新、吴承明，2003，第108页）。

如果将明清的商业制度当成一个大体延续的整体，就会发现它从最初的高度管制到逐步的放松，到明中后期后，政府对于一般商业的管制已经很少，清初曾出于治安需要实行过保甲制，要求行内互保，同时还有抑制兼并的限制，如清陈作霖著《风麓小志》描述南京丝织业时，提及“旧制一户所领之机不得愈百张，以抑兼并，过则有罚”，但在实际中，这些制度很难得到执行，日久松弛，也就名存实亡了，所以正如迈耶斯所观察到的，明中期之后的晚期中华帝国，“为私人业主制造一个相当有利的经济环境”（麦耶斯，2003）。有大量的碑刻记录还表明清代前期苏州本地官员已经能够有效地利用法律来保护商业竞争、商标，从而促进了江南早期工商业的发展（郭艳茹，2005；邱彭生，2004）。

三、非正式资金体系与城乡二元化

工商业的发展促进了江南城市化的发展，产生了苏州、杭州等人口超过100万的工商业型大城市（李伯重，2003），以及一批工商业小城镇，如盛泽镇，“明初以村名，居民只五六十家，嘉靖间倍之，以绫绸为业，始称市”（嘉靖《吴江县志》）；濮院镇，万历间“日出锦百批，远方大贾携橐群志，居者渐繁，人可万家”（杨树本：《濮川所闻记》卷四），这些城市“充满了清新、活泼、开朗的气息”（傅衣凌，1989）。工商业的发展促进了城市的繁荣和居民的消费水平，虽然缺乏准确的数据来对比明中期之后，中国城乡居民间的收入差距，但从大量的地方方志和文学作品，如《三言两拍》中都可以看出这一时期江南城市中的居民生活消费水平的提高，不但是达官贵人，就是普通百姓也通常是着绫罗绸缎，带金银首饰，另外有酒楼、茶肆、戏院等各种娱乐场所，乾隆中期，苏州曾云集70多家戏班，明清时期的江南城市如苏州、南京、杭州、常熟、无锡、湖州等还是著名的印书、刻书中心，刻印书籍数量之多、类别之多、校勘直径，堪称全国翘楚（范金民，2004；卜正民，2004）。相比之下，农村，尤其是北方及边远地区的农村，农民生活水平却仍然很低①。

城乡差距与经济二元化的特征在以后的历史时期中一直在加剧，到民国年间已经成为中国经济的重要特征之一，新中国就是在这种二元化的基础上才得以开始其工业化建设。二元化经济的形成与非正式资金体系的分成制特征具有密切的关系。地方官员从农业和工商业途径来获得非正式资金，由于农业和商业具有不同的产出特征，官员获得额外收入的方式也因此不同。在既定的土地面积和生产技术下，农业产出很难有大幅的增加，因此非正式资金的来源主要是各种形式的加派。官员对非正式资金体系的依赖越强，对农民的搜刮就越重，农村的贫困程度也越深。秦晖就认为，清代关中贫困的主要原因就在于商业不发达而农业税重（秦晖，1996）。而在工商领域，地方官员却可以通过扩大贸易量来获得税收盈余，他们会在制度允许的范围内努力支持工商业的发展，甚至为此默许、支持非法贸易、走私，并可能因此导致中央政府改变商业制度，如前文所述明代对外贸易制度的演变，从而带来商业的繁荣和地区经济的发展。地方政府对体制外资金的追求，因为收入来源的不同可能会导致不同的结果，认为财政分权，地方政府对收入的追求一定会导致社会产权制度向好的方向转化的看法是不正确的，至少是不全面的。

第四节

财政分权、腐败与产权剥夺：明清制度结构的最终崩溃

非正式资金体系的运行意味着中央政府和地方政府间的事实上的财政分权的形成，而且由于地方官员的信息优势，非正式资金体系在全部税收收入中所占的比重越来越高，中央财政日益匮乏，提供法律和保护能力逐渐丧

① 秦晖描述了清代关中地区农村的贫困状态，一位在当地来讲相对富裕的地主在他的遗言性著作中反复叮咛自己的孩子如何精打细算省吃俭用，“要过日子，还旧账，纳钱粮，人情门户，一切应酬，都要靠粮食”。“上冬来早辰（晨）吃米粥，可以不用饼，有大麦炒熟碾□，拌得一吃，午刻作些面食，有余底麦，还能粜了使钱。”（秦晖，1996）。

失，一旦发生突发性的危机，只有将责任转移给地方政府，并同时赋予地方政府独立的财政权力，从而导致财政集权消亡，中央政府维持管制的资源保障丧失，国家的税收制度转向一种“类包税制”。由于地方政府拥有对区内税收的剩余索取权，因此对底层社会的搜刮加剧了，而中央政府和地方政府对税基的争夺则使这种局势进一步恶化，最终导致社会不堪重负。同时，由于类包税制的实行，官僚同时充当了包税人的角色，官僚体制的税收功能挤出行政功能，官僚贪污、腐败日盛，国家机器运转失效，社会重新跌落回无政府状态中。至此，建立在轻徭薄赋、财政集权和高度管制之上的明清型统治模式，全面地走向崩溃。

一、财政分权与军阀割据

以清代为例，清代太平天国运动之后，清政府无力支付庞大的军费开支，不得不授予各省编练新军和独自筹饷的权力，从而失去了对地方的财政控制权。晚清财政集权的消亡，主要表现在：

1. 财政结构。明清集权式的财政结构，主要表现在财政体制的纵向一体化，各省的布政使司为中央财政机构（户部）的派出机构，直接对户部负责，享有与督抚平等的半独立的地位。太平天国运动以后，出于筹饷的需要，各省的布政使逐渐降为督抚的属员。

2. 财政管理。清中期一直通过奏销制度来对各省的钱粮收支进行严格的管理，以维持中央政府对财政的控制权。但太平天国之后，奏销制度已经名存实亡。在平定叛乱的20年的战争中，不仅军队系统庞杂，所耗军饷数额巨大，且钱粮又多为地方督抚及统领兵将自行筹支，按常例的奏销既难以做到，也没有必要。另外，清政府对一般性的奏销也失去控制。各省报户部数额与实际收支情况根本不符。如光绪中后期，户部统计的各省财政收入约8 000万至1亿两，但光绪末年的财政清理中各省财政收入额却上升到24 490万两（《清朝续文献通考》卷六十七，第8233～8234页；周志初，2002，第105页）。

3. 收入比例。晚清中央政府所控制的税收比重越来越少。据梁启超对庚子之后清政府的财政收入及实征税额做过估算，他认为清政府统计的“收入额，约一万三千余万两，其实督抚外销之数，官吏胥役奸商层层贪索中饱之数，当三、四倍于此，大约人民负担，总在四万万两以外”。如田赋每年收入三千余万两，但“大约全国人民所出田赋约在七千万两之外”（梁启超，1989年版，第263页）。

针对晚清的财政状况，康有为曾指出：

> 中国财政不在中央政府，而听各省督抚分任之。户部有需，则分摊于各省，听各省之自为设法，而中朝不任也。……盖此如天子征供于诸侯然，户部不与民直隶也。故各省税法不同，听各省督抚之各自为谋，议定实行，仅以一纸空文奉报而已。乃至税赌鬻官，大无耻之事，朝廷亦复俞允；则督抚操财政之权为己权，而于户部即无关，至明矣（梅曾亮：《柏岘山房文集》咸丰六年刊本；何炳棣，2001，第78页）。

从上述陈述中可以看出，晚清的财政体制已经大体相当于一种“包税制”了。地方政府完成中央分派的财政任务后，中央对各地的赋税征收已经很难干涉了。在财政集权消亡的同时，中央对地方的其他方面的控制也逐渐失效，如刑部派出负责监督督抚的按察使也同样降为督抚的属员。布政使、按察使、督抚互相制衡、权力集中于中央的局面消失，“各省督抚已成为集军事指挥、财政和司法权力于一身的胜利者，有效的中央控制一去不返”（何炳棣，第78～79页）。这为以后的军阀割据埋下了伏笔，对此，当时的日本人也有评论：

> 所称为中国者，实非一完全整齐之帝国。其二十一省之地，俨若分成二十一国，而皆各有半独立之象，又复各相联络，而后成此散漫无纪之国也。斯言也，证之于各种政事上皆得显其实矣，而以财政为尤甚（日本东邦协会：《中国财政纪略》总论；刘增合，2005，第34页）。

二、包税制与掠夺的加重

中央对地方财政管理权的丧失，意味着地方政府已经逐渐地演变成一种特殊的“包税人”。只要完成政府的筹饷和其他赋税任务之后，对于地方政府如何征税中央政府并不过多干涉。地方政府拥有税收的剩余索取权，因此有强烈的激励增加税收。不但对农业进行过度征敛，对商业也开始杀鸡取卵。太平天国运动之后，各地方政府开征厘金，即工商业附加税，为地方支配，一时国内管卡林立，厘金“征收比例之高，征收名目之复杂，征收范围之宽，管理机构之复杂，管理制度之无序，都是中国税费制度史上罕见的”(郑备军，2004，第200页)。厘金加重了工商业者和普通消费者的负担，抑制了正当的商业活动。如广东的三水、佛山等地，原为商业发达地区，“自三水设厘卡，而水面为墟埃；佛山一阜……自厘金一设，而百行亏折亦”。另据汉江关税司务光绪十三年（1887年）的调查，汉口地区商人贩运茶叶时，“纵其茶不用价买来，尚差二、三两方足弥补厘金交用之数”（黄文模等，2000）。正常的商业活动已经无利可图。

对农民掠夺的加剧，与卖官鬻爵密切相关。清代前期，出于对官僚体制的控制，对捐输的功名、官职的数量有严格的规定，后来，随着财政压力的增加，捐输的数量不断增加，太平天国运动后，出于筹饷需要，捐输的名额更是泛滥，而且在手续上也简化了。如原先各省需先向户部上缴捐银凭据，再领取捐纳执照，则后期则改为由户部直接发给各省空白执照，自行填写，这实际上相当于中央政府已经任由各省自行卖官鬻爵。咸丰六年至十年间，仅安徽省徽州府、宁国府捐纳实职、虚衔、贡生和监生衔的银数就约为160万两，以至于有“官多于民之势”(《清朝续文献通考》卷八十四；周志初，2002，第92页)。卖官鬻爵不但扩大了官僚体制的规模，增加了财政负担，同时如前文所属，由于捐输与税收优免有关，卖官鬻爵的加剧，导致税基的不断减少及普通纳税人边际税率的上升，最终引发抗捐抗税运动，以及大规模的农民起义。

财政集权的丧失，迫使中央政府也起来寻找新的收入来源，利用尚存的权力来与各地方进行税收竞争，从而导致社会更严重的掠夺，国家，作为一个企业，其负外部性日益恶化，这一点在鸦片税收上表现得特别典型。19世纪上半期，以英国为首的西方国家，开始向中国走私鸦片，并引发后来的鸦片战争。其原因固然与西方的掠夺有关，但中国地方政府为了获得税收收入而默许和纵容鸦片走私也是不可否认的事实。第二次鸦片战争后，鸦片贸易合法化，鸦片进口税成为中央财政的一个重要来源。1861年，鸦片税额为407 918两，占全部海关收入的8.1%，以后的年份呈不断上升的趋势，1887年，清政府实行鸦片的税厘合征，将原先各地管卡征收的鸦片厘金统一并入关税中，在原先每担30两的基础上，再每担征收80两，致使鸦片进口税激增，在1888年，鸦片税额竟然超过900万两，接近海关收入的40%(周志初，2002，第182页)。高进口关税刺激起鸦片的走私以及国内生产，各地政府为获得土药厘金收入，鼓励本地的鸦片种植与生产，19 世纪 60～80 年代，鸦片的种植已遍及全国大部分地区，到甲午战争之前土烟的产量已经明显超过洋烟（许涤新、吴承明，2003）[①]。

诺斯曾指出，国家出于税收的目的会掠夺产权，破坏经济增长，奥尔森也指出，国家在财政压力之下，会采取流窜匪帮行径，掠夺财产，侵吞产权，从而导致经济的衰退。清末中央政府、地方政府在税收诱使下，鼓励鸦片的种植与贸易，导致白银外流，民困财乏，国民素质锐减，社会财富和人力资本同时被严重掠夺，国家，从中央政府到地方政府与巴泽尔所描述的犯罪组织已经没有区别（诺斯，1990；奥尔森，2003；巴泽尔；2000）。

三、腐败与国家机器失灵

非正式资金体系本身就是和官员的腐败密不可分的。在国家权力强大的情况下，统治者以此来上传租金，并强化官僚的忠诚，从而在一种高监督费用条件下达到控制官僚和底层社会的目的，但是，随着监督费用的不断上升，进入非正式资金体系的收入越来越多，正式财政税收体系收入的减少，影响了国家供养常备军队、维持司法、行政运转的能力，从而导致国家权力的衰落。同时，非正式资金体系中官僚用于中饱私囊的比重也越来越高，用于各级行政开支和公共品投入的越来越少。国家机器，如同一台感染了病毒的电脑，其运转效率，从中央到地方，都在不断降低，直至崩溃。中央集权的财政体制解体后，国家的税收机制转化为一种类包税制，但是，与传统包税制不同的是，在后者，包税人只履行税收职责，与国家之间是一种“市场合约”，国家会在包税人之外单独设立行政、司法机构及军队，以履行其供给“保护和公正”的功能。但是明清王朝由工资制逐渐转化成的包税制中，原有的官僚体制充当了包税人的角色，具有履行国家职能和收税的双重职能，由于官僚享有税收的剩余索取权，在经济人的假定之下，官僚会将更多的努力分配到收税上，而国家权力的式微使统治者无法对此作出有效的干预，同时，卖官鬻爵的泛滥也使官僚队伍的营利性目的更强，最终，税收的功能逐渐地挤出履行职责的功能，官僚体制，从高层官员到低级的吏胥牢

① 这种情况一直持续到民国，陈忠实的《白鹿原》中描述，民国年间，整个关中平原遍植鸦片。

卒，皆贪污腐化、横征暴敛、中饱私囊，国家文恬武嬉、功能丧失，无政府局面形成。

国家机器供给保护功能的丧失，在清政府对抗太平天国起义的军事行动中得到集中体现。太平军定都天京后，清政府在江宁、扬州一带构筑江南、江北大营，重兵驻守，以围困天京。但据时人观察，大营简直就是一座繁华的都市。文恬武嬉，每日惟以观剧为事。菜馆数十座，味穷山海。其他凡可以快心悦志者，靡不毕集。丹阳大营在观剧正酣的时候，被太平军劫掠大营，大炮及营中辎重，百无一存。绿营军久不习兵，平日将帅疲玩营私，不顾虚伍缺额，欺蒙冒饷，顶替支薪，兵牟差操不分，薄饷无以自存，多兼营小贩，油滑偷懒，贪生怕死成性。遇出兵，勉强拼凑不出一程人马。方江对此进行了生动的描述（方江，1986）。

> 出战的绿营兵袒胸裸腹，以布围腰，辫线粗一握盘顶，东先西后，不成队列，三十五十陆续抵达城下后，即各自释弃刀杖，席地而坐，与敌方通火吸烟深谈，或认亲叙两军光景。至疲且饿，则曰："该吃早饭了！"，于是大呼狂笑喊杀，鸟枪不纳弹，犹向天放，又咳声做势曰："开炮！"，责闻"砰訇"声，群呼曰："杀贼不计其数……"而大营奏捷疏已缮写完毕，亦曰："杀贼不计其数。"时有某牟在楚，要到大营，途中遇到数兵往太平军营垒徒手逍遥而去，因问："何往？"那些兵颐指曰："那边吃饭去。"牟怪之。到大营后，将此事报告了翼长。翼长曰："随他吃去，这边正缺饷……"

同样，司法、行政的营利性目的也使国家的法律、公正的供给能力几乎消失。司法系统通过收取当事人的贿赂来获得收入，不可能提供公正的判决和法律服务。

财政分权、腐败和国家机器的失灵，使明清型制度体系最终趋于解体，国家建立在高度管制、轻徭薄赋和财政集权上的统治彻底崩溃，最后社会重新回到一种无政府状态上来。当然这种无政府状态只是相对的，统一的国家已经分解成一个个割据的军阀组织，在军阀与军阀之间是无政府状态的，但军阀内部也许仍然能够提供一定的管制和秩序。

本 章 结 语

在共容利益下使用权力

明清王朝从轻徭薄赋、高度管制、财政集权的制度体系逐渐演变成苛捐重赋、官僚贪渎、军阀割据的乱世局面，贯穿这个过程的，是统治者在不同的交易费用条件下强烈的权力控制意愿。明清统治者出于权力最大化的目的而设计和实行的制度，经过一个漫长的演变过程，最终走向解体，并导致社会经济的衰退。诺斯认为经济史中衰退的原因是使国家租金最大化的产权制度和使社会产出最大化的产权制度间的冲突，而在明清管制型制度的演变过程中，这种冲突则更具体地表现为使统治者权力最大化的制度和使社会产出最大化的制度间的不协调。

奥尔森将人类文明的进步归因于“在共容利益下使用权力”，并将其重要性等同于亚当·斯密的无形之手，认为只有统治者和臣民在权力的使用上存在共容利益时，社会才能走向繁荣和发展(Olsen，2000)。如在关于国家起源的寓言中，他指出一个流窜匪帮战胜其他匪帮，在一个地方驻扎下来，以税收代替抢劫并提供产权保护，从而给臣民以生产和投资的激励，社会产出因此提高。统治者和臣民在权力使用上的共容利益导致了国家的起源，奥尔森称之为“看不见的手的初次恩惠”。在明清管制型制度演变过程中，这一恩赐也显现出来。统治者对权力的追求带来了国家的统一，使臣民因此获得来自国家统一的收益，如和平、稳定、秩序、统一市场、公共品供给等（详见本书第三章)，避免了军阀割据下的战争、纷争等外部性。中国历史能从一次次的分裂重新走向统一，并获得相应的发展与进步，与这只看不见的手的恩赐密不可分。

但是统治者对权力的追求也会给臣民带来危害，在明清管制型制度中，统治者为了维持权力的稳定，实行高度管制措施，如海禁、抑商、资源和产业的国有化，导致对产权和经济自由的剥夺，而这一制度内生的官僚腐败，则使基层社会的被剥夺状况日益严重，并导致国家企业的最终解体。正如奈所说的："统治者及其臣民的巨大损失，不可避免地成为统治者耗费巨资进行监督实施强硬统治的副产品。"（奈，2003）统治者对权力的过度控制，不管是对臣民，还是对他们自己来说，都不会带来好的结局。

明清王朝的统治者试图以轻徭薄赋政策来协调自己与臣民的冲突，最大可能地保持与臣民的利益共容，但由于这种"类奴隶制"的权力控制模式本身所内生的高昂交易费用，这一意愿很快落空，轻徭薄赋最终不可避免地转化成民不聊生。在明清财政制度演变中，可以观察到两个软的约束：一是软预算约束，统治者和官僚不受预算定额约束，通过向民间加派来任意调节收支；二是软法律约束，即没有一种法律来限制和阻止这种行为。在既定的政治结构之下，轻徭薄赋的"仁政"在化解统治者和臣民有关权力的冲突上，作用是有限的。而民主政治的意义正在于提供一种基本的政治基础，从制度上来保障"统治者"和社会公众之间始终的利益共容。它通过选举制度让公众大多数分享政治权力，从而使他们共同担当了统治者的角色，这样就避免了经济史中经常出现的少数统治者为了个人（或小集团）收入再分配和权力再分配的目的而损伤公众大多数的利益的现象，相反，民主政治中不可或缺的义务教育、社会保障始终是向公众大多数再分配利益。同时，独立的立法、执法体系又为这些制度的运行提供了硬性的约束。由此可见，对于一个社会的长期繁荣与稳定而言，民主和法律制度比轻徭薄赋的政治理想更为重要。

附录 4-1：官僚合谋的合作博弈证明①

假定有官僚 A 和官僚 B，两人在是否参与腐败上都有两种战略选择：合作（参与腐败、分享租金）、不合作（不参与腐败，并揭发对方的腐败行

① 此处官僚间合作演进的模型，是 Axelrod（1984）中有关模型的简化应用。

为）。双方的支付矩阵如表 4-3 所示：

表 4-3　官僚间的一次博弈支付矩阵

官僚 A \ 官僚 B	合作	不合作
合作	2，2	0，3
不合作	3，0	1，1

假定官僚间的合作只有一次，则如"囚徒困境"一样，（不合作，不合作）构成一个占优均衡。

假设第一个时期后，官僚间博弈重复的概率为 w，下面每个阶段也都有概率为 w 的可能性再次重复。于是，该博弈潜在地无限重复，但是该博弈至少重复到第 k 阶段的概率是 w^{k-1}。

如果两个官僚在开始时都选择他们的占优策略，即保持两人互不提供优惠"政策"、秉公执法的常态，互不合作的每个人都将在第一阶段挣得 1，并且以概率 w 在第二阶段再得到 1 的收益，以概率 w^2 在第三个阶段再挣得 1，依此类推。于是，如果官僚 B 选择在 k 阶段不合作，那么两个官僚的预期总收益 EV 分别是：

$$EV = 1 + w + w^2 + \cdots + w^{k-1} = \frac{1}{1-w}$$

重复博弈的新支付矩阵如表 4-4 所示：

表 4-4　官僚间重复博弈的新支付矩阵

官僚 A \ 官僚 B	合作	不合作
合作	$\frac{2}{1-w}$，$\frac{2}{1-w}$	0，$\frac{3}{1-w}$
不合作	$\frac{3}{1-w}$，0	$\frac{1}{1-w}$，$\frac{1}{1-w}$

在重复博弈中，对于官僚 B 来说，（合作，合作）组合的收益为 $\frac{2}{1-w}$，所以根据上面的支付矩阵，只要 $\frac{2}{1-w} > \frac{3}{1-w}$，即 $w > \frac{1}{2}$，官僚 B 的（合作，合作）组合中的预期收益，总大于（合作，不合作）组合中的预期收益，所以官僚 B 会选择合作。

第五章 DI WU ZHANG

管制为什么不利于经济增长：李约瑟之谜的产权经济学解释

明清王朝为维持辽阔疆域内的有效统治而加强对社会的管制。本书试图从产权经济学的“超微观的角度”来考察管制型制度对社会经济的影响，并解释李约瑟之谜产生的原因。

第一节 关于李约瑟之谜的不同解释

中国的经济曾经在很长的时间里领先世界，在早期到达中国的欧洲人的记述中，中国被描绘成一个华美富饶、犹如人间天堂的地方，有富饶的土地、丰富的产品、世界上建筑最好的城市，以及精美的丝绸、瓷器等等，如伯来拉《中国报道》、克路士《中国志》、拉达《出使福建记》、《记大明的中国事情》(C.R 博可舍，1990)，亚当·斯密根据有关的报道和描述判断：“中国是长期最富的国家之一，是世界上土地最肥沃、耕种得最好、人最勤劳的国家之一。”但他也敏锐地感觉到，中国“似乎长期处于停滞状态。500 多年前访问过它的马克·波罗所描述的它的耕种、产业和人口众多，与现今旅行家所描述的几乎完全一致。中国或许早在马可·波罗的时代以前，就已经达到了它的法律和制度所容许达到的最充分的富裕程度”（亚当·斯密，2001，第93页）。亚当·斯密的直觉在以后的100年的历史中得到充分的验证。在欧洲经历工业革命并由此导向长期发展的同时，中国经济尽管存在量的增长但却始终没有获得技术方面质的进步，最终在东西方的直接竞争中处于明显的劣势。长期从事中国科技史研究的李约瑟博士曾疑惑为什么工业革命没有发生在中国，而是发生在欧洲，这一被称作李约瑟之谜的疑问成为揭示中国历史发展路径的重要线索。

关于李约瑟之谜，中国学者从不同的角度进行了探讨和解答，迄今为止，这些解释大体包括以下几种：

一、地理因素决定论

地理因素决定论认为，一个国家的发展路径是由其地理特征所决定，具体而言，则又分为：

1. 资源禀赋论。这种观点认为，一个国家的发展路径与其资源禀赋条件密切相关。有些国家，富含工业化所必需的资源，如便利的港口、煤、铁等，因而搭上了工业革命的快车，而那些缺乏这些资源的国家则正好相反。英国富含煤铁，为工业革命的发生提供了基本的保障，如果没有钢材，日后的用于汽车、飞机、轮船的内燃机、柴油机车都无从谈起。而在早期工业化或称“资本主义萌芽”的核心地区，明清时期的江南地区，煤、铁、水力资源的缺乏却限制了工业的进一步发展。李伯重认为缺铁从根本上限制了江南科技专家的发明在实际生产中的应用。元代发明的水转大纺车是世界上最早的水利纺织机，已具备了近代机器的基本特征。但是这种复杂机器的制作要求使用大量的金属部件，如果代之以木质材料，则不但无法保证精确度，而且极易损坏，同时由于运转阻力太大，工作效率也会大大降低。铁以及水力资源的缺乏使这种号称“阿克莱水利纺织机发明出来前世界纺织工具史上最伟大的技术成就”的机器在江南纺织业中不能得到应用和推广（李伯重，2000，第496页）。

这种地理决定论虽然有广泛的影响，但阿西莫格鲁等对前殖民地国家的回归分析却显示各国家的收入状况与工业革命时的交通成本、世界煤炭协会提供的100个国家的煤炭储量及50多个国家的产量这些变量间的相关度极低，从而推翻了殖民地收入逆转中的地理因素决定论（Acemoglu，Johenson and Robinson，2002a)。中国工业化与资源禀赋的非相关性，虽然缺乏回归分析支持，但许涤新、吴承明的研究表明，在明清时期，苏州、佛山的冶铁业已经有了很大的发展，中国存在铁锅等铁器的出口，铁还常用于佛像铸造等非生产性的用途。有限的稀缺资源为什么没有用于生产，以及资源的稀缺性为什么没有带动资源的进一步开发则是资源禀赋论所不能回答的（许涤新、吴承明，2003)。

2. 技术需求不足论。这种理论是资源禀赋论的一种变形，认为中国由于人口众多，劳动力丰富，在生产中倾向于选择劳动密集型的技术，对节约劳动的更高水平的技术需求不足，从而无法刺激起技术的供给（如李伯重，2000；麦耶斯，2003)。这种观点忽视了对更好的更轻松的生活的追求是人类的天性这一基本的事实，人们从繁重劳动中解脱出来的愿望是不受资源禀赋的影响的。

3. 高水平陷阱论。这也是资源禀赋论的一个变形，由伊懋可（Mark Elvin）提出。他认为，中国能在工业革命前的一千多年里领先世界，而后又被欧洲所赶超，都是因为中国人口众多、资源匮乏所导致的。由于人口众多，中国必须全力发展农业技术，以至于到欧洲工业革命时，中国的农耕技术已经远远超过欧洲。但是，农业技术改进的收益被新一轮的人口增长所吞噬；而人口的增长又进一步带动农业技术的改进，如此往复，中国在较高的农业水平上维持了巨大的人口。由于资源都消耗于农业，工业的发展受到限制，中国由此陷入一个“高农业水平、高人口增长和低工业水平”的高水平陷阱中。姚洋用一个动态一般均衡模型证明了高水平陷阱的存在，表明在农业回报率高于工业的情况下，资源确实会集中于农业从而导致工业投资不足（Elvin，1973；姚洋，2003)。

本书第四章的分析已经表明高水平陷阱本身就是一个伪命题，中国历史上的土地高回报率在很大程度上与免税特权有关，缺乏特权的小户情况则相反。白凯以江南两个县的历史资料表明，1825 年之后，江南一带的土地价格呈现持续的下降趋势；秦晖也表明，在明清时期的关中平原，缺乏特权庇护的人家对土地投资的愿望并不强烈，而宁愿在相同的土地上投入更多的劳动（白凯，2005；秦晖，1998)。

二、制度决定论

制度决定论又包括以下观点：

1. 中央集权遏制创新论。以德尔蒙德为代表（Diamond，1999），他认为欧洲的海岸线犬牙交错，且岛屿众多，有利于形成了众多的相互竞争的小国，而中国的海岸线平滑有序，近海几乎是没有大的岛屿，有利于形成统一的大帝国，而大帝国的中央集权，则会遏制创新。以哥伦布的航海为例，如果欧洲统一在任何拒绝哥伦布计划的君主之下，则欧洲对美洲的殖民可能永远不会发生。

戴尔蒙德将中国的落伍归咎于完整的地理环境所造成的中央集权的国家体制，与本书的思路有吻合之处，但他却没有详细地展开这个过程是怎样发生的。实际上，如本书第四章所述，中国历史上大一统的中央集权政治体制，总是会逐渐地演化出事实上的分权，并形成中央与地方、地方与地方间的竞争，但是这种竞争却没有导向长期发展，中国近200年的所谓的“资本主义萌芽”，最终也没有孕育出工业革命和资本主义的生产方式，对此戴尔蒙德的理论无法做出解释。

2. 低水平制度论。黄仁宇直接引用诺斯的观点，认为中国古代社会没有产生资本主义的根本原因是财产所有权没有得到应有的尊重和保护。国家为了统治的安全，而牺牲效率，将制度维持在一种低水平的均衡上，通过繁琐而细碎的财政制度来管理国家，从而无法形成资本主义发展所必需的条件，即“数字目的管理”（黄仁宇，1997）。

这种观点与本书的论述基本吻合，但是却过于粗糙，它无法解释社会为什么长期锁定在这种制度之中。王朝后期工商业的相对发展，为什么没有向欧洲一样改变政治结构，从而确立起保护产权的制度。

3. 技术供给不足论。以林毅夫为代表，他认为近代之前中国的技术水平之所以在历史上能够领先世界，是因为当时的技术比较简单，可以靠经验积累完成，中国人口众多，能工巧匠也多，技术发明的机会就多。而现代技术是建立在科学实验之上的，缺乏了基础科学知识的支撑，而仅凭经验很难完成发明。中国古代的知识分子大都投身于科举考试，缺乏基本的科学知识训练，难以完成技术的发明与创新。

科举制和思想禁锢的确不利于科学知识的传播和技术的创新，但这一观点无法解释在明万历之后，随着商业的繁荣，商人已经能从商业活动中获利丰厚，而为什么他们的子弟仍然会热衷于投身科举考试而不是商业活动？同时，诺斯也指出，工业革命并不是一个以重大发明为标志的显著事件，而是在一百多年的时间里由小发明小创造持续积累的渐进过程。科学知识在很大程度上是发明创造的欲望所刺激的。林毅夫的观点无法解释中国历史上发明创造欲望的不足。

三、意识形态论

以马克·韦伯的新教伦理论为代表，他认为英美资本主义的兴起与新教伦理有密切的关系，而中国社会受儒家统治，只有父系的官僚组织，缺乏有法律保障的社会结构，因而无法发展起资本主义（马克·韦伯，2004）。这种来自社会学的观点尽管不无借鉴之处，但把一个国家的发展路径完全归结到意识形态这种不可操作的因素上，终究是空泛的。事实上，正如许多学者所言，中国的政治结构始终是“儒表法里”的，在儒家伦理的面纱之后，是法家所强调的统治者权力控制、对官僚的防范、监督以及对臣民的严刑重罚（秦晖，2003）。儒家伦理之于统治者的重要意义在于它可以弥补统治资源的不足，成为统治者约束、制裁、奖励官员的重要工具，历史上的统治者经常以道德原因惩罚不合作的官员或奖励顺从的官员。离开了这些选择性激励，儒教伦理对中国社会的影响会大打折扣。意识形态只有同政治结构联系起来，其对社会发展的影响才是可探讨的。

本书在比较上述观点的基础上，提出了一个“管制与人力资本寻租论假说”，认为明清统治者为了统治的安全而对社会进行严格的管制，导致产权的稀释。这些因管制而流失的产权束进入巴泽尔的“公共领域”，被最靠近它的人所攫取，从而导致社会资源的重新配置，法律上所界定产权和事实上的产权并不一致（巴泽尔，1997）。管制对产权的剥夺，涉及一项重要的资产，就是人，一旦有关个人的产权被剥夺，人力资本天然地属于其承载者的特性就会使人们通过偷懒、寻租而减少损失。随着时间的推移，寻租会作为一项有利于生存的特性而浸入到社会文化中，从而使一个社会积累在文化传统中的知识是有利于寻租的，而不是有利于生产的。

第二节
作为一种方法论的产权经济学

以科斯、阿尔奇安、张五常等为代表的产权经济学派最重要的理论贡献不在于阐述了产权和制度的重要性，这一点亚当·斯密和大卫·休谟在18世纪早有精彩论述，而在于为研究资源配置提供了一种新的视角和方法。他们从产权配置的角度来审视各种经济现象，并通过对产权束的分解来细致展现这些现象互动的结果，因而具有一种现象研究的“显微镜”效果，但是这种超微观的分析方法在处理经济增长和制度变迁等问题时，其个人主义、微观主义的方法论特征和研究对象的整体性、宏观性特征之间却存在着一种内在的矛盾（科斯，2003；张五常，2000；阿尔奇安等，2003）。诺斯引入了意识形态理论来调和这一矛盾，但是“把意识形态作为国家制定和变革产权的最后依据，显然是脆弱的”（诺斯，1994；黄少安，1997，第380页）。巴泽尔的“公共领域”概念作为一个重要的理论工具，弥补了产权经济学这一方法论上的不足。这一概念在人力资本领域中的扩展，更是将产权经济学与哈耶克的社会演化理论及其背后悠远的苏格兰自由主义传统衔接起来，使产权经济学成为哈耶克演化理论的重要微观基础（巴泽尔，1997）。

18世纪苏格兰道德哲学家的著作中不乏有关产权的精彩论述，如大卫·休谟在《人性论》中把私有财产的确立视作文明开始的标志，认为规范产权的规则应该是一切道德的关键之所在，在《英格兰史》（第5卷）中，他又把国家的强盛归功于政府干涉财产的权利受到限制，亚当·斯密在《国富论》中系统地阐述了建立在私人产权之上的人类社会如何在无形之手的引导下向更高级的文明形式演进，私人产权作为驱动无形之手的力量，成为他的古典政治经济学体系赖以存在的基础。亚当·斯密基于经验主义的观点，尽管充满真知灼见，但就产权本身而言，他提供的仅仅是观点而不是研究系统，产权只是他放置研究对象——经济系统的背景和前提条件，而不是研究对象本身。此后的古典政治经济学家，大体遵循了同样的思路，哈耶克曾批评19世纪的古典政治学家，说他们误以为仅凭“私有财产权”和“契约自由”这两项原则就足以解决所有问题。“这两项原则之所以不是充足的答案，是因为他们的含义太模糊不清了。”（哈耶克，2003，第166页）在哈耶克看来，产权不是一成不变的，“财产最初是习俗的产物，司法和立法不过是数千年里对它作了发展而已，因此没有理由认为，它在当代世界采取的具体形式就是最后的形式”（哈耶克，2000，第36页）。

在1947年的论文中，哈耶克指出只有深入到产权内部去进一步地追问“财产权的内容应当是什么？什么样的合同应当予以强制履行？应当如何解释合同？”，关于产权的问题才真正开始，而30多年后，在《致命的自负》中他却欣慰地写道，以科斯为代表的产权经济学派在对传统的财产观这个“内容多变而极为复杂的包裹”的拆解上，已经取得令人振奋的成绩，他们的研究成果“为市场秩序之法律框架的进一步发展提供了新的可能”（哈耶克，2000，第36页）。

被归入产权经济学派的经济学家们在一个共同的方法论基础上研究产权、激励与经济行为间的内在联系，并形成了独特的研究范式。在他们看来，社会不再是确定资源特殊用途的复杂体系，而是一个依靠技术、法规和习惯对稀缺资源使用导致的冲突进行解决的系统。“社会组织间的差别主要体现在他们所强调的解决与资源稀缺相联系的问题而采用的特定方法上”(阿尔奇安等，2003)。资本主义之所以成为资本主义，就在于它以市场和私人产权来解决稀缺资源使用上的冲突，而在其他的社会形态，如共产主义社会里，类似的冲突却是通过严格的政府管制来解决。不同的冲突解决方式影响着稀缺资源的使用效率。

最早有意识地采用产权方法分析经济问题的是奈特，他在1924年有关社会成本的讨论中，在对道路利用所作的分析中，第一次明确指出产权的经济作用，此后戈登按照类似的思路分析了国际水域中捕鱼的共同财产问题(Gordon，1954)，但直到1960年科斯的经典论文《社会成本问题》发表之后，经济分析的产权范式才正式确立起来。科斯1937年发表的《企业的性质》启发人们从合约的角度考察经济组织，并提供了交易成本这一重要的理论工具。企业合约和市场合约基于交易成本的相互替代导致了资源被配置到更有效率的组织形式中，但这里隐含的一个不言而喻的前提是要素在不同契约间的自由转换。离开了有关要素的自由契约权，没有什么能够保证现有组织的效率。科斯通过对联邦通讯委员会的调查证实了这一点：因为频率是没有产权的，不能交易，所以才惟一地依赖于国家组织（并非是最有效率的）的配置。进而，科斯在《社会成本问题》中阐明，在烟尘妨害等外部性问题上，政府可以“建立一套有关各种可通过市场交易进行调整的权利的法律制度”，使有关污染的权利通过市场交易被配置至效率最高之所在，以替代传统的“庇古税”。产权可以成为引导外部性内部化从而提高资源效率的力量，因此决定产权的制度至关重要（科斯，2003）。

在奈特和戈登早期的研究中，社会产权只是简单地分为两种状态：私人产权和公共产权。前一种情况下，产权得到了充分的界定，后一种则具有完全的非排他性。科斯之后，经济学家们开始将与一种资源相关的产权分解开来，并深入其中探讨问题，如同手持显微镜的微生物学家，通过对细胞的考察来了解生命体的内在规律。阿尔奇安等关注经济现象背后的产权结构及其结果，认识到“一组权利的弱化使市场出清价格的交换不能实现，也将改变资源配置”（阿尔奇安、德姆塞茨，2003）。张五常则分析了不同产权结构下要素租金的分配，所谓的外部性问题，如公共渔场的过度捕捞，不过是公共产权下的租金耗散，价格管制下的产权稀释同样也会导致租金耗散，追求自身利益最大化的私人会通过降低资产价值或重新调整合约来减少租金浪费（张五常，2000）。德姆塞茨有关产权起源的观点认为新的权利对应于新的经济力量而产生，产权在很大程度上是一个经济价值，而不是法律概念（德姆塞茨，2003）。巴泽尔将问题进一步一般化，他认为“权利的界定受个人最优化的影响”（巴泽尔，1997，第 88 页），只有人们从一项权利中获取的收益大于界定它的成本时，权利的界定才成为可能。在交易成本为正的情况下，权利不可能得到完全的界定，不能清晰界定的权利属性被置于“公共领域”中，成为共同财产，并造成相应的租金耗散，而所谓的公共产权之上，事实上存在着各种实际的排他权在防止租金耗散，如在哈丁公地上居住的人，已经以行为确立了自己对土地的使用权，只是这种使用权不能获得国家的保护。法律上的产权和事实上的产权并不一致，产权不是一个静止的状态，而是一种动态的演进，是人们“自己直接努力加以保护、他人企图夺取和政府予以保护程度的函数”（巴泽尔，1997，第 2 页）。社会技术、法律、习俗既是这种演进的动力，又是其结果，例如，奴隶制的废除在很大程度上是因为界定、保护有关奴隶的产权的成本变化所致。

第三节
管制、产权稀释与浪费调整：对明清管制型制度绩效的产权经济学透视

管制意味着政府将私人产权或产权中的一部分属性拿走，置于国家名下。但是交易成本的存在，使名义上属于国家的权利往往会落入巴泽尔的"公共领域。"社会资源使用和分配的效率最终取决于国家、社会和个人在公共领域内的博弈。追求私利的个人通过支付成本攫取公共领域中有价值的资源，事实上侵蚀了国家有关管制的权利，只要攫取的成本在边际上小于所获租金的值，攫取就不会停止下来。巴泽尔用汽油价格控制的例子透视了公共领域内的活动情况。价格控制分割了对于汽油价值的权利，卖方对汽油价值的权利最高到控制价格为止，控制价格与均衡价格间的权利属于政府，私人通过排队获取这部分权利，对他们而言，汽油的实际价格等于控制价格加一定的排队时间，排队时间为纯粹的浪费。由于汽油属性的多样性和多变性，政府有关价格控制的权力边界并不能清晰界定，结果使关于汽油价值的部分权利被置于公共领域。卖方可以通过减少服务和降低汽油质量，或者调整合约安排，如将汽油与无价格控制的产品搭配出售来获取公共领域的收入，减少浪费。只要从卖方的调整中所获取的收益小于排队时间的机会成本，消费者就能接受卖方的安排，如一桶油的等候成本对一个消费者而言为5美元时，这个消费者就愿意在不等候并为润滑剂支出不超过竞争价格5美元的价格的条件下获得这桶汽油。交易双方的合作实际上改变了他们关于汽油价值的"不受政府控制的属性的水平"（巴泽尔，1997）。

巴泽尔的汽油价格控制模型中忽略了官僚和执法者的作用，作为管制的直接执行者，他们可以通过限制或允许搭配出售来影响管制界限的实际确定，管制越复杂，管制中的细节越不可能通过抽象的法律来规定，执行者的权限越大，对于复杂的经济活动而言，管制权中的大多数属性都由国家滑落到个人手中，管制的最终状况取决于国家、管制者和个人间的权利分配。周其仁形象地将国有企业描述为一个没有房间只有

过道的公寓，在名义上属于国家的空间里，私人通过乱堆乱放，已经将空间攫取殆尽（周其仁，2000）。

在一个被管制的经济中，假定政府按排队的方式分配从私人手中拿走的所有权利（在市场制度之外，资源的分配一直依靠排队，所不同的用以排队的标准，在不同的社会中，它们可能是财富、地位、年龄、教育程度等）。在存在排队秩序的前提下，排队成本可以用排队时间的机会成本来衡量，但是排队秩序的存在至少依赖于：第一，存在维持秩序的治安力量；第二，排队次序的可衡量性。假定治安力量始终存在，随着次序衡量成本的上升，排队秩序会变得难以维持，不确定性提高了排队的交易成本，人们寻求新的合约安排的激励增加。这可以解释为什么通常情况下人们愿意排队买菜但不会排队等待升学、升职，后者次序的测量成本过高，考试制度常被引入其中，目的是以对分数的衡量来代替对次序的衡量。国家对社会的管制程度越深，管制事务越复杂，权利分配中的排序成本越高，私人越有动力寻找减少浪费的新的合约形式。计划经济中的消费者为了获得短缺的日用品、工作机会，会努力地与掌握这些资源分配权的官员建立“关系”，直到建立关系的成本在边际上等于常规的排队、等待、向组织申请等正规形式。同时，随着管制内容的增加，每项管制所能分摊的治安力量在下降，排队秩序被维持的可能性进一步下降，建立新的合约激励在不断加强。

对私人而言，管制创造出相当于排队与新合约间交易成本差额的“租金”，因此一个管制社会必然是一个寻租社会。以塔洛克、克鲁格为代表的关于寻租的大量文献表明了寻租对社会财富的浪费（塔洛克，1999，Krueger，1974）。在对寻租行为的分析中，寻租方法和产权方法的最主要的区别是前者“注重人们相互攫取财富的努力，而忽视通过避免浪费取得收益的机会”（巴泽尔，1997，第 14 页）。用产权方法看，寻租是对管制所带来的浪费的调整，它挽救了落入公共领域的有价值的资源，寻租活动与其说是在“消耗”不如说是在“节约”财富，因此“腐败是管制的润滑剂”、“加速钱”的结论很容易推导出来。如 Leff 认为，在存在管制的情况下，允许官僚一定的腐败是必要的，因为腐败可以使企业家克服那些烦人的管制（leff，1964），但这样的观点显然忽视了一个重要的事实，即管制边界和公共领域的不确定性，攫取的收益会促使更多的产权属性落入公共领域，由于存在不可调整的浪费，从长期来看，寻租和财富消耗都在加强。如前文所述，明清管制型制度在运行中，衍生出与腐败、寻租密不可分的庞大的非正式资金体系，非正式资金体系在推动商业发展和经济繁荣方面也确实发挥了重要作用。但是，如同产权经济学在超微观领域中所揭示的那样，这种以寻租和腐败来调整浪费的方式，对社会资源的消耗是巨大的。明清时期大量文献、笔记杂谈、文学作品记述了商人们为了交接、贿赂官员以及在同官员的日常应酬中，耗资巨大。如清人李斗撰《扬州画舫录》记载了扬州商业的发达及商人生活的奢华。这些富商巨贾在商业中积累的资本，并没有投资于再生产，而是用于个人享受、交接权贵、附庸风雅、刊刻、收藏书籍、供养文人、组织各种文化活动等等。书中“陈述了18世纪时长江下游的有名文人，只有极少数和扬州盐商家庭没有关系，只要说他们之中联系对彼此都有好处就足够了，因为士大夫从商人得到物质的帮助，而商人同时也藉此与士大夫的关系获得社会名声……”（何炳棣，1999）。文学、艺术、书法既是中国古代科举制考试的内容，也是商人、官员交往、应酬所借助的重要手段，在商人和官员的交往中，艺术家又发挥了重要的作用，在寻租市场上，商人、官僚、文化人之间是合作和互动的。商人的行为不可避免地推动了社会文化艺术的发展，但也消耗了巨大的本来可以用于生产性活动的资源。这一点在18世纪前半叶最富传奇色彩的商人江春的经历上得到充分的体现。

> 江春贡献了许多捐输报效，有助于乾隆年间诸多战役所带来的财政问题……虽然他是个商人，但他的诗集为当代人所争相竞购，且与全国知名的文人齐召南和马曰璐齐名。他的嗜好就是剑术和斗蟋蟀，他用昂贵的宋代形式骨灰缸来饲养他的蟋蟀。他建立的康山别业在乾隆四十五年（1780年）时皇帝还曾亲驾莅临过……他曾招待皇帝六次，且两次代表两淮盐商恭贺皇太后生日。最后，他参加皇帝所邀请的所谓的“千叟宴”。但是到乾隆三十六年时因为他的花费和报效过重，以至于缺乏运营资本（何炳棣，1999）。

在明万历之后，中国的商人已经在贸易中积累了巨大的资本，明代海商在海外贸易中积累的资本甚至与稍后的东印度公司不相上下，清代资本超过千万两的商人也大有人在（晁中辰，2005；许涤新、吴承明，2003，第108

页)，这些巨额的资本都没有导致生产和投资的巨大增长，而是更多地消耗于与寻租密不可分的各种事宜，管制所造成的资源损耗从一个较长的历史时期来看，是惊人的①。

管制所造成的另一个严重的后果是国家权力的流失。哈耶克曾提醒，政府从私人手中拿走诸多权利，所获取的并不是这些权利的简单加总，一种新的依托于国家暴力来使用这些权利的权利，或曰权力会被创造出来。这是一种“在竞争的社会里任何人都不会有的权力”(哈耶克，1997a，101页)。当正交易成本条件下，被拿走的私人权利经由公共领域重新流往私人领域时，国家附着其上的权威也相随而至。私人从公共领域中攫取到的，不只是那些险些被浪费掉的有价值的资源，而且还包括在竞争条件下只应属于国家的有关暴力的权利。公共领域内权利转换的结果是，国家的垄断之上悄然滋生出无数私人“类国家”黑帮公司，政府的“西西里化”特征彰显。塔洛克曾形象地描述那些攫取到国家权利的管制者如何运用他们的权利：

> 拥有政治职位便意味着拥有与之相随的一种“产权”，这种产权不仅可以用来立法创租，还可以用来增加他人成本。政治家可以通过放弃自己使用对私人经营活动进行严厉限制而使之受损的权利来获益。例如，通过备受人关注的税收和管制条款，将降低私人资本所有者凭他们的技能和投资得到的收益。为了保护这种收益，私有者有激励与立法者进行谈判，并愿意付出勒索金，条件是勒索金低于用来威胁的法律得以通过而为了遵守它所带来的预期损失……只有剥夺私人租金的威胁是可信的，抽租才能得到成功。为此，政治家们也会颁布立法，剥夺那些不付费人的租金，**就像黑手党有时也会烧掉拒付保护费人的房子一样**(着重号为本书作者所加)(塔洛克，1999，第91~93页)。

① 另一个与管制、寻租及资源浪费有关的现实例子是厦门远华走私案中所披露的“红楼”奇观。这个特大走私案的主谋赖昌兴为了得到官员的庇护以走私存在进口管制的成品油、香烟等产品，而修建了供官员奢华消费的红楼。红楼在案件揭发之后，曾一度向社会公众开放，并被媒体称作是当时最腐败、最奢华的地方。

第四节
浪费、人力资本调整与社会演化：来自18世纪扬州盐商的经验及启示

管制，不可避免地涉及一种特殊的生产要素——人。在一个被管制的社会，不管是明清王朝还是几百年后的计划经济，人们的财产权和契约权都不可避免地受到限制，人们“不再能够只是在……认为是值得的时候和场所，根据自己的意志合理地或有效地进行工作”（哈耶克，1997a，第94页），人们关于自身的权利，或者说他们人力资本的产权中，众多的属性被国家强行剥夺，但人力资本天然地属于其承载者的产权特征决定了其监督、测量的成本极其高昂，权利的边界上因此存在范围极大的公共区域（周其仁，1996）。张五常和巴泽尔所揭示的产权稀释条件下私人调整浪费的两种方式——减少资产价值或调整合约安排同样适用于人力资本。

相对于自由市场条件，管制之下的劳动力在人力资本供应的数量和质量上都有所不同。劳动力的资产价值被压低，人们通过偷懒、怠工，将一部分人力资本隐藏起来，在所有权确定之前，它们没有任何价值，但只要条件允许，它们就会被转化成现实收入。例如，奴隶制废除之前，常有奴隶利用奴隶主监督的不足，将提供给奴隶主的劳动节省下来为自己生产，一些奴隶最终甚至能为自己赎身。正如巴泽尔所发现的，他们大多是从事复杂而难以监督的工作的家奴（巴泽尔，1997，第111页）。监督成本的降低，能够防止产权的流失，生产中经常采用的降低监督成本的方法是计件或计时，以对产品或时间的测量来代替对劳动的测量，但计件工作要求监督产品数量、质量、机器损耗程度，计时工作需要跟踪监督，并对被监督者的努力程度做出判断，这就产生了如何监督监督者的问题。监督者的管理、创新、责任感、对盈利机会的敏感程度等是人力资本产权中测量成本最高的属性，完全归其承载者个人支配，将它们剥离交由他方控制的企图，只能使其落入公共领域，成为无价值的资源。在人力资本产权残缺的社会中，必然存在生产、管理、创新的供应不足，这正是导致经济衰落的根本原因。

竞争条件下的股份公司产权结构尽管看起来非常复杂，但并不存在权利的错位和缺失：股东在股票市场买卖股票，工人在劳务市场买卖劳动力，经理在高级劳务市场上买卖自己的知识和能力，他们都拥有对自己物质资本或人力资本的产权。阿尔奇安批评了伯勒和米斯的“管理权、控制权”分离理论，认为“忽视和否认公开的竞争市场的资本化，是有关所有权和控制权以及现代公司经济的理论文献的一个基本缺陷”。在他看来，只有某种生产要素的自由契约权，即“资本化权利”受到限制的情况下，股份公司的行为扭曲才会发生。在利润受国家控制的公用公司，经理的知识和技能“预期资本化”的权利被削弱，股东“最高利润与管制机构规定的上限”之间的权利也被删除，经理们可以通过在职高消费来实际占用这部分利润，用巴泽尔的语言描述就是经理们占用了这部分因利润管制而落入公共领域的权利，并调整了浪费。所以，“不是‘广泛分散的所有权’，而是合法的强制性的对利润的限制，导致股东容许管理行为更多地背离股东的财富利益”（阿尔奇安，2003）。

在存在管制的社会中，人力资本的供应存在着严重的不足，如明清王朝对臣民进行了严格的思想管制，当人力资本中有关思想的权利属性受到限制的时候，作为最大化的个人调整浪费措施的结果，社会会相应地呈现出思想和知识的供给不足，并且占主导地位的思想和知识会偏离一个竞争社会中它们可能朝向的方向，而那个方向恰巧是经济增长和社会发展所要求它们必须保持的方向。离开了个人思想和创造的自由，人类不可能导向更广阔的发展之路。对此，哈耶克评述道：

> “只要占主导地位的观点被认为对所有人有束缚力，即大多数人关于是非曲直的信念能够阻止个别发明家的道路，少数企业家把机械发明更广泛地应用于工业的尝试，尽管其中有些非常先进，仍很快地被压制了，寻求知识的欲望也被窒息了。只是在工业自由打开了自由使用知识的道路之后，只是在凡是能找到人支撑和承担风险的每件事都可尝试之后，而且这种支持还必须不是来自官方指定的提倡学术的当局，科学才得以迈步前进，并在过去的150年里改变了世界的面貌。”（哈耶克，1997a，第23页）

人力资本调整浪费的两种方式之间存在着某种关联。巴泽尔提供的奴隶自我赎身的经典案例揭示了联系其中的暗道——只有将那些节约下来的有价值的资产用于攫取，合约的调整才能实现。奴隶通过偷懒节约下体力，然后在属于奴隶主的时间里利用奴隶主的工具来为自己生产，生产的私人成本与社会成本相背离，一个一般意义上的寻租或攫取行为发生。寻租的收益会促使奴隶对这种新的合约继续投资，并激发更多的奴隶参与其中。随着越来越多的人力资本进入寻租合约，奴隶有利于寻租的能力，比如偷懒、装病、欺骗或讨好奴隶主的能力逐渐得到加强。如果故事的发生是在一个封闭的不受外来因素干扰的环境中，并且持续的时间足够长，最终可能的结局就是：那些有利于寻租的人力资本特征在进化过程中被作为群体的文化特征固定下来。假定不同类型的人力资本间具有流动的粘性，则社会经济会因为寻租而变得趋于贫困。

在哈耶克看来，人类秩序的演化就是一个知识增长的过程，在演化中，那些有利于生活于其间的社会成员在竞争中胜出的知识以习俗和惯例的方式存在下来，而那些于竞争和生存不利的知识则被慢慢遗忘（哈耶克，1997b）。寻租的知识一经表明是有利于生存的，就会通过“学习”的过程不断向外扩散，并延续给后代，经过反复的积累和沉淀，最终以文化的方式嵌入社会。同时，由于封闭的经济体中，文化、习俗、价值观念具有自我复制、自我加强的功能，该经济体的社会文化便会呈现出越来越强的寻租特征。相互隔离的经济体或者同一经济体内不相沟通的群体间，文化差异的产生大体遵循了这样的线路。

诺斯强调了意识形态对交易费用和经济绩效的影响，但却没有揭示有利于或不利于增长的意识形态产生的根源。在诺斯的分析方法中，价值观是外生的，是社会制度结构中的组成部分，能够自我实施，即个人行为如果与价值观相悖，就会产生效用损失（诺斯，1994）。格雷夫批评这种分析方法是“有缺陷的”，他认为在制度分析中，不应将价值观视为外生的，相反，应将价值观得以产生的机制视为外生的。“考察导致在完全相同的社会中产生不同价值观念的某种机制的各种因素，就能找到价值观形成的内生过程，以及它们与社会制度结构中其他因素的相互关系”（格雷夫，2003）。巴泽尔奴隶赎身的经典案例无疑可以启发我们思考作为外生机制的社会产权制度如何影响价值观的生成和演化。

格雷夫分析了特定外生机制下价值观念的自我复制和自我演化。在一篇研究强盗私有化的论文中，他分析了苏联的私有化，认为长期以来苏联政权并不鼓励诚实，不诚实被锁定为自我强化的核心机制，经过70多年的不停自我复制和演化，已经进入好几代人的基因。由于缺乏诚实、信誉等与市场经济运行相关的知识，向市场经济转轨的时候，重构市场经济、为市场立宪的努力是收不到成效的（秦海，2002）。格雷夫所谓的不诚实，和巴泽尔笔下的奴隶的欺骗、偷懒一样，都是有利于寻租的知识，它之所以能被锁定为自我强化的核心机制，就在于在特定的约束条件下，寻租是有利于生存和竞争的。巴泽尔和格雷夫都用博弈的眼光来看待制度变迁，尽管巴泽尔没有明确使用这一概念，不同的是，巴泽尔始终遵循了微观主义的分析方法，避免涉及“文化”、“价值”、“意识形态”等不可操作的因素。格雷夫所谓的价值的内生过程，用产权经济学微观化的语言来阐述就是人力资本产权束的重新界定和调整以及由此导致的不同的投资激励发挥作用的过程，这个过程可以被纳入哈耶克复杂的文化演化之中。

有学者认为哈耶克关于扩展秩序的社会理论，存在着一个内在的矛盾：一方面，他预设全人类不分文化和地域，其心智结构的进化过程应当是相同的；另一方面他又把西欧少数国家在近代的制度实践，视作一个进化过程中偶然选择造成的因素，“这就使得他所极力倡导的法制市场制度变成了一个有着内在紧张的文化概念”。他的自发自愿的扩展秩序无法解释中国早期的巨型文明，因此，“他对文明成因的说明，并不像他想像的那样具有无时空之分的普适性，而仅仅适用于解释近代资本主义”（冯克利等，见哈耶克：《致命的自负》序言）。这种观点似乎忽视了哈耶克的文化演化理论的逻辑起点——分立的财产制度。哈耶克将人类社会的演进描绘成建立在分立的财产规则之下的人与人及人与规则的互动过程，文化的演进，从某种意义上讲，就是财产的文化功能不断扩大的过程。离开了分利的财产制度，没有什么能够保障一种文化向前进化而不是停止甚至退化，就像生物进化中，并不是所有的物种都能一直向前，那些在某个阶段停止下来的进化，与文化进化中的锁入效应具有某种相似之处。哈耶克竭尽全力描述的是这个进化的全过程，发生在不同区域的真实的文明实践，不管是近代欧洲，还是古代中国，它们仅仅是这个复杂过程中的一个案例或一个场景而已，而导致它们在进化过程中所表现出来的差异的根本原因，就是它们各自所遵从的产权制度的不同。产权与进化的关系，是贯穿哈耶克社会演化理论的一条线索，巴泽尔的“公共领域”概念及将产权分析方法在人力资本领域扩展的努力，无疑使产权经济学成为理解哈耶克演化理论的重要工具——哈耶克的演化理论因此被赋予了坚实的微观基础。

哈耶克基于财产权的演化理论可以从18世纪扬州盐商身上得到验证。明清时期国家对盐的经营进行严格的管制，使盐业经营的利润丰厚，据顾炎武推算，万历年间，经营盐的利润和一般商业利润为五比三（顾炎武：《天下郡国利病书》，平洋册）。商人通过贿赂官员，而保持住其地位，管理盐政的官员因之成为“肥缺”。“一份17世纪早期的非正式资料中暗示出一名盐课题提举司官员在一年任期内可以有30 000两的个人收入，当然，最初为取得这项任命他花费了3 000两白银”（黄仁宇，2001，281页）。盐商的长期寻租行为，对他们有关人力资本的投资产生了深远的影响。扬州盐商在整个18世纪的社会流动和家庭成分的变化显示，商人在人力资本的投资主要是寻租性的而不是生产性的。按照布坎南等人的分析，寻租活动既包括对租金的直接寻求，也包括对能够分配租金的职位的寻求（Buchanan and Tullock, 1962）。考虑到前文所述的文学、艺术在商人同官员交往中的重要作用，可以以扬州商人后代中的文人、艺术家数量作为衡量直接寻租型人力资本投资粗略的替代指标[①]，同时以后代中官员的数量作为职位寻租的替代指标，分析发现，在100年的历史进程中，扬州商人在这两方面的投资不断增长，以至于以商业起家的盐商，在二三代之后，很少再保持原有的身份。

事业上几乎当盐商家庭达到小康时，年轻的成员就被鼓励从事学术方面，最终是从政，结果使得商人家庭的商人成分越来越淡……值得注目的是人数约三百人或者更少的运商和厂商的家庭，在顺治三年至嘉庆七年（1646～1802年）间，居然造就了139个进士和208个举人……除了科举的管道外，盐商家庭成员也可以透过盐商捐纳获官……总计顺治元年至嘉庆七年（1644～1802年）间有180个盐商家庭成员透过捐纳得官。

盐商当中有相当多数的人虽有智识的天份，但是因为科举考场运气不佳，或是他们宁愿过着较悠闲的生活，所以选择了做文人而

① 这一点得自塔洛克和施弗莱、维什尼的启示。塔洛克以华盛顿的豪华饭店的数量作为利益集团寻租的替代指标，而后两位作者，则以法律专业的大学生占全部大学大学生的比例作为人才被配置的寻租部门的指标；以工程专业的大学生占全部大学大学生的比例作为人才被配置的生产部门的指标。

非做官。上层士大夫当然可以打入政治权力的结构中，而且他们的社会地位也因之超过其他族人……

经过一百多年的演化，扬州商人中的生产性人力资本（商人）在流失，而寻租性的人力资本（官员、文人）在增长。关于这一点，虽然目前的数据不足以建立严格的计量分析，但以上粗略的数据仍然能够显示出扬州商人这一群体中，人力资本投资的变化趋势。这种趋势也影响到整个长江下游地区的文化、艺术的发展，造就了这一地区文化的繁荣，这一点如同当代寻租严重的地区通常会造就一大批高档的酒店和娱乐场所一样。塔洛克观察到的东方落后国家灿烂的文明与落后的财富生产能力之间的差距，“那里的许多文明国家，尽管在文化上获得成功，但在经济上都很落后，这些国家并不缺乏非常聪明、教育良好、进取心强的人才”[①]（塔洛克，1999，第25页）。这一疑惑从人力资本的投资方向上可以得到解释：因为生产文明的人力资本与生产财富的人力资本在大多数情况下是不能互换的，在给定的社会人力投资额之下，文明性人力资本的增加意味着生产性人力资本的减少，如果以构成文明的重要元素，如文学、艺术的水平代表社会寻租的水平，寻租性人力资本投资倾向对社会财富减少的影响便显而易见。

本 章 结 语
李约瑟之谜的产权经济学解释

明清王朝强化管制的制度对经济增长和社会演化的影响是深远的，它最终导致了中国在经历了一定时期的商业繁荣之后，仍然不能发展出资本主义的生产方式。从产权经济学的超微观角度来思索李约瑟之谜，会推断出其发生的原因主要是两个方面：

---

① 这里的文化或文明是狭义的，等同于我们通常所说的艺术，而在哈耶克的“文化或文明进化”中，它的含义是广义的，包括所有的人类知识。

一、国家权力经由公共领域的流失可能会导致一个管制社会后期的无政府化

由于交易成本的存在，那些名义上属于国家的权力，事实上落在实际控制它的个人、集团或组织手中，国家逐渐演变成一个个“黑帮组织”或“类国家组织”的联合体。明清王朝的历史经历在一定程度上能够证明这一点，王朝后期国家在法律和保护市场上份额的逐渐丧失最终导致国家统治崩溃，而国家在经济增长中的作用已经毋庸置疑，特别是在一个国家走向工业化的过程中。传统国家走向工业化的过程中，金融组织、非人格的劳动力市场都是必不可缺的，而它们的产生和存在必须依赖强大而统一的国家。

二、管制改变了社会的知识增长方向

在一个长期管制的社会中，人力资本对产权稀释所作出的调整，使沉积在社会意识形态中的人力资本的生产性特征减弱，寻租性特征加强。舒尔茨发现专业化人力资本的增长是要素报酬递增的源泉，而且不同质的人力资本间具有流动粘性（舒尔茨，2001）。寻租性人力资本的增长带来寻租行业的规模报酬递增，生产性人力资本的不足，则导致社会生产活动受制于要素报酬递减，最终社会锁定在高寻租、低产出的贫困均衡上（Romer，2001），从而与工业革命无缘。

产权的重要功能是实现外部效应的内部化，在管制造成产权残缺的情况下，新的外部性被创造出来，并体现社会文化之中：在私人产权不能得到保障的经济体中，那些有利于个体生存和发展的传统和习俗可能并不利于该经济体整体的繁衍和兴盛，长时间被封闭在这种状态之中的社会文化，会呈现出许多与实现经济增长的要求相背离的特征，该经济体中不尽人意的经济增长状况因此常常被方便地归咎于其文化。其实，对于一国的长期经济增长而言，至关重要的不是文化而是政府的政策。文化，作为社会知识的载体，它始终处于流动的而不是静止的状态，过去的制度实践既然能参与塑造它的现状，那现有的政府政策自然也能影响它的未来，事实上，我

们经常能够发现那些不利于经济增长的习俗和惯例在政府有效政策的作用下已经改变或正在改变，当然，这期间可能会存在一个较长的时滞。

在一个开放的系统中，某一经济体内部落后的不利于增长的文化因素可能会通过向外部学习来获得校正机会，从这个意义上讲，保持开放性之于一个经济体的重要性怎么强调都不会过分。开放的意义，从更深层次上来讲，不在于贸易、投资和社会福利等新古典模型所能分析的常规因素，而在于它可以克服一个封闭社会可能遭遇的锁入效应。当某种不利于增长的因素被锁入社会的核心机制时，只有外来的力量才能打断它的自我强化，通过扩大知识“学习”范围，偏离经济增长的社会演化可能会在一定程度上得到校正。

第六章 DI LIU ZHANG

在制度与增长的互动中前行（代结论）

在明清制度的演变过程中，可以观察到一种诺斯所说的“锁入效应”（North，1990）：历史被锁入到治乱循环的怪圈之中，无法冲破樊笼，走向更有效率的制度和更好的增长绩效。在中国历史中，似乎存在着一种宿命：中国独特的地理环境、人口状况和其他历史条件，共同造就了对专制的中央集权大帝国的需求，并促使统治者通过加强管制、限制经济自由来寻求交易（组织）费用的降低，以维持国家统一与稳定。管制型制度不但抑制社会产出，而且在运行中会不断地内生出新的交易费用，最终使国家在统一的成本（维持统一的交易费用）— 收益（与财政收入正相关）的约束下，重新走向分裂。

明清王朝治乱循环的历史经验表明，一个社会中制度体系的产生和演化，与其特定的地理、人口、历史条件密不可分。尽管如此，如果将制度演进的路径完全归因于这些外生变量并因此获得一种宿命的结论，则是不恰当的，因为一个国家即使承袭了特定起点上开始的某种低效率的制度，如果它愿意，仍然可以对现行的制度进行调整，现代科学技术，包括交通、通讯、会计、管理技术也削弱了地理因素在政治经济发展中的重要性，为落后国家摆脱制度锁入提供了契机。事实上在人类社会的发展过程中，存在着众多解除锁入走向长期增长的成功范例，如明治维新前的日本一直是闭关锁国的，明治维新之后则逐步走向了繁荣和强大。17 世纪法国的土地和人口都比英国大好几倍，在军事控制、征税、管制这些基本问题上面临着更大的困难，法国为此建立了庞大的官僚体制，并实行了包括国家垄断、价格管制、缺乏保障的产权、出售贵族头衔在内的制度，导致了经济的衰退，而在英国，其岛国的地理状况连同航海技术的进步、海外贸易的发展，使它无需建立庞大的军队和官僚体制来保卫国土安全及征税。不同的制度起点在17世纪导致了两国截然不同的增长绩效，但到19世纪末期，两个国家的商业模式已经基本趋于一致，"由英国工业革命所导致的技术创新完全被两个国家吸收和普及……两国都具有相当发达的市场经济，人民自由，人均收入水平高"（奈，2003）。

温家斯特、青木昌彦、阿西莫格鲁等都将打破制度锁入的契机寄托在政治权力结构的调整上（青木昌彦，2001；Acemogle，2004）。奥尔森也指出，只有统治者和臣民在权力的使用上存在共容利益时，国家的稳定和持续的经济增长才能实现（Olsen，2000）。明清王朝治乱循环的历史经验证明了这一点：统治者对权力的追求导致统一大帝国的出现，同时也为臣民带来和平、稳定、秩序、统一市场、低成本的公共品供给，这种利益上的共容促使中国一次次由分裂走向统一，并获得相应的发展和进步；而另一方面，同样是统治者对权力的追求，又驱使他们加强社会控制，限制个体自由、抑制商业和人口流动、加强思想控制，导致社会产出的降低和国家管理成本的上升，统治者和臣民关于权力使用的利益冲突最终使管制型制度体系崩溃，统一国家重新走向分裂。

从政治权力结构的角度审视明清王朝的治乱循环，会发现其产生的原因在于在特定的地理、历史条件下，统治者和臣民在权力使用上始终无法形成持续的利益共容，而后者实现的条件，也就是打破王朝治乱循环的制度陷阱的解。

统治者和臣民间共容利益的形成不能依赖于统治者对权力的主动放弃。虽然从理论上讲统治者可以通过让渡权力来促进经济增长并以增加的产出中的一部分来补偿放弃权力所产生的损失。但是由于统治者和臣民之间缺乏可供实施的保证机制，统治者一旦放弃权力，则没有能力来约束臣民履行合约，考虑到这一点，统治者就不会实行能增加社会产出但却威胁自己权力的产权结构，政治上的科斯定律并不存在（Acemoglu，2004）。社会制度的根本变革，只有在统治者和臣民都能从中获利的时候才能实现。否则，变革要么不可能成功，要么就是沦为改朝换代式的循环。

统治者和社会群体间的共容利益，是在经济增长和政治权力结构调整的互动中实现的[①]。

一、经济增长会带来政治权力结构的改变，并促成代表社会群体利益的好制度的建立

1. 经济增长增加了社会群体所控制的经济资源，使其组织集体行动投资权力竞争的能力提高，他们可以通过游说、起义或发动政变来改变现有的法律制度。如阿西莫格鲁认为，1500～1850年之间大西洋贸易造就了一个富裕的商业阶层，他们强大的资金支持使议会在1642年的英国内战和1688年的英国光荣革命中打败国王，议会和社会群体的利益共容促成了代表广泛社会群体利益的产权保护制度的建立。

2. 经济增长中的生产方式变化，改变了统治者利用权力进行收入再分配的成本—收益函数，导致他们对政治制度偏好的改变。工业国的统治者与农业国的统治者相比，具有更高的再分配成本，更倾向于权力分散的政治制度，原因是：农业国可供再分配的资源主要是土地，统治者可以通过权力实施土地的国有化或者将其转移给亲属及追随者，土地作为一种生产要素，不会因为所有权的转变而丧失产出能力（尽管也受影响）。而在一个以人力资本为最主要生产要素的工商业社会中，利用权力再分配的收益却大大降低。高昂的监督成本使人力资本天然地属于其承载者，一旦被剥夺，它们就会被以偷懒的方式隐藏起来而不再带来产出（巴泽尔，1997；周其仁，1996）。同时，工业化也提高了统治者通过镇压维持权力的成本，因为，第一，共同劳动的工人更容易组织集体行动；第二，工业化使社会财富更依赖于人力资本，镇压会导致严重的人力资本破坏。统治者在权力使用上的成本收益变化，会促使他们进行政治改革，向社会公众来分配权力，如通过赋予公民选举权分配政治权力，通过义务教育、社会保障制度分配税收收入，普通公众同传统意义上的统治者一样，拥有了权力再分配和收入再分配的权力，“统治者”概念被泛化。

---

① 关于制度变迁与政治权力结构调整的更深入研究，可见本书专论4。

二、只有政治权力结构的改变才能保障经济增长的收益不会被旧制度中的权力所有者独占，而是被社会群体所分享

制度变革的确需要经济增长来诱致，但是如果经济增长之中不隐含有权力结构的调整，这种变革不可能实现。事实上，改变政治制度的不是增长本身，而是增长所带来的权力结构改变，阿西莫格鲁曾指出，1500 ~ 1850 年之间，大西洋贸易促进了欧洲的兴起，不是因为欧洲得自贸易的直接利益，而是因为贸易改变了其政治权力分配格局。16 世纪初期，英国和荷兰的专制控制相对较弱，从事大西洋贸易的机会被赋予广泛的社会阶层，从而造就了一个包括商人、奴隶贩子、殖民地种植园主等在内的王室之外的富裕阶层，财富的分散带来社会权力结构的调整，并最终促成了政治、经济制度的总体变革，保护产权的制度在英国和荷兰由此确立起来。但在同时期的西班牙，王室仍然垄断对外贸易，大西洋贸易带来的财富，不是改变而是加强了原有的权力结构，政治制度变革因此不可能产生（Acemoglu，2002b）。与此类似，清末民初以来的商业的繁荣，也没有导向政治制度的改善，而是由于国家权力对经济的垄断而催生出了独特的"官僚资本"。

长期以来，经济学家在关于制度与经济增长间的关系的认识上一直存在分歧，例如，就关于中国当今的政治经济改革，杨小凯和林毅夫之间一直存在着宪政优先还是发展战略优先的争论。杨小凯强调要以宪政改革来限制政府权力，否则改革的收益会被国家机会主义所剥夺，社会最终会由于增长停滞、腐败、收入分配恶化等问题而陷入危机。杨的思想中隐含着一种从中国历史经验中获得的忧患，担心当前经济的繁荣会再次重蹈历史覆辙，因此急切地强调政治领域的改革，以宪政制度来重新分配政治权力，林则强调了经济增长对政治制度的诱致作用，认为只有经过发展战略的调整，在微观主体的经济力量上升并对好制度的需求提高之后，政治制度的改革才能实现。杨和林的观点都表达了对中国未来命运的关注，体现了经济学家的社会责任感和历史使命感。他们分别强调了制度和经济增长对历史进程中的不可取代的推动作用，却忽视了在大多数的情况下，社会产权结构的整体变革是经济增长和制度在边际上互动的结果，而不可能单一地依赖哪一方面。在中国当前的政治经济改革中，必须要澄清的两点认识是：

第一，一个国家如果将政治制度的改善寄托于其经济增长，则必须要以

赋予社会各阶层以自由的投资权和贸易权。在中国的渐进式改革中，比刺激增长和调整发展战略更重要的是放松管制，打破重要行业的垄断，赋予社会各阶层以普遍的经济自由。

第二，政治结构的变革并不等同于正式的宪政改革，它是从边际上展开，通过改变权力和收入在全社会间的再分配格局而最终促成制度的整体变革。如自由市场制度、义务教育制度和社会保障制度虽然看起来与宪政改革相差甚远，但是这些制度中隐含的向社会公众而不是少数权力所有者再分配财富的功能，本身就意味着政治结构的改善。离开了这些具体制度的支持，宪政改革很可能就会流于空谈。清末的新政运动，虽然全面模仿了西方国家的政治制度，建立议会，颁布宪法，最终仍然是流于形式。因此，在政府主导的渐进式改革中，与其急于倡导宪政改革，不如从最基本的制度建设上开始。当一个国家的政府在自由市场、义务教育、社会保障等基本公共品的供给方面已经形成完善的制度并且能够保障它们的实施时，这个国家距离一个真正的宪政国家已经不远。

专论 1　ZHUAN LUN YI

新经济史学方法论的演进：兼论当前中国经济史研究中史学与经济学范式的冲突与交流①

新经济史学是新制度经济学的重要组成部分，其发展大体经历了前后承袭但又相互独立的3个阶段：计量经济史学、新古典制度变迁理论、比较历史制度分析。它将经济学的理论与技术应用于历史研究，既改变了人们关于历史的理解，又发展了经济理论本身。新经济史学引入中国后，引发了中国经济史研究中的史学与经济学在范式上的冲突，这种冲突与两个学科在叙事方式的不同有关，也与新经济史理论与传统史学所用来分析、归纳历史事实的理论工具在方法论上的区别有关。在当前的中国经济史研究中，应该加强经济学和史学的交流与沟通，促进两个学科的共同发展。

一、引　言

新经济史学最早起源于20世纪五六十年代的美国。在这一时期，一些经济学家开始将规范的经济学理论和计量、统计的方法相结合应用于对美国经济史的研究，从而开辟了一个融合历史学研究和经济学研究的新领域。在半个多世纪的时间里，新经济史学获得了很大的发展，从单纯地对历史现象进行计量分析的计量经济史走向了关于社会历史演进的宏大理论体系的构

① 本专论的主要内容发表于《学术月刊》2008年第3期，发表时题目和内容有改动。

建，并力图在其自身的理论框架内对人类的发展与停滞、繁荣与衰退做出全新的和系统的解释。新经济史学逐步演变成了以经济发展和社会演进的全部为对象的经济学学科，与发展经济学存在着密切的关系。

新经济史学的发展不但是经济学领域中的一场重要运动，而且对于传统史学也产生了重要影响。新经济史学用经济理论和统计、计量技术对历史重新诠释，得出了不同于传统史学的结论，人们关于历史的理解被大大改变，同时，也产生了另外的一个问题，经济学对历史的介入，使得经济学和史学在经济史这一共有研究领域中产生了激烈的范式冲突。这种冲突在当前的中国表现得尤其明显——被新经济史理论武装起来的经济学家批评传统经济史研究墨守陈规、缺乏理论洞察力，而史学家也以“不着边际”、“盲目照搬西方理论”等评语回敬经济学家。如何理解并协调这一冲突，已经成为中国社会科学研究中的一项重要问题。本专论对新经济史学方法论的演进历程进行了评介，分析了新经济史学引入中国后所引发的中国经济史研究中的史学与经济学范式的冲突及原因，并对如何协调这一冲突提出了建议。

二、新经济史学的方法论演进及评述

半个多世纪以来，新经济史学逐渐发展成为一个包含计量经济史、制度变迁理论在内的经济学研究新的分支，并且已经构成新制度经济学的重要组成部分。

（一）计量经济史学

新经济史学发端于20世纪五六十年代的计量经济史学运动，其标志是Conrad and Meyer（1958）关于方法论和奴隶制的两篇重要论文，随后，福格尔、诺斯等人关于美国奴隶制、铁路与海洋运输的一系列论文，为计量经济史学的发展奠定了基础。当前，计量经济史学已经成为经济学研究的一个重要领域，有关论文大量发表于重要的经济学杂志。计量经济史学的出现与以下几个因素密不可分：首先，是经济学研究中实证主义、历史主义方法的复兴以及计量经济学的兴起；其次，计量经济学和计算机技术的发展为处理复杂的时间序列数据提供了工具支持；再次，由于新古典理论为了追求逻辑体系的严密性而对历史描述的放弃使经济学越来越缺乏历史感和人文精神，这促使一些经济学家寻求在经济学实证主义范式下将经济学和历史重新结合起来。

1. 计量经济史学对经济学研究体系的贡献。首先，计量经济史将规范的经济学理论和计量、统计的方法应用于历史分析，使得对历史现象的解释获得了新的定量分析的工具。通过采用新的计量模型、方法，挖掘新数据，一些过去无法直接计量的经济现象也可采用计量分析来确定变量之间的关系。利用间接计量法和反事实计量法，诺斯与福格尔分别研究了1600~1850年之间世界海洋运输效率与美国奴隶制的效率，并得出了与传统史学观点完全不同的结论。福格尔深信，复杂的计量技术可以弥补统计资料不足的缺陷，如果资料十分完备，简单的统计方法就够用了，资料越是贫乏，就越需要高深的统计方法（Fogel and Engerman，1974）。与基于文字描述的传统的历史研究相比，计量经济史学使人们对历史的理解变得更为丰富。其次，计量经济史学“提出假说——用数据验证——得出结论”的模式，具有很强的归纳特征，使以逻辑演绎为基本特征的主流经济学研究方法与以归纳描述为基本特征的传统史学研究方法获得了某种程度上的综合。通过对历史的计量研究，历史学和经济学之间方法论的距离被拉近了。再次，计量经济史学为经济学理论注入了历史的、纵向的时间维度，同时在宏观经济增长模型中增加了新的解释变量——与历史不可分割的“制度”，逐渐使“制度至关重要”这一命题成为经济学研究中最重要的命题之一。例如，诺斯早期的关于海洋运输效率的研究中，通过间接计量分析说明了1600~1850年之间海洋运输效率的变化应归因于制度因素（包括海运组织形式、海盗减少）而不是技术进步（North，1968）。制度对经济增长的作用又进一步启发诺斯等新经济史学家来关注历史语境中的制度问题本身，寻求构建更为复杂、更为全面的理论框架来解释制度的产生、演进和消亡。

2. 理论界对计量经济史学的质疑。尽管计量经济史学家相信新古典分析方法的规范性、严整性、逻辑性使人们能够对人类既往的经济行为进行重新的并且更敏锐的审视（North，1974），但计量经济史学仍然遭受到了很多质疑，这些疑虑甚至批评主要集中在如下几点：

第一，计量经济史学真的有益于历史与经济学的融合吗？作为经济学帝国主义的一部分，历史成为经济学研究的新领域，但目前计量经济史学视野中的历史更多的是为经济学提供了时间序列上的研究数据，而不能必然地进入历史的宏大叙事本身，换言之，在新经济史学运动中，历史只是拓展了经济学研究的“流”，而没有能够成为其“源”，新古典理论与历史相背离的局面并没有得到真正改变。对此，R.M. 索洛曾很中肯地批评道，计量经济史学家们仍然耽于建立和测试模型，相信从方程式的推演中可以获得一切问题的答案，而不会像真正的史学家一样去追问世界是怎样变成这样的，计量经济史讲究回归和整合，最终“以时间序列代替了历史思考”，却“不能从社会制度、文化习俗和人们心态上给经济学提供更广阔的视野”（Solow，1985）。索洛的观察是敏锐的，尽管计量经济史学将规范的经济学理论、方法应用于历史研究，试图实现历史与经济学的再度融合，但实际上他们从来没有像古典政治经济学那样拥有足够强烈的历史感。在亚当·斯密的古典政治经济学体系中，历史是不可或缺的，不但表现在重要的理论范畴，如劳动价值论、专业化和分工理论、货币理论等都是从历史经验中抽象而来，而且其逻辑演进顺序也遵从于历史演进顺序，从而使其理论体系具有历史与逻辑的一致性（这种一致性在后来的马克思主义政治经济学中得到更加强烈的体现）。在这里，人类的历史和发展，既是经济学理论构建的源泉，又是其最终的意义归属，服从于对人类社会从哪里来到哪里去的这样终极问题的追问。计量经济史学把历史纳入了经济学的研究视野，但仍然不能将历史感和人文关怀注入其复杂的模型中。

第二，计量经济史学会不会嬗变成历史研究的“刑具”？计量经济史学产生之后，以它工具的规范性、严密性很快得到了主流经济学的认可，每年有大量的此类论文发表于重要的经济学期刊。出于发表的考虑，经济学家们对那些不能进行计量分析的历史现象的研究兴趣受到影响，计量经济史可能由一种工具性分析方法激变成一种“工具主义”，束缚住对历史的内在逻辑的探究。事实上，对于历史的理解而言，计量分析并不总是有效的。借助于不断改善的技术，计量经济学的确可以确定各变量之间的因果关系，但是却并不必然地能够揭示出这种因果关系产生的原因、变化形式及其引发的社会动态演变，而离开了后者，对因果关系解释的意义就会大打折扣。对经济研究中的过度计量现象，P. 巴丹（2006）曾批评道：“我们过分关注精确的量化分析导致的结果是，偏离了对现象原因的研究，而且我们关注的有些变量，量化分析十分方便，但在社会和经济发展中意义不大。”计量经济史学的盛行，使大量的形式严谨而缺乏解释意义的论文涌现出来，并压制了那些基于直觉的文字描述的研究，而后者对于历史研究而言，始终是不可或缺的。例如，希克斯在他的《经济史理论》中，将贸易扩张视作人类社会演进的主要力量，而贸易扩张所带来的利益，他认为是"'数量经济史'所不善于测定，甚至是不善于描述的"（希克斯，1987，第56页）。

第三，即便是承认计量分析对于历史理解是有效的，那计量经济史的严密性是否值得信赖？索洛对此给出了否定的回答，他认为长期历史演变是复杂的，所谓横看成岭侧成峰，从不同的角度出发，计量经济史学家能够发掘出不同的数据和模型，然后得出完全不同的因果关系解释，最终历史成了他们手中任意摆布的玩偶（Solow，1985）。事实上，对计量经济学科学地位的质疑，可以追溯到20世纪前期凯恩斯与丁伯根（Jan Tinberger）的方法论之争。凯恩斯对于计量经济学一直有一种强烈的不信任，他列举了各种可能的偏差来源，"用现代经济计量学的术语来说，这些偏差涉及被忽视的变量、测量误差、多重共线性、同时性、函数形式的错误、时滞、趋势修正、参数不稳定性，以及外推法等问题"（Keynes，1939，转引自迪利普·慕克吉（Dilip Mookherjee），2006）。在随后的年份里，尽管计量技术获得了很大的进步，但导致偏差产生的原因仍然大量存在，如随机失误、错误的外生性假设、样本规模不足、总和问题、结构识别问题以及观察到的实证结果与初始理论不衔接的问题（Henry，1980）。

对同一历史现象的计量分析，不同的经济学家会得出不同的结果，这在计量经济史研究中经常存在。如 Acemoglu 等和 Glaeser 等关于殖民地收入逆转的研究就得出了制度决定论和增长决定论的不同结果（Acemoglu，etc.，2002；Gleaser，etc.，2004）。这种分歧的产生与样本大小、衡量指标（代理变量）和工具变量选取等技术性问题有关。巴丹指出，计量经济学已经越来越依赖工具变量来消除内生性和逆因果关系，如何寻找到聪明的工具变量，已经成为计量分析中的重要内容，而事实上，工具变量存在着很多陷阱，而且"一个工具变量即使有令人满意的统计特性，它本身也不能给我们带来合理的因果解释和令人满意的理论检测"（巴丹，2006）。

（二）制度变迁（演化）理论

早期的计量经济史研究注重挖掘历史中的各种经济变量的关系，揭示制度对经济增长的重要作用，但却无法对历史中制度的产生、演变做出解释，关于历史的更全面的理解必须要回到基于历史经验和个人直觉的理论构建中来。计量分析的结果仍然是重要的，但不再是理论惟一的经验来源，大量的案例、历史档案，包括商业备忘录、私人信件、法律程序、行会章程、企业章程和公开演说的记录等被采用，用来支持和验证理论。

经济史中的制度变迁（演化）理论，大体可以分成两个阶段：新古典制度变迁理论和比较历史制度分析。

1. 新古典制度变迁理论。这一理论流派以诺斯、戴维斯为代表。他们从新古典的"经济人"假设出发，运用均衡方法分析经济制度产生、发展和衰落的历史。具体表现为：第一，存在着制度的供给—需求，其均衡状态导致了制度的稳定与变迁。个人具有完全的理性，对所需的制度能够理性地算计，其对制度创新的利润的追求，推动着制度由一个均衡走向另一个均衡；国家是基本制度，包括产权、法律、规则、管制的供给者，具有"经济人"特征。第二，交易费用是判定制度绩效的标准，技术进步、人口增长及其他要素禀赋改变都会影响到交易费用的变化，从而改变制度的供需平衡，引起制度变迁。

新古典经济史理论将新古典经济学方法论应用于经济史研究，扩展了新古典理论的应用范围，并丰富了人们关于历史的认知，但是，从方法论层次上看，新古典经济史论存在着内在的理论缺陷，主要表现在：第一，新古典理论的静态分析模式和历史的动态演进间的矛盾。新古典理论将制度视作一种静态的均衡，而历史不过是"已经实现的一系列均衡"，如何将这些均衡的片断拼成动态的历史，或曰将演化装入均衡，对新古典理论来说是一个难题。第二，新古典的"历史不相关"性与历史真实性的矛盾。在新古典理论中，同样的偏好、技术禀赋在加上相同的制度起点，于所有的历史时期都会推导出独一无二的经济结果，制度与个体间、个体与个体间的互动以及随机性事件的重要性被忽略，这实际上把每个社会独特的历史阶段排除在理论之外。第三，个人主义的方法论与研究对象的整体主义特征间的矛盾。新古典理论以个人主义为方法论的基础，所有的经济行为都是个人理性选择的结果，制度变迁也是，这与制度变迁通常是作为一个群体性事件出现的事实不相符。诺斯通过引进意识形态理论来调和这一冲突，在他的理论体系中，价值观、文化信仰充当了第一方的执行机制，调整着人们的行为，它们是外生的，由包括统治者在内的一方投资供给。但这一处理方法却无法解释相同制度环境中的个人如何发展出不同的价值观，价值观又如何与正式制度产生互动，而这些都是理解人类历史进程不可缺少的线索。

2. 比较历史制度分析（Historical and comparative Institutional Analysis）。这

一流派以格雷夫（Avner Grief）、温家斯特（Barry Weingast）等为代表。新古典经济史理论的方法论缺陷，在格雷夫的比较历史制度分析中得到一定程度的弥补。通过将博弈论、信息经济学引入到历史研究中，格雷夫较为成功地揭示了人类社会中的制度、文化演进过程。在这里，制度被定义成非技术因素所决定的行为约束，包括文化信仰（即未经协调的各种预期）和组织（内生的人类设计，决定了组织内个体博弈的规则）两个核心的要素。制度结构变迁的轨迹具有路径依赖，因为过去的制度影响了人们对当前和未来制度的预期，也决定着引进新组织的激励，"经济制度的改变能力是其历史的函数"（Grief，1994）。这意味着历史被真正地装进了经济学理论中，成为其不可分割的组成部分，而不再仅仅是一个外部的研究对象，新古典革命之后长期背离的历史和经济学重新得到弥合。具体而言，博弈论，特别是子博弈精炼均衡概念在历史分析中的使用，使得制度演化中多重均衡的存在成为可能，而偶然性随机事件和一个经济体特定的历史条件（包括政治、经济、自然、文化因素）都会影响到均衡的选择，从而使不同的国家沿着不同的历史轨迹运行。这也就是说，每个国家的历史和演化路径都是独特的，不可能通过模仿、复制他国的制度而走向发展。

这一分析方法也影响到诺斯，后者对新古典的经济史理论进行反思，在1989年与温家斯特合作的关于17世纪英格兰公共选择制度的论文中，他们强调了光荣革命这一偶然性事件对于制度变迁和社会发展演化路径的影响，开始将历史嵌入到理论中来，这"显示了一位职业历史学家带给理论思维的独特的品格"（North and Weingast，1989；福格尔，2003）。在最近的一篇论文中，他们又反思了国家的经济人假设的理论缺陷，表达了对新古典经济史理论的扬弃（North，etc.，2006）。

从新古典经济史理论到比较历史制度分析，经济史的研究由静态的均衡分析转向了动态的演化分析，制度不再是理性的构建（由制度供给者提供，并服从于供需均衡），而是无意识的演化，是一个社会、政治、经济、文化诸多因素相互作用的结果。尽管构建和演化被普遍认为是对立的，前者强调行动者的理性算计，后者则强调行动者的无意识或无目的性以及互动结果的不可预知性，但实际上两者间的冲突并不是不可调和的。一旦引入认知进化的因素，两者间的不和谐就可能消失。在演化分析中，个人虽然不具有完全理性，但其认知却处于不断的进化之中，在与环境的互动中，通过不断试错、调整来获得提高。文化、传统，按照哈耶克的说法，就是在进化中积累下来的理性，影响着个体的预期和行为选择并最终影响了制度的演化路径，个体与组织、制度、文化的互动最终构成了历史演进的基本线索。构建的局部或短期制度均衡，可以被看作是长期历史演进过程中的某一个驻点，是演化到达一定阶段的产物（黄少安，2007）。借助认知进化因素的调和，经济学"将均衡装入演化框架"的尝试成为可能，这也是近年来认知科学和神经元科学成为新制度经济学的重要研究领域的原因。

三、当前中国经济史研究中的经济学与史学范式的冲突

新经济史学在中国的发展始于20世纪80年代末90年代初。这一时期新制度经济学开始进入中国，并引发了中国经济学界的新制度经济学热。随着科斯、诺斯、福格尔等人的研究在国内的大量评介、诠释，福格尔、诺斯等新经济史学家的思想及研究方法开始被国内经济学界所熟知。在关注中国当前改革的同时，国内学者也开始有意识地以新经济史学的理论、方法来研究中外历史中的制度（变迁）案例，与中国当前的制度变革进行比较、印证，以获得关于制度变革的更为深入的理解[①]。在大学里面，一些较早开始研究新制度经济学的单位，如山东大学经济研究中心，也开始招收新经济史专业的博士生。新经济史已经成为经济学研究和教育中的一个重要领域。

经济学界的新制度经济学研究热潮也影响到中国传统经济史研究，并产生了不同的反应。一方面，一些史学家开始有意识地学习、借鉴诺斯等人的新经济史理论，并将其作为理解、解释中国历史现象的重要理论工具，产权、制度、交易费用等概念被频繁地使用。另一方面，许多史学家却对这种经济学帝国主义现象表现出一种强烈的厌恶，认为新经济史学已经使历史不再像历史，历史偏离了对历史事实的描述，而变成了理论的附庸，同时，将基于西方发展经验的新经济史理论，盲目照搬到中国经济史研究中，本身就是反历史的，经济学家的经济史研究根本就是"完全外行"、"不着边际"。

---

① 如林毅夫（林毅夫，2000）对中国1958~1961年饥荒成因进行了实证研究，张维迎、邓峰（2005）从信息成本的角度研究了中国历史上的保甲制，黄少安、孙圣民、宫明波（2005）以反事实计量法研究了中国的农地制度与农业产出之间的关系，黄少安、郭艳茹（2006）从分配成本的角度研究了英国1815~1846年的谷物法变革以与加入WTO之后的中国农业制度变革相对照，邓宏图（2003）从交易费用的角度解读了中国历史上的官商现象。

传统史学家对新经济史学的尖锐批评与以下两方面的原因有关：首先，史学和经济学叙述方式不同。前者是归纳的，描述的，遵循“历史先于逻辑”的原则；后者是演绎的，逻辑的，尽管并不排除归纳和描述方法的运用，但归纳和描述都是在一种预制的逻辑体系下进行的，即逻辑先于历史。具体而言，史学的经济史，“是研究过去的、我们还不认识或认识不清的经济实践，因而它只能以历史资料为依据”。在这里，所有的经济理论都是方法论，是为了对历史中已经存在的经济事实进行更深入的分析、归纳（吴承明，1995）。而经济学所研究的经济史，则是基于历史经验来构建理论，其对历史事实的关注，仅仅是出于理论构建的需要，如希克斯所言，“为了不致使逻辑进程与最明显的事实发生冲突，我们应当回过头来看看历史纪录”（希克斯，1987，第10页）。在这里，所有的历史经验都是跨期不同的案例或数据资料，用来提炼或者验证理论。同时，经济学的经济史所关注的对象，并不仅仅限于经济现象，而是会涉及政治、经济、社会、文化等诸多因素，历史和经济学理论从本质上讲是一体的。经济学家这种“粗略地使用历史资料、先入为主地提出理论假说”的“恶习”，招致了史学家的诟病。新经济史学家对历史的兴趣，在史学家看来，仅仅是因为他们要将历史当成“自然试验”（natural experiment）场地，“经济学家使用几乎是与研究现实相同的方法来研究历史现象，认为（被研究的）过去和现实之间没有区别”（于尔根·科卡，2006，第36页），从而使历史缩减成了当代史，降为经济学的附庸。

其次，也是更重要的，是新经济史学作为经济学理论与传统史学所用来分析、归纳历史事实的理论工具在方法论上存在冲突。尽管“以理论术语来思考”不是“史学家的本行”，但史学家在对历史现象进行归纳分析的时候，总是要有意、无意地使用到经济学的理论或者某些理论的片断（希克斯，1987，第5页）。史学家一再强调“历史真实性”，但实际上他们笔下的历史仍然不能免于理论的重构。史学家呈现出来的历史，不仅取决于他们从史料挖掘、考据中获得多少历史事实，更取决于他们以什么样的理论来处理这些事实。哈耶克曾提醒应该对“历史事实”这一概念进行追问，他认为并不存在一个像自然世界一样可以根据时空坐标来定义的“历史事实”，因为“并不是在同一时间和同一地点所发生的每一件事情都是同一个历史事实中的一部分，而且同一历史事实的所有部分也未必都是在同一时间和同一地点所发生的”（哈耶克，2003，第106页）。一则信息是否构成一个历史事实的一部分，则取决于史学家心智的筛选，历史事实越复杂，这种筛选所导致的差别越大。从这一意义上讲，历史与理论是不可分的。“当我们从我们所拥有的关于某个时期的知识中选择出某些特定的部分并把它们视作是与同一历史事实有着明确关系的组成部分的时候，我们实际上是在使用一种理论”（哈耶克，2003，第107页）。经济史学的研究对象，如市场、经济制度、生产方式无一不是复杂的系统，与此有关的历史事实，拥有更多的理论重构的成分。以不同的理论工具对经济史进行解释，即使是基于相同的史料，结果也会大相径庭。

新经济史理论与传统中国经济史研究中惯用的理论工具，主要是马克思主义经济学在方法论上存在着根本区别。经济学的方法论包含3个不同的层次：哲学意义上的，即个人主义的还是整体主义的；理论构建方式上的，即归纳的还是演绎的；具体的方法，包括统计、计量、案例描述等方法。其中，哲学层次上的分歧决定了不同理论会有完全不同的指向。新经济史理论，不管是新古典经济史理论的均衡分析还是比较历史制度分析下的演化分析，两者都是建立在个人主义、自由主义的哲学基础上的，强调了个体在历史演进中的重要作用，所不同的只是个体完全理性还是局部理性的人格设定。这与同样是揭示历史演进规律的马克思的唯物主义历史观是不同的，后者建立在整体主义的哲学基础上，将制度变迁归因于某种超越于个体意识之上的超级理性，个人在历史演进的过程中，完全无能为力，必须要服从于某种超级的力量或不可抗拒的规律。在这种整体主义哲学观下，“只有集体实体（例如民族、国家）以及社会团体（例如阶级、部落）才会有历史；个体没有任何形式的历史（除了他们自身的生命历程之外）。个体是在一个特定的决定了他们行为的社会结构中理解、思考并行事……将个人作为研究起点就大大降低了社会背景及其历史的重要性”（Michel Zouboulakis，2005）。反映到价值判断上，整体主义的历史观，强调了国家、民族的历史并引导个体从这样的历史情感中来进行自我定位，以期能够发挥一种强有力的国家导向的政治与思想意识形态功能。而个人主义的历史观，则关注历史演进中个体与制度、组织、文化的互动及其绩效，是从个体的角度来打量和判断国家与民族这样的集体实体，并以经济绩效而不是历史情感来作为评判历史事件的标准。以鸦片战争为例，整体主义的历史观关注的这一事件所导致的国家与阶级结构的整体变迁，并对这一事件注入了强烈的民族、国家情感；而个人主义的历史观则关注这一事件所导致的个体活动的社会、经济、法律、文化环境的变迁及其对社会组织、文化演化及个人行为选择、社会经济绩效变化的影响。这或许是新经济史学被称作是反历史主义的一个重要原因。

从新经济史学的个人主义方法论特征还可能会导出对新经济史学另一项主要的批评，即它的普适主义。新经济史学将经济学中相同的概念和范畴，应用所有的历史阶段和社会形态，仿佛"这些社会是被同一资本主义逻辑所主导的一样"。"对于任何社会组织而言，每一项经济交易都是精打细算的市场行为的结果"（Michel Zouboulakis，2005）。个人主义的方法论，不承认任何超越于个人主义之上的理性，而是将基于个人决策的"分工——交易——市场扩张"看作是人类历史演进的基本力量，承认自由市场制度以及与之密不可分的产权保障制度、竞争性的政治市场结构的优越性。尽管均衡分析以经济效率为标准，演化分析则通过比较不同的制度所承载的经济体在历史中的生存、发展、繁荣、衰退而给出了一个进化论的观点，但在结论上却没有区别，即都指出了基于个人主义的自由市场制度对于经济增长和社会繁荣的重要作用。新经济史理论因此常被它的批评者指责为"利用市场普适主义的神话来为真实经济体系下的社会不平等辩护"，"完美的理论背后潜藏的是相同的资本主义护教学"（Michel Zouboulakis，2005）。这与 Paker（1971）所认为的"新经济史的成功之处在于表明市场机制运行良好"论断是异曲同工的。新经济史理论内含的这种普适主义使得它被用来解释中国历史时，不可避免地招来了"盲目照搬西方理论"、"西方中心论"、"脱离中国历史真实"这样的批评。

四、中国经济史研究中的经济学与史学的范式冲突，如何协调？

如前文说述，当前中国经济史研究中的史学与经济学范式上的冲突，与两个学科在叙事方式上的不同有关，也与新经济史学与传统史学所习惯用来诠释历史事实的理论工具——马克思主义经济学在方法论上的分歧有关。两个学科不能进行很好的融合和沟通，对两个学科的发展都产生了制约。对史学的经济史来说，对经济学新理论的偏见，使史学家无法从经济学家的工具箱中挑选更为合适、更为丰富的理论工具为自己所用，史学家对具体事件分析、归纳、发现其背后的一般规律的能力受到影响，并因此丧失了从旧的理论桎梏中将思想解放出来的机会。对于经济学研究的经济史而言，对历史事实缺乏深入的理解，使经济学家用经济学的理论来研究中国本土化的问题时，不可避免地会出现理论的悬置与失真。经济学家会发现，作为理论核心的许多概念在历史中找不到对应物。缺乏历史理解，而仅仅是生硬地将理论和历史事实捏在一起，既影响了理论的解释力，又丧失了利用中国丰富的历史制度资源进行理论创新的机会。

在经济史的研究中，中国的史学家和经济学家不应该是互相指责的，而是应该相互借鉴，互通有无。这一方面，美国经济史学会提供了很好的经验。他们会定期举行史学家和经济学家的集会，以促进两个学科间的交流与对话。在中国，经济学家和史学家也应该放下各自的成见，寻求积极的沟通。

对于史学家而言，面对经济学帝国主义现象，他们首当其冲的是要坚定学科的自信。如吴承明所言，从长期来看，一切的经济理论都是方法论，服务于对历史的解释和理解（吴承明，1995）。历史的确依赖于理论的重构，但在人类知识增进的过程中，理论是不断变化的，而其背后等待被诠释的历史经验和事实则有其独立性。从这一点上看，史学不会沦为任何系统性社会科学的附庸。经济学发展到今天，虽然日益强调其科学性，但却永远无法具备自然科学的试验条件，历史是它能够使用的惟一实验室，而实验室的钥匙就握在史学家手中。提供最真实的实验数据，最大可能地还原历史真实，是史学家能够给经济学所作的最大的贡献。从这一点上看，史学的基本方法——史料学和考据学的方法，对于经济学的经济史研究来讲，具有极为重要的意义。

其次，史学家应该丰富自己的理论工具，并根据理论与历史的耦合程度来挑选理论工具而不是先入为主地将某一种理论视作当然。赵冈、陈钟毅（2006）认为，近人对经济史的研究，有两点可争议的倾向。“第一，断代研究的方式比较盛行，往往无法看出长时期发展的前后脉络。第二，有些人过分强调马克思经济史观在中国历史上的适用性，选择史料来迁就理论架构。”第一种情况体现了传统经济史研究缺乏系统性理论工具指导从而缺乏历史洞察力的事实。第二种情况则指出了中国当前经济史研究中的诸多混乱现象的根源。例如，社会阶段的划分和“封建”一词的使用，传统史学研究中有许多有待澄清之处。中国自秦代开始，就是中央集权下的编户齐民，并不具备西方意义上的封建制度。生硬地套用马克思的社会阶段论，不但使中国经济史研究变得“面目全非”，而且也曲解、误用了马克思主义理论。理论之于史学研究而言，应该是工具，而不是刑具。史学家在警惕新经济史理论刑具的同时，也必须要反思他们是否已经从其他刑具的桎梏之中解脱出来。

对于经济学家而言，为理解历史之于经济学研究的重要性，他们需要熟记熊彼特的一句话：“如果一个人不掌握历史事实，不具备适当的历史感或所谓的历史经验，他就不可能指望理解任何时代（包括当前）的经济现象。”（熊彼特，1994，第92页）经济学家要学会从历史学家那里听故事，学会将理论，不管它看起来多么精美、复杂，拿到历史的实验室中去检验并修正。与历史不相关的经济学理论，虽然具有逻辑上的严密性，但对真实世界的解释力似乎令人怀疑。新古典经济学家给转型国家所开出的药方，迄今为止，尚未显示出好的疗效，原因当在于他们忽视了每个国家制度变迁的能力是其各自历史的函数，每个国家独特的历史使它们不可能按照某种统一的规律来发展。经济学只有同历史结合在一起，才能显示其理论对现实的解释和洞察能力。在将历史融入经济学理论方面，格雷夫代表的比较历史制度分析做出了很好的尝试，前已叙及，此处不再赘言。

最后，需要指出的是，新经济史学对中国经济史研究（不管是经济学方法的，还是史学方法的）的影响将是深远的，会涉及研究的目的、方法甚至整个话语系统的转换，而这种转换恰好就是一个国家在转型的过程中，其史学与社会科学所表现出来的正常的反应。随着新经济史学影响的扩大，产权、制度、交易费用、社会演化、经济增长等概念已经在中国经济史研究中广泛使用，这些概念的使用，并不仅仅意味着用来表达思想和叙述事实的词汇的丰富，在相当程度上，它表明了一种思维方式的转换，展示了社会思想领域的开放与变革。

专论2 ZHUAN LUN ER

明代海外贸易管制中的寻租、暴力冲突与国家权力流失：一个产权经济学的视角①

本专论研究了明代长期海外贸易管制对社会政治、经济的深远影响。在贸易管制的条件下，私人从事贸易的权利被国家剥夺，私人总是会利用监督的不足，实际获取贸易权利，这使得正式制度在边际上被实际调整。这种调整从短期来看的确能够创造更多的经济收益，但是从长期来看，则隐藏着巨大的社会危机和政治风险。私人为竞争非法贸易租金所进行的寻租和暴力冲突，会导致国家权力流失，威胁到国家统治安全和社会稳定。

一、引　言

宋元两代，中国的海外贸易已经获得了很大的发展。明朝建立之后，一改前朝做法，实施了严厉的海禁政策，规定“片板不得下海”，禁止任何形式的私人海外贸易存在，对外商品的交流完全依赖官方控制的朝贡贸易。由于宋元以来，东南沿海一带从事海外贸易的人越来越多，海禁政策，使他们丧失了赖以谋生的手段，为了生计，他们总是会利用政府监督的不足，千方百计地出海，地方政府为了税收和本地经济发展，也在暗中默许这种非法贸易活动，这样，私人海外贸易在政府的严令禁止之下，暗中发展起来。

私人海外贸易的发展，使中央政府的海禁政策被事实上绕开，这在一定

① 本专论发表于《世界经济》2008年第2期。发表时略有改动。

程度上弥补了国家正式制度的缺陷，使经济增长可以突破正式制度的约束，取得更好绩效。明中期之后东南沿海一带经济的繁荣以及资本主义萌芽的产生与海外贸易的刺激是分不开的。这种私人利用监督不足对正式制度在边际上进行调整以实现经济利益的做法，与 20 世纪中国改革开放初期制度变迁的模式比较类似，如 Parris（1993）曾将“戴红帽子”，即乡镇企业挂靠在地方政府名下得以存在的现象称作“创造性的骗术”。但不同的是，改革初期私人在边际上进行的制度调整最终获得了国家的认可，乡镇企业后来得以摘掉红帽子而合法地存在。而明代非法的私人海外贸易，却始终没有突破正式制度的障碍，而只是在灰色区域中被默许存在，形成了关于一种经济行为的法律规定与其实际运行状况长期背离的局面。本专论所关注的正是这种背离对社会政治、经济产生的深远影响。明代海外贸易的经验表明，大量非法贸易的存在，的确促进了经济增长，但同时也带来了官僚腐败、社会暴力冲突加剧等现象，并导致国家权力流失，国家统治安全受到威胁。国家权力，按照 Barzel（2001）的定义，是国家向私人“施加成本的能力”，即国家凭借其暴力优势而拥有的界定、执行产权并获取税收的能力，包括国家的行政、军事、警察、司法、税收能力等，是一个中性的概念，不包含价值判断。国家权力对经济绩效的影响，取决于国家界定产权的方式和权力的有效性。国家可以凭借强大的权力来剥夺私人从而破坏经济增长，也可以凭借其权力来提供法律、秩序降级交易费用促进经济增长。一个规范的国家应该是将职责限定在保护私人产权、保障经济自由的范围内并且有足够有效的权力来保障这一目标的实现。对于一个专制国家来讲，权力的流失的确可以减少基层社会被剥夺的程度，但最终也会使经济体陷入无政府状态中，经济增长所依赖的法律和秩序丧失。奥尔森（2003）曾指出，即使最专制的政府也比无政府好，国家权力的流失最终会使经济体内包括统治者在内的所有成员受损。贸易管制对国家权力结构的影响需要在理论上做出解释，而在以往的研究中它们经常被忽略。基于中国当代相对成功的改革经验的研究，大多强调了边际上的制度调整如何促进经济增长，又如何在经济增长的诱致之下，完成整体制度变迁。本专论则提供了一个反例，旨在表明这种边际上启动的制度调整，如果没有正式制度跟进，会隐藏着什么样的危机。

本专论的研究建立在产权经济学已有的文献基础上，这些文献主要包括 Chueng（1970），Barzel（1997，2001），Grossman（2000），Grossman & Mendoza

(2003)，Alston 等（1999）。在理论上，本专论与 Barzel（1997）较为接近，都研究了管制所创造的公共领域内的权利再分配，但不同的是本专论关注了这种权利再分配对国家权力的长期影响，这一点 Barzel（1997）并未涉及。在分析方法上，本专论与 Chueng（1970）、Grossman（2000）较为接近，都研究了在一个缺乏产权界定的公共领域内，个体如何建立起有效的产权，所不同的是他们的公共领域是由于缺乏国家产权界定而产生的，具有可确定的边界，而本专论的公共领域则是由国家管制所创造出来的，其边界随着国家管制程度而变化。

二、明代的海外贸易控制及其演变

明代（1368～1644 年）的海外贸易经历了一个由严格的国家管制到管制逐步放松、私人贸易得到发展的过程，但是这一过程并不是政府有意识推动的，而是由于监督不足，私人海外贸易以非法形式在边际上逐步滋生所致。终明之世，私人海外贸易都没有获得合法地位，同时，朝贡贸易也没有被明令废除。明代海外贸易制度的演变，大体经历了以下几个阶段：

1. 明初严格的贸易管制。洪武至永乐年间（1368～1425 年），明政府推行了一种极端封闭的贸易政策，严禁私人海外贸易，规定“片板不得下海”，对私自出海者重罚，对外商品交流完全依赖政府控制的朝贡贸易，即周边国家以朝贡国的身份派遣贡使向中国皇帝“朝贡”，中国皇帝向他们“回赐”。朝贡船只也可附带私物在中国交易。朝贡贸易具有双重作用，一是作为一种政治活动，满足了明朝皇帝“万邦老庭”的虚荣心；二是作为一种国家垄断的贸易方式，实现了中外商品间的交流。贡使所带货物，分为贡品和私货两部分，前者由贡使代表本国国王进贡给中国皇帝，中国皇帝赏赐回物，这在一定程度上可以看作是一种易货贸易。私物部分有两种处置方法，一是明政府“给价”收买；二是允许其在指定的场所，主要是京师的会同馆和沿海的市舶司与官府指定的商户交易，严禁私下交易。明初为了吸引外国来朝贡，实行了“薄来厚往”的优惠政策，对外国贡使赏赐极其丰厚，私物“给价”高，交易免税，并有沿途免费接待、免费运送货物等优待，这样就吸引了外国朝贡者踊跃来华。朝贡贸易在洪武初年得到很快发展，在永乐（1403～1425 年）年间达到鼎盛，郑和下西洋的壮举即为朝贡贸易盛况的一部分。

2. 明中前期的管制放松。洪熙至弘治期间（1425～1506 年），朝贡贸易衰退，私人海外贸易暗中发展起来。永乐以来，朝贡贸易虽然得到快速发展，但是这种国家控制的贸易活动是以政治利益为目标的，缺乏经济效益。首先，招徕、赏赐、接待贡使消耗巨额费用，而且沿途扰民。贡使团一般几百人，多是甚至上千人，所带货物上千万斤，招待、运输费用之巨可想而知(李金明，1988年)。其次，私物"给价"过高，也给明政府造成了沉重的财政负担。如宣德四年（1429年）日本贡使所带苏木，明政府给价竟然达到时价的12倍半，以致于礼部官员提出"民间贡纳有限……宜撙节财用"的建议[①]。另外，明成祖遣郑和6次下西洋招徕贡使，耗资巨大，仅前3次就花费白银600余万两，在明初白银极其短缺的情况下，这是一笔巨大的开支[②]。永乐之后，在财政压力之下，明王朝的海外交往日渐保守，开始限制外国贡使进贡的次数，减少赏赐、降低接待的规格，私物"给价"也逐渐趋于时值，同时又严禁贡使与中国百姓私下交易，这样朝贡的吸引力就降低了，朝贡贸易衰落下去。但与此同时，私人海外贸易却暗中发展起来。由于中国东南沿海一带地少人稠，宋元以来沿海居民即以捕鱼、贩海为生，严厉的禁海使得许多人无以为生，只有铤而走险，冒死出海。朝贡贸易的衰退，使私人海外贸易的利润空间加大，贸易活动增加。尽管这一时期政府一再颁布海禁诏令，但这些诏令根本得不到严格执行。沿海居民通过贿赂官员，或者冒充贡使，获得出海机会，许多官员，包括负责海防的卫所官兵也参与走私贸易[③]，私人海外贸易呈现出不可遏制之势。正德年间（1506~1522年），明政府为了增加财政收入，开始对外国船只所带私物征税，这标志着明政府开始从海外贸易中获得税收收入。在税收的激励下，管理朝贡贸易的市舶司放松了对朝贡贸易的限制，对朝贡时间、贡使身份、装载货物的核查放松，中国海商亦可混迹其中，私人海外贸易在半公开状态中快速发展起来，正德九年（1514年）一位反对抽分制的官员曾报告："近许官府抽分，公为贸易，遂始奸民数千架造巨舶，私置兵器，纵横海上"[④]，由此可以看出当时海外贸易的规模已经很大。

3. 明中后期贸易管制的重新加强。嘉靖年间（1522~1567年）明政府

---

① 《明宪宗实录》卷五十四，本专论转引自晁中辰（2005，第126页）。
② 见明人王志性著：《广志绎》卷一，本专论转引自晁中辰（2005，第118页）。
③ 关于这一时期官员参与走私的更多记载，可参见晁中辰（2005，第136~138页）。
④ 《明武宗实录》卷一百一十三，本专论转引自王毓铨（2000，第747页）。

重新加强海禁，结果引发了长达十余年的东南战乱。1522年嘉靖皇帝继位后，推行了一种极端保守的贸易政策，严行海禁，使永乐以后暗中发展起来的私人海外贸易受到很大打击。从嘉靖八年（1529年），广东巡抚要求放宽海禁允许通市的上疏中可以看出，在海禁执行七八年间，广州经济破坏严重，原先“旬月可得银数万两”的财政收入落空，无力应付军费开支，不得不减少官员薪俸，并“科扰于民”，致使军民困乏，百姓无以谋生①。而这一时期，全球贸易的格局已经发生了很大的改变，葡萄牙、西班牙等西方殖民国家到达东方，他们控制了南洋地区的贸易，积极谋求与华通商。葡人在正德年间抵达广州，与中国海商进行贸易，嘉靖海禁后，他们转向了海禁较为松弛的闽浙一代，继续从事走私贸易，并在福建漳州的浯屿（今金门岛）和浙江宁波的双屿建立了据点，作为贸易基地。走私贸易获得了地方政府的默许很快发展起来，当地的豪右大姓也多有参加，双屿港日益繁荣，到嘉靖中期，已经俨然是一个繁华的商会。嘉靖十六年（1537年），葡萄牙人贿赂中国官员，“岁输两万金”租居澳门，以此为中转站，使东西方贸易量快速增长。葡萄牙人与中国海商勾结走私，引起明廷对海防安全的担忧。嘉靖二十六年至二十八年间（1547～1549年），明廷对闽浙的走私贸易进行了严厉打击，以军事力量重挫葡萄牙人和中国海商，填埋了双屿港，擒获、杀死葡萄牙人和中国海商数百人，走私贸易遭到重创。明廷的强硬政策，引起私人海商集团的武装对抗，引发了东南沿海长达十余年的战乱。这场战乱，虽然统称“嘉靖倭乱”，但实际上是中国海商集团以武力对抗政府海禁政策所致，所谓的倭寇，主要是中国海商，真倭数量很少，多为中国海商所雇用（樊树志，2000）。

4. 明后期有限度的贸易开放。隆庆元年（1567年）明政府首次明令允许有限度的私人海外贸易，此后中国的私人海外贸易迅速发展起来。隆庆元年（1567年），鉴于前期教训，明廷开始部分开放海禁，允许中国海商到东南亚地区交易，这是私人海外贸易第一次获得政府认可，史称“隆庆开放”。隆庆开放仍然是有限度的开放：首先，它是应对海商反抗的权宜之计，私人海外贸易并没有在国家法律层面上获得认可，在以后的时间里，一旦海上局势有变，或者朝廷中的保守派占上风，则又会实行海禁；其次，仅允许漳州

---

① 转引自李庆新（2007，第266页）。

月港通商，而月港是一个大船无法进入的小港，表达了明廷对海外贸易"欲开还禁"的矛盾心态；另外，对私人贸易还存在着诸多限制，包括贸易商品、数量、线路等都有严格限制，并严禁对日贸易，海商要向政府所设的"海防馆"申领"由引"，即出海许可证，"由引"发放数量有限，最初每年只有 50 引，"每国限船二三只"[①]，到万历十七年（1589 年）增至 88 引，因申请者太多，万历二十五年（1597 年）增至 110 引[②]，但仍不能满足需求，大部分海商依旧从事走私贸易。不但闽广江浙等未开放地区的商人违禁出海，连月港都有领不到船引或为逃避税收而不领船引的出海船只。月港每年至多行引 110 张，但林仁川（1986）估计每年从这里出海的船只至少有 140 艘左右，也就是说每年至少有 30 艘走私船只。同时，对日走私贸易也十分严重，尽管明政府从来没有开放过对日贸易，但据林仁川（1986）估计，在明末清初的 42 年里，中国每年对日本的出口贸易额达 163 万两左右，而庄国土（1995）则估算整个明代从日本输入中国的白银达 1 亿 7000 万两以上，占中国全部进口白银的 1/2[③]。

隆庆开放之后，私人海外贸易迅速发展起来，林仁川（1986）估计年贸易额在 1890 万两白银左右。海外贸易的发展，带动了国内工商业的发展和沿海经济的繁荣，同时大量白银进口[④]，也解决了中国商业发展中的通货不足问题，并使得万历年间一条鞭法改革中的"赋役折银"得以实行，后者是中国财政制度的一大进步。

三、贸易管制下的产权再分配

明代的贸易管制意味着私人关于海外贸易的权利被政府强行剥夺了，但正如巴泽尔所言，在存在产权的界定与执行成本时，关于一项资产的产权配置与法律、命令的表面规定总是不一致[⑤]（Barzel，1997）。那些名义上被政

---

① 见《神宗实录》卷二百一十，万历十七年四月丙申条。本专论转引自林枫（2001）。

② 见徐孚远：《敬和堂集》卷七，本专论转引自林文川（1986）。

③ 明代日本输入中国的白银数量，各种研究存在着很大的差别，详细情况参见李隆生（2005）。

④ 关于明代各国输入中国白银数量研究总结，可参加李隆生（2005）的总结。他根据各方估算的平均水平推算出明代在 1530 年之后从各国输入的白银在 3 亿两左右。

⑤ 这里的管制是一个思想层面的而不是政策层面的概念，强调了贸易的非自由化特征，而不涉及具体的贸易政策分析。

府拿走的权利，由于监督、执行的不足，实际上落入了一个权利的“公共领域”中，被有关的各方所攫取，权利的实际配置状况，取决于各方在公共领域内的博弈。Grossman（2000）、Grossman & Mendoza（2003）用模型描述了在正式产权制度确立之前的初始状态下，私人如何支付时间和精力在公共领域（Common Pool）中获取有价资源并最终形成产权的均衡配置。贸易管制所导致的产权再分配，与上述情景有些类似，所不同的是贸易管制下的公共领域是由国家所创造出来的，其中所包含的有价资源，即关于贸易的产权束，在自由经济状态下是不存在的。私人利用监督不足，进入公共领域中攫取资源，并彼此竞争，国家则会对这些攫取活动进行限制。贸易管制下的产权再分配最终取决于国家、私人间的多重博弈，而在 Grossman（2000）以及 Grossman & Mendoza（2003）的模型中，产权的均衡状态仅是私人博弈的结果。

本专论结合 Grossman（2000）和 Chueng（1970）模型，建立了一个包含国家权力在内的模型，用以描述在贸易管制条件下的产权再分配。

假定：(1) 一个经济体中，存在着 $n+1$ 个潜在的贸易个体，他们可以是个人或者家庭、帮会、集团等组织。由于贸易管制，这些个体失去合法贸易机会，他们关于贸易的权利被挤入公共领域。为追求个人利益，他们会利用国家对管制的监督、执行不足，从公共领域中攫取资源，攫取活动的生产函数是 $Q = Q(L, \pi R)$。其中，L 是个体为获取资源所支付的劳动时间，R 为管制所创造的公共领域的大小，管制越强，被挤入公共领域的资源越多，R 值越大。$\pi \in (0,1)$ 是私人逃脱贸易控制的能力，$\pi = \pi(np, ec)$，$np \in (0, \infty)$ 为国家权力，包括国家的行政、军事、警察、司法、税收能力等，由国家财政能力和官僚体制代理费用所决定，$ec \in (0, \infty)$ 为贸易活动的复杂性，由被控制贸易所涉及的商品种类、商品技术特征、人口数量、地区范围等因素决定，$\partial\pi/\partial np < 0, \partial\pi/\partial ec > 0$。$\pi(np, ec)R$ 为个体有能力进入的公共领域范围，本专论中称之为“可进入公共领域”。

(2) 在可进入公共领域内私人能够攫取到的资源量惟一地取决于其投入的时间。个体 i 支付时间 l_i 所获取的资源量为 $q_i(l_i) = \frac{l_i}{L}Q$，$i$ 之外的其他 n 个个体共支付 l^* 的时间，获取资源 $q^*(l^*) = \frac{l^*}{L}Q$。

(3) 私人在可进入公共领域内的攫取活动不耗费成本，此时产出等于可进入公共领域内全部资源价值，即 $Q = Q(L, \pi R) = \pi R$，从而有 $q_i(l_i) + q^*(l^*) = \pi R$。

则有：

$$q_i(l_i) = \pi(np, ec)\frac{l_i}{l_i + l^*}R \tag{1}$$

等式（1）包含了以下的特征：

1. 给定 $R > 0, l_i > 0$，ec 不变，当 $np \to \infty$ 时，$\pi \to 0$，有 $\lim_{\pi \to 0}\pi R = 0$，$\lim_{\pi \to 0} q_i = 0$。这表示尽管管制创造出了权利的公共领域，但在国家权力足够强大、能够完全控制非法贸易的情况下，可进入公共领域趋于0，私人不能进入公共领域攫取权利，被国家强行剥夺的关于贸易的产权束，会被完全浪费掉，不带来任何产出。明初的统治者凭借着战争中积累起来的强大国家暴力，贸易控制实行得较为彻底。为了杜绝私人出海，朱元璋甚至发布诏令禁止渔民近海捕鱼，禁止民间使用、贩卖“番香番货”，实行户口管理，限制人口流动，要求基层社会进行信息提供，鼓励告发“私通外夷”的人，知情不报者和告发者会分别受到奖惩。同时，还大量加强海防力量，征船户为军，并在沿海广置卫所，派驻重兵，严行稽查，这些都有利地降低了国家控制贸易的成本，提高了其控制能力[①]。这种情况下，私人出海现象非常少，经济处于一种极端的封闭状态。

2. 给定 $R > 0, l_i > 0$，ec 不变，当 $np \to 0$ 时，$\pi \to 1$，有 $\lim_{\pi \to 1}\pi R = R$，$\lim_{\pi \to 1} q_i = \frac{l_i}{l_i + l^*}R$。这表示尽管存在着国家对贸易的管制，但当国家权力积弱，完全失去对非法贸易的管制能力时，私人能够进入全部公共领域中攫取资源，贸易在一种无政府状态下进行，这时，公共领域内权利的分配完全取决于私人间的相对努力程度。私人为进行资源竞争，会引入包括谈判、协商、贿赂官员以及暴力冲突在内的各种手段。到明代中后期，国家名义上还存在着对私人贸易的诸多限制，但由于政权积弱，海防废弛，走私贸易已经公然为之。许多大的海商集团，通过贿赂官府，或者凭借武力公然出海。嘉靖时期，出海商人已经遍及沿海各地。对这种贸易管制失效的情况，时人曾

---

① 见《明太祖实录》卷一百五十九、《明实录》洪武二十七年（1394年）朱元璋诏令、《大明律·户律》、《明史》卷一百二十六《汤和传》，本专论转引自晁中辰（2005，第47～48页）。

感慨："片板不许下海，艨艟巨舰反蔽江而来；寸货不许入番，子女玉帛恒满载而去。"[①] 费维恺（1981）也认为"明代的海禁自15世纪初一直延续到16世纪中，但实际上对于日渐增长的对日与东南亚贸易，很少影响"。需要指出的是，这种由于国家权力削弱而导致的贸易管制失控，和合法的自由贸易是不一样的：后一种情况下，国家不管制贸易，但可以为贸易领域提供法律、保护等基本服务并能从贸易中获得税收收入，而前一种情况下私人贸易不能获得国家服务同时国家也不能从贸易中获得税收。

等式（1）中，假定了个体在可进入公共领域内的攫取活动不会带来租金损耗，即 πR 量的资源能被众多攫取者无成本占有。但实际上，个体为获得非法贸易收益需要支付自由贸易条件下所没有的大量额外成本，包括为逃避管制而选择无效率的贸易路线、贸易方式，为获得贸易权而进行寻租和暴力活动等，这使得可进入公共领域内的租金在攫取过程中不断被损耗，出现 $Q = q_i(l_i) + q^*(l^*) < \pi R$。个体最终能够获得的资源总量是实际边际产出条件下全部时间投入的函数，即 $q_i(l_i) + q^*(l^*) = Q(l_i + l^*)$。等式（1）变为：

$$q_i(l_i) = \frac{l_i}{l_i + l^*} Q(l_i + l^*) \tag{2}$$

假定 ω 为经济体内合法经济活动中所投入劳动的边际收益，在均衡条件下它等于工资率，则存在 $\partial q_i / \partial l_i > \omega$，即个体愿意承担风险从事非法经济活动是因为后者所投入时间的边际产出高于合法经济活动。随着攫取人数的增加，租金损耗增加，当 $\partial q_i / \partial l_i = \omega$ 时，非法贸易的租金消失，个体会停止在非法贸易上继续投入时间。对等式（2）求导，则得出可进入公共领域内租金消失的条件为：

$$\frac{\partial q_i}{\partial l_i} = \frac{Q(l_i + l^*) + l_i Q'(l_i + l^*)}{l_i + l^*} - \frac{l_i Q(l_i + l^*)}{(l_i + l^*)^2} = \omega \tag{3}$$

为简便起见，现假定经济体中所有的个体具有完全相同的产出水平，故经济体为从可进入公共领域中获得资源所支付的时间总量为 $L_{n+1} = l_i + l^* = (n+1)l$，代入等式（3），得：

$$\frac{\partial q_i}{\partial l_i} = \frac{Q(L_{n+1})}{L_{n+1}} + \frac{Q'(L_{n+1})}{n+1} - \frac{Q(L_{n+1})}{(n+1)^2 l} = \omega \tag{4}$$

① 见谢杰：《虔台倭纂》卷上，本专论转引自林仁川（1987）。

当 $n\to\infty$ 时，有：

$$\frac{\partial q_i}{\partial l_i}=\lim_{n\to\infty}\frac{Q(L_{n+1})}{L_{n+1}}=\omega \tag{5}$$

等式（5）表示，当可进入公共领域内攫取租金的人数达到足够多的时候，攫取活动的边际产出等于经济体的工资率 ω，可进入公共领域内的租金完全消失①。为了减少由于进入者增加导致的租金损失，个体会通过包括暴力在内的各种手段来阻止他人进入，可进入公共领域内为攫取租金所展开的竞争进一步加剧，后者导致了更多租金损失。随着可进入公共领域内租金的耗散，个体会转向公共领域其他尚存租金，可进入公共领域不断扩大，直至全部公共领域内的租金被攫取完。

公共领域内的权利再分配过程，可以用图1表示。

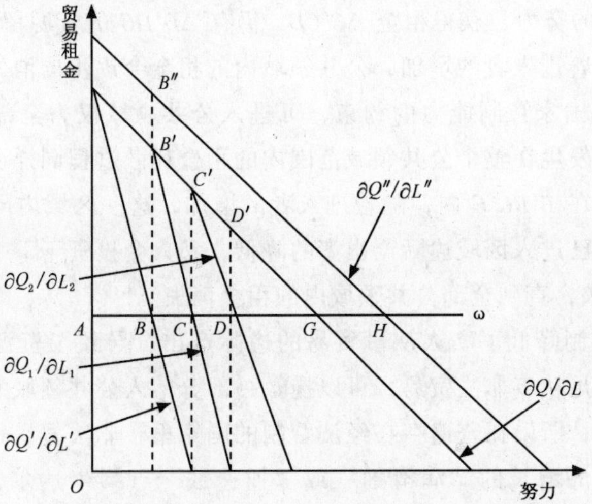

图1　贸易管制中的权利再分配及租金耗散

图1根据 Chueng（1970）公共渔场租金耗散的图形改制给成。

1. 图中 $\partial Q/\partial L$ 为一国自由贸易状态下的贸易边际产出线，ω 为该国的工资率，AG 为投入在贸易上的时间。现国家对贸易进行管制，禁止私人贸

---

①　这里需要说明的是，当 $n\to\infty$ 时，L_{n+1} 并不趋于无穷大。当可进入公共领域内的劳动投入达到饱和点（劳动的边际产出等于工资率）后，租金完全消失。如果继续追加劳动，则会因为暴力冲突等原因而相互抵消，即 L_{n+1} 同 $Q(L_{n+1})$ 一样，都为有界值。

易，只允许国家控制的朝贡贸易存在，朝贡贸易的边际产出线为$\partial Q'/\partial L'$，国家为贸易所支付的时间为 AB，私人投入时间 BG 进行贸易的权利被挤入公共领域中，后者所包含的租金为 $\Delta B'BG$。

2. 假如政府具有完全的贸易控制能力，能够禁止任何私人的非法贸易行为，则可进入公共领域为 0，公共领域 $\Delta B'BG$ 内的租金会白白消失，不带来任何产出，该国表现为一个专制、廉洁而封闭的国家。明初接近这一情景，20 世纪的计划经济国家也与此类似。但随着时间的推移，国家监督执行贸易控制的成本上升，私人开始利用监督不足，从事非法贸易，从公共领域中攫取资源。假定第一个能够摆脱管制进入公共领域内的个体，其攫取资源的边际产出线为$\partial Q_1/\partial L_1$，支付 BC 段的努力，该个体能够攫取到的租金为 $\Delta B'BC$，损耗 $\Delta B'C'C$，有 $\Delta C'CG$ 的资源被置于公共领域中。第二个进入者支付 CD 段的努力，获得租金 $\Delta C'CD$，仍有 $\Delta D'DG$ 的资源留在公共领域，以此类推，随着进入者的增加，公共领域内的租金会逐步的消失。

3. 即使受国家管制能力的约束，可进入公共领域仅为全部公共领域的一部分，上述发生在整个公共领域范围内的租金耗散过程同样适用。如果将私人活动限定在 $B'BC'C$ 内，随着进入者的增加，这一区域内同样会发生租金耗散。随着已进入区域边际产出率的降低，私人会投资于下一个可进入公共领域 $C'CD'D$，直到全部公共领域内的租金消失。

4. 贸易管制降低了私人从事贸易的边际产出，导致了资源的浪费。私人利用监督不足从事非法贸易，可以挽救一部分落入公共领域的资源，增加经济体的产出，所以在普遍存在经济管制的国家里，非法贸易和官僚腐败通常被认为是经济增长的“润滑剂”或“加速钱”（缪尔达尔，2001；Leff，1964），但由于存在不能调整的浪费 $\Delta B'CC'$，$\Delta C'DD'$……管制条件下的贸易产出无论如何不能达到自由贸易下的水平。

5. 经济增长或贸易机会的改善会提高一个国家总的贸易边际产出，扩大贸易管制所造成的公共领域，当自由贸易下的边际产出线由$\partial Q/\partial L$ 提高到$\partial Q''/\partial L''$，公共领域的面积也由 $\Delta B'BG$ 扩大到 $\Delta B''BH$。这意味着私人非法贸易活动和官僚寻租行为有了更大的利润空间，这可以解释为什么明中期之后，随着海外贸易规模的扩大，私人贸易和官僚腐败会越演越烈，这可以解释为什么许多国家在由计划经济向市场经济转型的过程中，会出现越来越严重的非法经济和腐败问题。

四、租金耗散中的寻租、暴力冲突与国家权力流失

私人在可进入公共领域内的租金攫取活动会导致可进入公共领域范围的不断扩大和国家权力的逐步流失。私人为获取可进入公共领域内的租金，通常需要采取以下手段：(1) 通过调整贸易的时间、路线等避开政府的监督和管制；(2) 向官员寻租获得贸易权同时借助政府的力量来阻止其他商人从事非法贸易；(3) 投资于暴力，武装对抗政府管制和其他商人的竞争，强迫其他商人缴纳保护费（相当于垄断贸易权并出租）。这些活动加快了可进入公共领域内的租金耗散。随着已进入区域内租金的消失，私人会投资于下一个可进入公共领域。由于前期所获取的资源提高了私人投资于寻租和暴力的能力，同时，随着攫取活动的增加，单位攫取活动所分摊的国家管制力量在不断下降，这样私人进入下一个可进入公共领域的边际成本下降，可进入公共领域以更快的速度不断扩大。如图 1 所示，可进入公共领域会由 $B'BC'C$ 扩散到 $C'CD'D$，直至全部公共领域。由于存在 $\pi=\pi(np,ec)\partial\pi/\partial np<0$，$\partial\pi/\partial ec>0$，即私人摆脱国家贸易管制的能力与国家权力和贸易复杂度负相关，在给定贸易复杂程度不变的情况下，可进入公共领域的不断扩大意味着国家权力的逐步流失。

在非法贸易扩大的过程中，为什么会产生国家权力的逐步流失？前文已述及，私人参与非法贸易的手段主要包括躲避、寻租和暴力活动。在国家警察、军队等权力机构能够正常运转的情况下，第一种方式成功的机会较小，一般只适合小规模的贸易活动，随着贸易活动的扩大，私人会更多地依赖于寻租和暴力活动。从长期来看，正是这两种活动侵蚀了国家权力。

1. 寻租与国家权力流失。寻租提高了官僚体制的代理费用，致使国家行政效率降低，税收能力下降。管制创造了自由经济状态下不存在的租金，自利的官僚有激励参与公共领域内的租金瓜分，他们接受私人贿赂，默许他们的非法活动，史料中有大量明代海防官员接受贿赂参与走私的记载（参见下页注释③）。寻租具有传递效应，基层官僚对管制租金的分享会引起对该职位的寻租，以及能够分配该职位的更高职位的寻租，最终整个官僚体制都参与了寻租和腐败。在明初，走私贸易还只是小规模的私人活动，但到嘉靖时期，则已构成了朝野相通的走私网络（王毓铨，2000，第 747 页）。嘉靖二十六年至二十八年间（1547～1549 年）在闽浙一代严行海禁的浙江巡抚朱

纨最终遭弹劾罢职，从侧面表明了这股政治势力的强大。随着参与腐败的官僚数量的增加，单个官僚所分摊的监督成本减少，官僚卸责、腐败的成本降低，当整个官僚体制就腐败达成共识时，国家对官僚体制的监督变得极其困难。国家，作为一个以保护换取税收的特殊企业（North，1981），其日常的行政运转和征税活动都依赖于官僚来完成，官僚代理费用的上升，使得国家在这两方面的能力都下降了，官僚的腐败活动，不再局限于存在管制的领域，而是涉及国家管理事务的全部，如对合法贸易的征税活动。隆庆开放之后，明政府开始有限度的允许私人海外贸易并对商船征税，税收内容包括引税（许可证费）、水饷（船舶税）、陆饷（进口税）和加增饷（对吕宋进口白银所征的附加费）四项。由于官僚腐败，国家合法的征税活动难以有效进行。按前文所引资料，万历十七年（1589 年）之前，万历十七年至万历二十五年（1589～1597 年），万历二十五年之后（1597 年后）每年合法出海船只分别为 50 艘、88 艘和 110 艘，其中往吕宋之外的其他南洋国家的船只分别为 42 艘[①]、60 艘和 76 艘[②]。由于从吕宋回国的船只主要装载的是白银，进口货额遂以吕宋之外的其他南洋国家的进口额计算。按林仁川（1986）每船进口额 9 万两的估计，则在这三个时间段，月港进口额应该分别在 378 万两、540 万两和 684 万两左右。以 100％的进口利润推算，则进口货物的初始货值应分别在 189 万两、270 万两和 342 万两左右。万历十七年（1589 年），明政府规定，“商饷规则，每货值一两者税银二分”[③]，即按初始进口额征 2％的进口税，则明政府应征陆饷当分别在 3.78 万两、5.4 万两和 6.84 万两左右，与这一时期实际征收到的陆饷数量 1 万多两对比，就会发现瞒报、逃避税收的现象是十分严重的。明政府在 16 世纪后期应征陆饷数和实征陆饷数的对比见图 2。

在国家不能有效征税的同时，主管海外贸易事务的各级官僚吏胥却可以从中获得各种额外收入。海商需要支付各种杂费，如给引费、销引税（许可

---

① 万历十七年（1589 年）之前出海船只在各国的分布没有准确的资料。钱江（1986）统计，1570～1579 年中国大陆前往吕宋的船只每年平均为 7.5 艘。本专论按此数字扣除，前往其他国家的船只以 42 艘计。

② 前一数字见张燮：《东西洋考》卷七，《饷税考》，本专论转引自林文川（1986），后一数字由林文川（1986）推算。

③ 见《神宗实录》卷二百一十，万历十七年四月丙申条。本专论转引自林枫（2001）。万历十七年（1589 年）之前的商饷规则无资料可籍，暂以十七年税率计算。

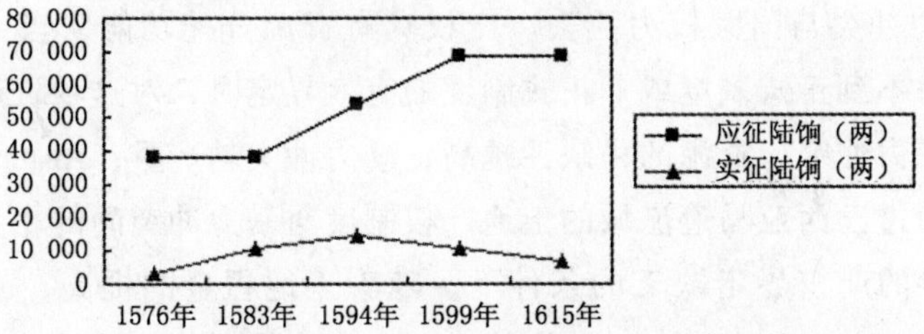

图2　明代海外贸易中应征陆饷数与实征陆饷数对比

注：实征陆饷数转引自林枫（2001），应征陆饷数根据林仁川（1986）所推算的进口额和利润率并按2%的税率算出。

证申领费）、加增、果子银、头鬃费等，名目繁多。收费之后，吏胥们在丈量船只、统计货物的时候就会以大作小、以多报少，否则就会对海商进行种种刁难。各种杂费，每船在300~400两左右①。根据全汉升的统计，1576~1528年间，明政府从每艘商船上所征税额一般在200~400两左右，由此可见，官僚吏胥所得已经超出国家税收所得②。明代海外贸易中国家税收和杂费间的比较，见表1。

表1　明代海外贸易中的国家税收收入与杂费比较

年份	月港税额（两）	商船数量（艘）	每船平均税额（两）	每船杂费额（两）
1567~1572	3 000	50	60	300~400
1573	6 000	50	120	300~400
1576	10 000	50	200	300~400
1583	20 000	50	400	300~400
1594	29 000	88	329.55	300~400
1599	27 000	110	245.46	300~400
1615	23 400	110	212.73	300~400
1628	23 400	110	212.73	300~400

说明：税额出自全汉升：《明季中国与菲律宾间贸易》，本专论转引自吴承明（2001，第231页），杂费转自林枫（2001）。

---

① 见张燮：《东西洋考》卷七，《饷税考》，本专论转引自林枫（2001）。

② 关于月港税额的详细资料，参见全汉升：《明季中国与菲律宾间贸易》，本专论转引自吴承明（2001，第231页）。

2. 暴力冲突与国家权力流失。产权具有资源分配功能，当一项有价资产的产权得不到正式制度或非正式制度的有效界定时，对这项资产的竞争通常会引起暴力冲突，资源的稀缺性越高，暴力冲突越严重，Alston 等（1999）曾实证检验过巴西亚马逊流域的土地产权制度与暴力冲突间的相关性，发现在政府主导的产权界定缺乏的条件下，随着土地租金的提高，暴力冲突增加，Grossman & Mendoza（2003）则给出一个理论模型，证明随着稀缺性的上升，对有价值资源的竞争会加剧，暴力冲突增多。明代海外贸易发展的历史经验也表明，产权界定和暴力冲突间的关系。明代的海禁政策，使得东南沿海一带出现了大量亦商亦盗的海商组织，并在嘉靖年间演变成长达十余年的“倭乱”，终明之世，东南沿海的海防问题始终是其心腹大患。时人有“市通则寇转为商，市禁则商转而为寇”的评论[1]，表明当时的人们对贸易管制与暴力冲突间的关系已有清醒的认识。

贸易管制会导致暴力冲突，原因在于：

（1）管制刺激了私人对暴力的投资，形成了寄托于私人暴力的“类国家组织”集团。在管制所创造的公共领域内，私人活动无法获得国家的保护和法律服务，他们只能通过暴力投资来进行自我保护和契约执行，并为防止租金耗散而阻止他人进入。由于不同的个体在暴力供给上具有不同的边际产出率，最后在暴力上拥有比较优势的个体及其联合体，开始依赖本身的暴力优势来获利。如占用更多的资源，抢劫比自身弱小的海商，或者向他们提供保护使他们免于被自身或其他暴力团伙抢劫，以及为他们之间的契约纠纷提供裁决，这样，那些拥有暴力优势的大海商集团逐渐具有了类国家组织的特征，作为“保护和契约的终局的第三方执行机制”（Barzel，2001），与国家组织展开竞争。大海商集团依靠暴力创造了集团内部的秩序，但不同集团之间的竞争仍然是无序的，需要以暴力来解决，这迫使各集团不断追加暴力投资。随着相对弱小的集团被消灭、兼并，暴力集团的数量减少，力量壮大，逐渐能与国家抗衡，暴力冲突最终扩展到暴力集团与国家之间。这种暴力扩张趋势在明代海外贸易中得到充分体现。在明初从事走私贸易的主要是单独的小商贩，但由于贸易竞争十分激烈，“强弱相凌，自相掠夺”，有时又遇官兵追捕，海商只好“因各结综，依附一强雄者，以为船头”，到嘉靖时形成

① 见谢杰：《虔台倭纂》卷上，本专论转引自林仁川（1987）。

了“或五只、或十只、或数十只，成群分党、分泊各港”[①] 的私人海商集团。嘉靖倭乱时以王直为代表的所谓的倭寇首领，其实都是私人海商集团的首领，各海商集团间存在着激烈的竞争和冲突，嘉靖年间，王直逐步吞并了其他海商集团，成为东南沿海一带的海商领袖，并于嘉靖三十一年（1552年）称王建制，公然对抗明政府，其控制的人数达十余万。天启年间，郑芝龙集团也逐渐吞并了其他海商集团，完全控制了东南沿海一带的走私贸易。

（2）管制所创造的租金为类国家组织的暴力投资提供了资金保障。对暴力的投资需要财富支撑，而财富则来源于暴力所支撑的活动的利润。Gambetta（1993）指出，具有国家特征的犯罪组织，依赖于“可交易商品的权利”，它们是“政府对合法交易禁止的结果”。相反，那些与“可交易商品的权利”无关的犯罪活动，如强奸，则不会形成组织。明代的海外贸易管制为非法贸易创造了租金，使亦商亦盗的海商集团的建立获得了足够的资金支持。嘉靖年间（1522～1567年）的王直集团、万历年间（1570～1560年）的林凤集团、天启、崇祯年间（1621～1644年）的郑芝龙集团都拥有强大的资本，特别是郑氏集团更有富可敌国之说。

私人对暴力的投资不可避免地影响到国家权力。首先，拥有暴力资源的类国家组织，会逐渐侵蚀国家有效统治的范围。如前文所提的郑芝龙集团，在天启（1621～1628年）年间完全控制了东南沿海的走私贸易，别的海商要从事海外贸易，必须经过郑氏集团的许可，并要缴纳一定数量的保护费，“海舰不得郑氏令旗，不能来往，每舶例入二千金，岁入以千万计”[②]，甚至整个福建的政治、军事也都受制于郑氏集团，“全闽兵马钱粮”，不领于明政府，而是“皆领于（郑）芝龙兄弟”[③]。国家作为保护和契约的第三方执行者的身份，已经让位于竞争性的类国家组织。

其次，贸易领域内的暴力活动也刺激起其他社会成员的暴力投资，形成更多依托于暴力的类国家组织。明代大量的海商集团，亦商亦盗，从事走私贸易，间或劫掠沿海居民，致使后者为了安全也要在暴力投资上进行跟进。

---

① 范表：《玩鹿亭稿》卷五，本专论转引自王毓铨（2000，第749页）。

② 林时对：《荷闸丛谈》卷四，本专论转引自夏蓓蓓（2002）。

③ 彭孙贻：《靖海志》卷一，本专论转引自夏蓓蓓（2002）。

冷东（2002）认为，嘉靖倭乱，加剧了潮州地区大村寨的建立。为对付倭寇的劫掠以及剿寇官兵的骚扰，乡民不得不置兵储粮，坚壁自守。“或一村筑一堡，或数村合一寨”，使潮州地区农村形成了一批人口高度密集的大聚落。这些大聚落以武力冲突解决彼此间的矛盾，同时拒绝向国家缴税，使国家对基层社会的控制力变弱，引起明末直至清代潮州地区地方一系列的宗族械斗、会党造反事件以及严重的税收拖欠现象，国家的有效统治范围在边缘上被分解。

随着类国家组织势力的强大，私人间的暴力冲突逐渐扩展到私人与国家之间。战争会耗费国家的军队和财富，降低其执行产权和契约的能力，同时巨大的财政支出通常会加重社会税收负担，激起基层社会的对抗，导致更多的类国家暴力组织产生。嘉靖年间，海商集团与国家间的公开对抗，酿成长达数十年的东南倭乱。这场战乱劳师糜饷，致使“官军吏民战及俘死者不下数十万……天下骚动，东南髓膏竭亦”[①]。为筹措战争经费，明政府向各地加派，致使人民负担增加，社会矛盾加剧，农民起义频发，这都为明政府统治的崩溃埋下了伏笔。明朝的灭亡尽管通常被归因于农民战争和外族入侵，但实际上它是一个长期自我积累的过程：贸易管制中的寻租和暴力冲突，不但降低了国家的行政、税收效率，而且侵蚀了国家的统治范围，使得国家的灭亡在边际上逐渐展开。这个过程会伴有社会秩序崩溃和人口、财富的毁灭，前期经济增长的成果遭到毁灭性的破坏。贸易管制条件下的私人与国家间的博弈在经历一段时间的经济增长之后，最终将国家、社会拖入灾难之中。

五、结　　论

明代海外贸易管制的历史经验表明经济史中无效率的产权制度如何导致潜在的经济增长不能实现。尽管私人可以利用监督的不足，对无效率的产权进行调整，但是这种调整需要正式制度的跟进，如果正式制度长期不能满足经济体中个体有关产权的需求，可能会导致严重的社会危机。在缺乏正式产权安排的条件下，私人为竞争有价资源所进行的持续的寻租和暴力活动，不但会造成人口和财富的损害，而且还会导致国家权力流失，威胁到国家的统

① 《弇州史料》卷十八，《倭志》，本专论转引自王毓铨（2000，第757页）。

治安全和社会稳定。当前，许多落后国家正在经历着由管制型经济向市场经济的过渡和转型，并且深受转型过程中的非法经济、黑社会泛滥、政府腐败、暴力冲突频发等现象的困扰，而这诸多不良现象也许与这些国家曾经或者正存在的经济管制不无关联。这种关联可能并不是直接的表面的，而是一个复杂系统长期演化的结果。

专论3 ZHUAN LUN SAN

资源禀赋、交易成本与企业形式：从明清江南纺织市场到当前温浙中小企业集群①

在当前以温浙模式为代表的中小企业集群现象中，我们观察到企业被市场分解的过程，亚当·斯密笔下的拥有48道工序的制针企业被分解成了众多的生产环节重新回到市场。仅温州的铝印章生产就包括十几个生产环节分散于800多企业中。尽管关于温浙模式中组织创新与制度创新的文献层出不穷，但是对经济史的简单回顾却可以发现明清江南纺织市场的组织形式与当前的温浙模式有惊人的相似。这种相似只是一种巧合还是具有内在的联系？为什么在这两个时空区域中社会分工要通过市场连接小企业的组织形式来完成而不是在亚当·斯密的古典企业中进行？本专论试图从一个较长的时间跨度中阐述资源禀赋与企业形式的关系，认为当市场的扩展能为分工提供广阔空间的时候，由市场连接小企业的分工模式和组织形式是劳动密集型经济的一种理性选择。明清时的江南和当前的温浙一带（从地理区域来讲，后者属于前者的范围），都面临着严重的物质资源（资本）约束，在自由、竞争的条件下，生产组织的调整不可避免地要体现出对稀缺资源的节约，而相应的时空区域里，相对自由的贸易环境下，来自外部的交易成本的变化恰巧支持了这种高效、节约的组织形式的出现。事实上，当市场之手不被无情掐断的

① 本专论发表于《制度经济学研究》2005年第9辑。

时候，资源禀赋和企业形式间的一致性总是能够表现出来，哈耶克所谓的自发秩序的生成过程由此被展示出来。

一、明清江南的资源禀赋与企业形式

在一个自由、竞争、开放的经济中，社会生产会自发的集中到拥有比较优势的产业区段，技术创新和组织调整也必然指向对稀缺要素的节约。明清时期的江南地区，劳动力充足而物质资源严重不足，技术的劳动密集度相应提高，正如麦耶斯在考察晚期中华帝国的市场和资源交易时发现的那样，大量的生产、运输和交换活动主要依靠劳动完成，通过用劳动来替代稀缺的资源，中国人能够“弥补其他一些资源，如木材、煤炭及良田的不足”（麦耶斯，2003）。与这种技术特征相适应的组织形式则是由市场连接起来的小企业生产，资源禀赋、技术选择与生产组织形式的关联在明清江南纺织业的放料制生产中得以充分体现。

嘉靖、万历之后，江南纺织业（主要包括棉织业和丝织业）发展迅速[①]，纺织品生产的商业性特征明显。吴承明在考察明清全国长程贸易商品结构时指出由明至清棉布已取代食盐，成为最大宗的工业商品。由江南每年输往全国的棉布，明代后期约为1 500万~2 000万批，清代中期（鸦片战争前）则增长为4 000万批（吴承明，1985，259~263页），作为江南棉纺织中心的松江因此有“衣被天下”之说。

商品化生产促进了纺织业的社会分工和专业化。一方面，纺织业作为一种独立的产业从农业中分离出来。另一方面，纺织品生产中的各主要工序相互分离，各自变成专门的生产部门。清代中期，南京的丝织业中不但纺丝、练染、织造等主要工序已经相互分离，而且挑花、牵边等次一级工序也独立开来，并形成各自的行会（许涤新、吴承明，2003，第371~374页），各种工匠甚至连求雇地点也相互分开（范金民、金文，1995，第219页）。棉纺织业中，纺和织两大工序分离，并于明中期后形成了地区间的专业化，松江成为织业中心，而周围的金山、海盐则专门从事纺纱。从城乡格局来看，集中在城市的生产环节主要是染色和踹压。明代松江一带已经出现踹坊和染

---

① 李伯重将嘉靖中后期的1550年至鸦片战争后的1850年间的300年界定为江南早期工业化的时期。本专论所指的明清江南纺织市场仅限于这一时期（李伯重，2000）。

坊，清康熙中叶后，二者逐渐分离开来。

高度发展的分工和专业化导致了明清江南纺织业中生产组织的调整和改变。科斯认为，市场和企业是承载专业化和分工的两种基本形式。二者随着交易费用的改变而相互替代。明清江南纺织业以“放料制”生产的形式推进了生产销售的市场专业化，而以企业为载体的纵向的一体化却没有得到发展。清代中期以后虽然也有少量手工工场出现，但一般规模较小，不具有代表性。商人支配生产的放料制在丝织业中最为典型。清代以后，称作账房的包买商基本上支配苏、宁、杭等大城市及镇江等中等城市的丝织业。账房通过放料领织来控制原料分配、产品销售两个终点，其间则对产品实行质量检验，而直接生产则由大小机户，即小作坊主承担。在机户交货时，账房要进行严格的质量验收，称为“仇货”。通过这种方式，账房把丝织业的主要工序全部控制起来，成为全部生产过程的中心。众多的小作坊主不再独立的面对产品市场上的价格机制及市场信息，而更像是使用自己的机器在家中生产的计件工人。从这个意义上讲，放料制从表面上看起来类似于一个松散的纵向一体化的科层企业，不同的是，在放料制生产中，生产要素是依靠价格机制组织在一起的，而不是如科斯所说的“服从于某个企业家的命令”。在棉纺织业中，放料制生产出现在棉布加工业，由“字号”（或称“布号”、“布局”）控制踹房、染坊以及相关工匠，形成相对稳定的产销网络。清前期，苏州踹坊众多，每个踹坊有几十人利用踹坊主提供的设备在同一场所集体劳动。如雍正八年（1730年）李卫指出：“现在细查苏州阊门外一带，充包头者，共有三百四十余人，设立踹坊四百五十余处。每坊客匠各数十人不等，查其踹石已有一万九百余块，人数称是。”① 但是，踹坊并不能算做独立的手工工场，原因是踹匠的工资由布号按踹布匹数发放，踹坊包头只是布号的工资发放人和场所、设备出租人。连接布号、踹坊、踹匠的仍然是价格机制，而不是某个企业家的命令、协调和组织。

一个科斯意义上的企业应该是“价格机制的替代物”，即通过契约允许“某个权威”来支配资源。在这个契约安排下，“生产要素为获得一定报酬同意在一定限度内服从企业家的指挥”，“一系列的契约被一个契约替代”（Coase，1937）。张五常则指出企业无非是以要素市场的合约代替产品的合

① 载于《雍正朱批谕旨》，第八册，第4515页，台北，文海出版社，1965年影印本。

约，而且要素市场的合约和产品的合约并没有什么特别的不同，企业和市场间不存在明显的边界，结果陷入了不"不知企业为何物"的困惑中（张五常，2003）。科斯定义的企业合约显然有别于一般产品市场上的合约，这种区别主要表现在企业合约中只陈述要素供给的范围，而将如何完成这种供给的细节作为购买者（企业家）可在签约以后行使的权力，雇主和雇员间法律关系的实质是"指挥"（Coase，1937）。商人从机户手中购买棉布或从踹坊、染坊购买踹染服务，不存在对生产细节的控制。即使包买商可以事先定做，但这只是说他可以在事前给出各种要求的细节，并以此作为交货查验的依据，并不意味着他有权干预生产过程的细节。相反，如果商人在事先不能说明生产细节的情况下，购买或租赁包括劳动力在内的各种生产要素，只讲定工人的工作条件和工资，而保留对生产细节的指挥和控制，则一个科斯意义上的企业就出现了。这就是与放料制相对应的手工工场制。

江南纺织业中的放料制生产没有向手工工场制发展通常被认为是现代资本主义没有最终在中国发生的原因。徐新吾认为，与手工工场相比，放料制"很难促进生产工具的改革、抑制着手工工场的出现"（徐新吾，1999，第164页）。李伯重则结合江南资源禀赋的特征指出，在资源严重短缺的约束条件下，独立经营的手工小作坊是江南经济发展的最佳企业形式，与集中生产的手工工场相比，放料制生产更具经济上的优势（李伯重，2000，第490页）。

放料制与资源短缺条件下劳动密集型的技术选择相适应。如前所述，在自由、竞争的条件下，社会生产技术的选择应该能够反映要素的相对价格，一个社会的技术水平，在更大的程度上取决于既定要素价格水平下各种技术的相对成本比较，而不仅仅是发明、创造。江南重要资源的缺乏，特别是煤、铁、建筑材料、水力资源的缺乏，使使用机器的成本变得极其高昂。机器即使能够发明出来，也得不到应用和推广，因此和机器、厂房相联系的工场制与分散生产的放料制相比显然不具有比较优势。

明清时期江南本地煤铁矿产缺乏，所需铁大多从福建、广东、湖南等地购进，在前现代的交通、运输条件下，不但成本高，而且数量也无法满足随经济增长而不断扩大的市场需求。对于铁和铜等贱金属的稀缺，明清的许多文献中都有反映。如《武林梵志》（1780年）卷四记载元末张士诚起义时，将杭州普明寺的铁佛融毁了制作兵器。《云居圣水寺志》（1773年）卷二记载明正统年间政府曾没收佛寺、道观中的铜像及其他金属制品用来制作对抗蒙古的兵器。由于铁的稀缺，“不仅用铁多的机械与机器十分罕见，就是用铁稍多的工具部件，如纺车上的铁纺锭、舂具上的铁碓头等，实际使用都不多”（李伯重，2000，第476）。缺铁从根本上限制了江南科技专家的发明在实际生产中的应用。元代发明的水转大纺车是世界上最早的水利纺织机，已具备了近代机器的基本特征。但是这种复杂机器的制作要求使用大量的金属部件，如果代之以木质材料，则不但无法保证精确度，而且极易损坏，同时由于运转阻力太大，工作效率也会大大降低。铁以及推动水转大纺车转动的水力资源的缺乏使这种号称“阿克莱水利纺织机发明出来前世界纺织工具史上最伟大的技术成就”的机器在江南纺织业中不能得到应用和推广（李伯重，2000，第496页）。众所周知，水力和机器在纺织业中的应用是英国工业革命的重要内容，明清江南纺织业恰巧就在这两方面上受到资源的约束。

另外，建筑材料的缺乏也限制了江南纺织业中手工工场的发展。明清时期江南所产砖瓦石料无法满足本地需求，因而价格昂贵，木材也是主要依赖外地输入，木价不断上涨。乾隆年间的《钱塘县志》卷七记载“远市之居，除缙绅豪室外，不论房屋单舍，木材具细弱不堪，江东之椽，可以为柱”。建筑可容纳多人共同劳动的厂房和仓库，成本极其高昂。

与物质资源的缺乏相对立的是江南地区人力资源的丰富。江南人口密度一直居世界之首，英国直到工业革命前夕的1750年，尚不足江南明末的9%和清代中期的5%（李伯重，2000，第485页）。同时，江南劳动力的素质也明显的高于同时期的其他地区。纺织业长期发展中的技术外溢使江南的劳动力能够在耳濡目染中便利的获得技能培训，从而成为“人劳而工敏”的熟练劳工。

资源禀赋特征使江南地区在技术的选择上倾向于增加劳动消耗而节约其他稀缺的物质要素，与此相适应的组织形式则是市场连接小企业形成的稳定契约束。科斯认为企业存在的原因是因为“使用价格机制是有成本的”（科斯，2003），张五常进一步将使用价格机制的成本分解成三部分：谈判费用、信息费用和衡量成本（张五常，2003）。因为市场的高度竞争可以有效的节约前两种费用，企业始终存在的原因更大程度上在于衡量各种生产要素的贡献的成本太高。当各种生产要素的贡献不可能有效的区分开来时，企业形式就成为必要。一个由多个工人协作共同完成的生产环节，由于每个工人的相对贡献很难分开，以企业内的监督和裁定来代替对个人贡献的衡量，便可以节约交易成本。使用大型机器的生产活动，即使采用计件工资，由于工人和机器的贡献难以区分，也必须置于企业的监督和裁定之下。巴泽尔从产权的属性上论述了企业存在的必要。企业在一定时期内购买的生产要素，实际上是由多种属性构成的。某些属性由于难以衡量和界定而成为公共属性，它们会像共同财产一样被滥用。如某台需要几个人共同操作的大型机器，其易损坏属性就会成为公共属性，在没有对个人行为进行约束的情况下，工人小心操作和仔细维护机器的激励就会减少。在这样的情况下，生产要素被企业这样一个集权组织所拥有是必需的（巴泽尔，1997，第65页）。

江南纺织市场的组织形式与其生产的劳动密集型特征相吻合。由商人支配的各个生产环节，分散于不同的家庭作坊中，以适合家庭操作的小型工具完成，商人和作坊之间实际上是一种计件工资契约。在这样的契约形式下，科斯所谓的“使用价格机制的成本”得到降低。首先，江南纺织市场存在众多的小生产者，类似于一个完全竞争的市场，这样的市场上发现价格及谈判的费用很低；其次，一个业务熟练的账房，对原料、成品质量及二者间的投入产出比例的精通是必需的，这使得有关产品的信息可以低成本的获得；另外，也是最主要的，由于缺少需要共同操作的大型机器设备，生产在家庭作坊内以机户的自有工具完成，使对生产要素的贡献的区分成为不必要，产品数量、质量可以方便的成为替代的衡量标准。在这样的情况下，巴泽尔笔下的“公共财产”的“攫取”问题就不会存在，因而就不需要科层企业组织。与此相反，在资本密集度更高的采矿业，由于冶炼中大型工具的使用，生产则以企业的形式来组织，如明代地方志记载广东韶惠等处山区的铁矿冶炼中“每炉聚集二三百人”①。皖南山区的铁矿中，“扇者、看者、上矿者、取钩矿砂者、炼生者，各有其任，昼夜番换，得四五十人”②。

威廉姆森从资产专用性的角度解释了企业存在的原因。所谓资产的专用性，就是指对已经投入生产过程的资产进行再配置的难易程度（Williamson，1985）。资产的专用性越强，缔约后违约的风险越大，交易双方出于降低风险的考虑，以企业的形式合作的可能性越大。大型设备与容纳它的厂房，相

① 嘉靖《广东通志初稿》卷三十。

② 嘉靖《徽州府志》卷七。

对而言，具有更强的专用性，因此使用大型设备的生产活动，通常需要集中在企业内进行，如张五常所言："使用重型机器的计件工作趋向于在工厂里生产。这样的机器不适于家庭，对孩子是危险的，且需要及时修理；它也很昂贵，没有多少家庭工人愿意在没有得到长期使用保证时投资于它。"（张五常，2003）江南纺织业中生产设备和厂房的缺乏，在一定程度上可以降低由资产专用性带来的缔约后风险。

二、来自外部的交易成本的影响

从理论上讲，在自由、竞争的条件下，社会生产的技术水平、组织形式与该经济体内的资源禀赋状况应该具有一种内在一致性。而现实世界中这种一致性能否实现，则取决于外部交易成本是否能够有效降低。当外部交易费用过高时，企业就会偏离它在自由竞争条件下的最适度规模。这种偏离具有双重含义，一是静态意义上的，即企业规模与既定资源禀赋的不吻合，如斯蒂格勒曾指出政府的管制价格会导致一体化的倾向（Stigler，1951），盛洪也指出计划经济会刺激起低级的纵向一体化冲动（盛洪，1992，第243页）；一是动态意义上的，即企业的规模不能随着资源禀赋的改变而及时调整。

商人控制生产的组织形式，可以被看作是既定的资源禀赋条件下明清江南纺织工业发展的最佳企业形式。因为相对于众多的机主独立面对产品市场而言，它节约了使用价格机制的费用，与科层企业组织相比，它又节约了代理费用。张五常将这种交易费用的降低归因于计件工资契约的性质，似乎并不全面。计件工资契约，如他自己所言，同样"传递着价格信号"，因此并不能免除利用价格机制的费用（张五常，2003）。总的交易费用的降低与其说是由计件工资契约的性质决定的，不如说是由契约的稳定性和长期性决定的。明清时期，法律制度及其执行状况带来了市场交易费用的降低，有效的支持了放料制下长期契约的存在。

设备的专用性，人力资源的专用性，由资产专用性导致的缔约后机会主义总是普遍存在。为抑制缔约后的机会主义，纵向一体化成为重要的选择，但不是惟一的选择，长期契约也可以起到同样的作用。在资产专用性既定的前提下，生产环节是通过市场契约连接还是纳入科层企业中进行，取决于特定制度下两种组织方式的交易成本的比较，即利用价格机制费用，包括交易前的谈判费用、信息费用和衡量费用以及交易后抑制机会主义的费用，与利用企业组织时的决策费用、管理费用、监督费用的比较。

降低交易成本、维持长期契约的主要机制是法律和信誉。所谓信誉，就是交易者出于长期利益的考虑而放弃短期的机会主义，它通过断绝往来的暗示由市场自我执行。信誉机制的建立有赖于交易者对未来收益的预期及市场上是否存在众多的竞争者使断绝往来成为可能，因此从根本上仍取决于法律制度是否能够有效的保护产权和契约、鼓励竞争。

明清时期尽管在历史中留下了重农抑末的深刻印象，但国家除了垄断盐、铁、茶叶等重要商品的贸易，实际上对商业的干预并不多，从而能够"为私人业主制造一个相当有利的经济环境"（麦耶斯，2003）。国家统一、交通改善带来了市场扩大、交易费用降低，另外，随着商业繁荣和经济发展不断完善的法律制度在保护产权和竞争方面也发挥了重要的作用。

在清代，法律制度进一步完善，不仅《大清律例》等国家正式法典在审判活动中得到严格遵守，而且成案、习惯法等也成为司法判决的重要依据，在具体的司法运作中，各级审判机关也基本上能够认真仔细的审理案件（何勤华，2001）。邱澎生列举了大量的案例来说明清代前期苏州棉纺织业中法律制度对放料制生产中交易成本变动的影响，认为清代苏州本地官员能够利用在各种商业讼案中积累的经验，发展出更能变通的法律技术，通过有效的调整现有的法律制度，使既有法条适用各种特殊案例，形成法律与经济的互动，有效降低了与放料制相关的长期契约的交易成本（邱彭生，2004，第66~94页）。例如：

1. 法律对竞争的保护。以嘉靖二十五年（1820年）苏州一些踹坊主人"私议随牌领踹"引发的讼案为例。当时一些踹坊欲按委托加工的不同棉布字号商标（"牌"），私自划分承踹契约的业务范围，建立一种行业"卡特尔"，布号商人因此上告官府，官府受理后判决商人胜诉。这是字号商人通过司法途径阻止踹坊窜谋维护公平竞争的一个典型案例，并作为成案为以后的类似讼案提供了判例示范。道光十四年（1834年）的一份类似判决显示官员在判决中依据了《大清律例》中禁止"把持行市"的律条，并且以"类推"的方式来补充"法条适用"，以时人较为熟悉的"退佃另招"类推尚无明确法令规定的踹坊、布号争议，满足了放料制生产对法律的需求。道光十四年的这份政府判决摘录如下：

"查，坊户向号揽踹布匹，是犹佃户向业揽种田亩。佃户拖欠租籽，尚得退佃另招；坊户踹不光明，岂竟不能更换。任其把持垄断，殊非平允……自示之后，务各遵现定章程，听号择坊发踹。则其揣踏光明，又无勒节情弊，即行照旧交踹，不得无端更换，致力作平民，失其生计。设有领布积压、不能克期交号，及灰黯不能行销，准号另择发踹，不准借折把持。”（苏州博物馆，1981，第 81～82 页）

2. 法律对商标的保护。顺治十六年（1659 年）的《苏松两府为禁布牙假冒字号告示碑》上记载了江苏布政使针对商标侵权问题向松江府下达的公文。摘录如下：

“本司查，看得苏松等郡布业甚繁，但货有精粗、长短之不齐，惟各立字号以分别。故从前盛行之字号，可以租价、顶售……乃有射利之途，并不自立字号，觊觎他人字号盛行之时，或以字音相同，或以音同字异，窃冒垄断，以伪乱真，起衅生非，病累商民。是以顺治十六年间，及康熙四十二年，有假冒‘三阳’……行后碑禁。今经三十余载，日久禁驰。”（上海博物馆，1980，第 86 页）

这份公文从三个方面反映出清政府有关商标保护的法律制度：第一，商标的有偿转让，即“租价、顶售”已在政府的公文中明确提及，从而在司法体系中得到承认；第二，地方政府对商标保护的实际处理已经非常细致，“字音相同，音同字异”一律被界定为侵权；第三，确立的“参考前案”的判例制度，以顺治十六年、康熙四十二年的相关判例作为判决的重要依据。这样结合《大清律例》中“把持行市”的律条与前期判例，清政府在有关商标的纠纷中，提供了有效的法律制度，保护了商人的商标权。

法律对竞争和商标的保护，减少了放料制中交易的不确定性，降低了谈判、质量鉴定的成本，同时也有效的遏制了缔约后的机会主义行为，为长期契约提供了保障。与此相反，明清法律制度似乎没有显示出在降低企业组织成本方面的调整。与放料制相比，工场制具有更高的外部交易成本。需要指出的是，一个经济中资源禀赋并不是一成不变的，在零交易成本的假定下，要素相对价格的改变必然会导致技术结构和生产组织形式的相应调整。但是，在现实世界中，这个调整的过程常常因为外部交易成本的存在而被大大的阻碍和延缓。从这个角度看，江南纺织市场放料制没有向工厂制的原因可以归结为两方面：一是区域内资源禀赋的提升速度十分缓慢；二是国家控制社会的方式延缓了组织形式对资源禀赋的跟进。

在早期工业化的过程中，江南地区资源禀赋结构在逐渐提升，表现为劳动力价格持续上升（李伯重，2000，417～435页），商人资本积累不断增加[①]，但是在前现代背景下，这个提升过程仍然是十分缓慢的。首先，交通运输状况制约着不同地区间资源的交流，使价格机制的传导作用被大大降低，在现代交通工具出现之前，民间素有"百里不贩柴，千里不贩粮"之说，江南地区资本积累的增加仍然无法有效弥补煤、铁、建材等稀缺资源的不足；其次，资本与资源之间的转换，不仅取决于区域内的需求状况，更取决于区域外的供应能力。由明至清，政府时常实行禁矿政策，以防聚众滋事，矿业发展十分缓慢；再次，明清政府长期实行海禁政策，不可能通过海外贸易改善资源结构。

在资源禀赋缓慢提升过程中，明清江南纺织市场的生产组织形式也在随之演进，如明代张翰撰写的《松窗梦语》中记载了其先人在几十年的时间里由白金一锭织机一张发展成资本数万金织机二十余张的情况，其生产规模显然已超出了一般的家庭作坊。但明清纺织业中手工工场的发展毕竟没有成为一种普遍的趋势，生产组织的调整较于资源禀赋的调整似乎更为缓慢，究其原因，当与明清国家控制社会的方式密切相关。

明清王朝的统治者将维持政权的稳定和统一作为首要的甚至是惟一的目标，并建立一系列复杂的制度安排来保障其统治目标的实现。这些以维持社会稳定、加强国家对社会的有效控制为目的的制度从长期来看对纺织业中工场制的发展起了抑制和延缓作用。

1. 抑制兼并。明清的统治者采取严厉措施抑制土地兼并，并将这种统治思维由农业顺延至工商业，试图在工商业中维持一种类似农业的低水平稳定。清陈作霖著《凤麓小志》描述南京丝织业时，提及"旧制一户所领之机不得逾百张，以抑兼并，过则有罚"。这种政策后虽松弛，但是对稳定的强调始终贯穿于明清帝国的统治中。如前举道光十四年苏州商号与踹坊的冲突中，政府除了判决踹方不得"把持垄断"商号有权"择坊发踹"外，还特别指出要保障弱势群体的利益，不使"力作平民，失其生计"，体现了法律在

① 明后期大商人资本不过50万～100万两，而清代资本超过千万两的商人大有人在（许涤新、吴承明，2003，第108页）。

保护竞争与维持稳定间的矛盾。在这样的背景之下，商号对机户、机户与机户间的兼并肯定会受到抑制，而商人兼并机户正是放料制向工场制转变的重要途径。

2. 保甲制度。保甲制正式建立于北宋王安石变法，明洪武年间开始在江南实行，后推广到全国。保甲制采取甲内互保、奖励举报、惩罚藏匿的方式，将连带责任扩展成一种一定范围内的集体惩罚，“一家有事，九家连坐”，使社会成员有激励互相监督，从而使政府降低管理、控制社会的成本。有学者认为明清政府能够在前现代的技术条件下以有限的官员维持国家的大一统和社会的稳定，保甲制发挥了重要的作用（张维迎、邓峰，2003）。随着商业的发展，主要针对农村设计的保甲制被引入城市人口管理中，康熙年间，政府对踹坊实行保甲制，踹匠犯罪，包头负连带责任。由于踹匠多为外地流民，难以管束，加上连带责任范围过广，从赌博、偷盗到集会、结社、罢工，踹坊经营中存在极大的不确定性，其法律责任超出了一般字号商人所能承受的能力，故商人多不敢涉足这一领域。

三、温浙中小企业集群：对经济史的现实印证

温浙中小企业集群似乎在一定程度上复制了明清江南纺织市场的组织形式，为动态的观察企业形式对资源禀赋的跟进提供了一个良好的模拟试验场景。主要表现在：第一，温浙一带为计划经济时期的工业薄弱区，受计划经济遗留的干扰较小，改革开放之后，当地政府对经济的干预也较少，使资源禀赋和企业形式以类似自然演进的方式向前推进；第二，同福建、广东工业区不同，温浙一带工业发展的资金来源主要依赖于区域内的自我积累而不是外部注入，其资源禀赋和企业形式演进的层次和脉络更易被观察；第三，温浙一带的工业是从农村家庭副业开始的，在二十年的时间里逐渐由农业区过渡到全国著名的工业加工区，其资源禀赋和企业形式演化的初始条件更为确定。

近年来国内外学者从不同角度对温浙模式进行了探究。如费孝通最早将温州经济发展的特点概括成“小商品，大市场”（费孝通，1986），Parris（帕立斯）则特别关注温州模式演变中国家与社会之间界限的转变及二者之间关系的重新界定，专门研究了改革初期个体或家庭工业和商业企业在公有企业“挂户”及私营企业注册为集体企业的“戴红帽子”现象，并将其戏称为

“创造性的骗术”（Parris，1993）。陈建军还从资源禀赋与发展战略的关系上分析了江浙地区经济高速增长的原因，认为“1978年以后的江浙地区经济发展的成功与采取了和这一地区的资源禀赋相吻合，以发展劳动密集型产业为主的发展战略有关，而做到这一点，很大程度上是因为地方政府有了相当的经济决策权”（陈建军，2000，第27页）。由以上的研究可以得知：

1. 在温浙一带，工业化与全球化背景下的分工以市场连接小企业的方式进行，并形成小企业的集群，生产组织形式与明清江南纺织市场中的放料制相类似。挂户经营、企业间细致到极处的分工、遍布全国的购销网络似乎再现了放料制下的商号、机户、牙行间的运作及相互关系。如1980年温州市苍南县一乡村（金星大队）将家庭企业置于“金星大队文具厂”的牌子之下，对外统一厂名、银行账号、统一纳税、上缴管理费等，对内则分户生产，称为“挂户经营”，这种方式逐渐成为温浙一带最具代表性的生产组织形式（史晋川，2000，第115页）。改革前期被挂的“户”，主要是集体单位，目的是为规避当时条件下私营经济面临的制度障碍，到改革后期，“挂户经营”的目的成转变成对商标、牌号的利用，被挂的户更类似于棉纺织业中的“字号”，与字号不同的是这些被挂的号除了从事销售外，自己也设厂生产。

2. 在温浙的中小企业集群中，资源禀赋、技术水平和企业形式实现了一种内在的一致性。改革之初，温浙一带顺应其资源（本）短缺劳动密集的资源禀赋特征，利用其“人劳而工敏”的优势，发展了劳动密集型的加工业。由于技术水平低，生产设备主要为适合家庭操作的小型机器，将生产置于家庭或从家庭作坊扩展出来的小企业中，可以有效的节约度量要素贡献的成本，巴泽尔所谓的“公共属性”被滥用的情况也不会发生。另外，由于所产多处产品生命周期的最后阶段，生产和技术已经完全标准化，设备通用化，资产专用性差，较少存在所谓的“可挤占准租金”，因此通过纵向一体化组织防范缔约后机会主义的收益较小。与此同时，温浙地区发达的交通、密集的人口、便利的市场网络以及近乎完全竞争的市场结构，使利用价格机制的费用得到最大幅度的降低。这样的情况下，市场连接小企业的集群模式较之科层企业组织更为节约。

3. 温浙中小企业集群中，资源禀赋、技术水平及其企业形式间的内在一致性具有动态上的意义。在二十年的时间里，企业形式对资源禀赋调整的跟进可以通过产品—技术—企业规模的逐日提升而清晰可见。史晋川等人对温州某企业的调查报告中关于该企业成长路径的描述证实了这一点（史晋川，2000，第131～137页）。该企业于20世纪80年代初建立，最初为一家庭企业，随着销售收入的增加，20世纪90年代初横向联合许多小企业成立企业集团，但是这种联合只是一种松散的联合，小企业有偿使用集团的商标，但仍是独立的法人，保持生产、经营、销售的自主权，类似于放料制下商人对机户的控制。1994年后，为了控制核心产品的竞争力，主要是为了减少对品牌的"公共属性"的滥用，开始兼并一些对品牌依赖强的企业，形成纵向一体化的科层企业组织，同时仍保持对周边小企业字号式的松散控制。

4. 温浙中小企业集群的出现得益于外部交易成本的有效降低，主要是政府对经济管制的放松。当管制等外部干扰力量消失之后，生产要素会在看不见的手的引导下自发的向拥有比较优势的产业区段集中，并在生产组织形式上与之适应。帕立斯所谓的"创造性的骗术"反映了地方政府在财政、税收等获利因素的诱使下，有意识降低来自中央政策的干扰为私人经济创造更自由的空间的事实。由外部交易成本的降低所带来的企业形式对资源禀赋的回应在其他的小企业机群区内同样可见。如天津原有的国有自行车企业，在计划经济条件下，形成了大而全小而全的模式，企业的规模超出了科斯的均衡点。在市场条件下这些规模过大的企业不可避免地被分解，生产要素以更小的规模被组织起来，形成了自行车生产的小企业集群。温浙中小企业集群区和天津自行车加工集群区从两个相反的方向显示了在交易成本降低的情况下，企业形式对资源禀赋的趋近。

5. 温浙中小企业集群中，企业形式对资源禀赋调整的跟进过程也受到外部交易成本的阻碍，如金融制度的滞后在很大程度上影响着企业规模的确定。据调查，1998年温州市国有部门产值不到该地区总产值的6%，但其贷款却占合法金融机构贷款总额的80%左右，而占总产值90%的非国有部门所获得的贷款额却不到6%（史晋川，2002，第191页）。民营企业对资金的需求只有通过民间信贷解决，但民间信贷仍属制度上的灰色区域，不能获得正规的法律制度的保护，契约完全依赖于双方的谈判，因而交易成本过高。正如迈耶斯所言，在习惯法的引导下，中国始终存在一个更微观的有效的资源配置体系（麦耶斯，2003）。宗族、血缘、道德，一种基于传统的信任网络有效的节约了要素市场的交易成本。中国在不存在信贷市场和劳动力市场的情况下，民间从来没有消失过借贷、帮工等现象。但是这种基于习惯法的资源配置方式只能够承载小规模生产，在生产规模随资源禀赋提升而扩大的过程中，外部制度的阻滞作用越来越明显。家庭作坊式的小企业能否向市场意义的现代企业过渡，从根本上仍取决于外部制度的承载能力。

四、总结：一个哈耶克式的自发秩序模式

从明清江南纺织市场到当前温浙中小企业集群，在几百年的时间跨度中，我们观察到了资源禀赋、技术水平及企业形式之间的内在一致性。剔除掉战争、瘟疫、计划经济所导致的断点，当市场能够以一种相对自如的方式来配置资源的时候，这种一致性就会顽强不息的显示出来，呈现出一种哈耶克式的“自发秩序”或“扩展秩序”（哈耶克，2000）。

哈耶克的自发秩序具有两层含义：一是这个秩序是自发的，非人为设计的，但也是人类行为的产物，它融入了无数个体的分散知识；二是这个秩序是可以不断扩展的。一个经济作为一个复杂的系统，其内部的各种浑沌、随即现象在互动作用中，会自发的创造出秩序来，并通过人类知识的加工、积累和沉淀而不断的向外扩展。在这个过程之中，个体在看不见的手的引导下，会趋向于交易成本最低的制度选择。从这个意义上来审视自明清至今江南地区企业形式的演进，就会发现整个过程自始至终内生于经济体内部，是经济体内技术、组织和资源禀赋相互作用的结果。这个过程是自我生成的，而非人为的、构建的。

组织的演进、秩序的自我生成依赖于市场和竞争，有效率的组织存在的前提是市场之手不被无情掐断。明清江南纺织市场企业形式的演变，在一定程度上验证了哈耶克的一段话：“只要竞争没有在国家的帮助下或纵容下，蒙遭彻底的压制，那么一般来说竞争总是会发挥它的重要作用的，即使它发挥作用的速度比较缓慢。”（哈耶克，2003，第 155 页）明清江南纺织业中，在市场力量始终存在的前提下，尽管来自外部的交易成本阻碍和延缓了组织形式对资源禀赋调整的跟进，但是却没有从根本上阻断其发生。傅衣凌先生对鸦片战争前后中国资产阶级谱系的研究揭示了近代工业与早期工业化之间的承继关系。如清朝末年，北京帮设在南京采购的商号“郑源号”垄断了云锦市场，建立了自己的工厂——中兴源丝厂（傅衣凌，1989，第 184 ~ 187

页)。中国的近代工业不是鸦片战争之后引自外部，而是早期工业的积累和延续，是经济体内自我进化的结果。温浙模式在长期的战乱、计划经济之后，重新捡拾起市场主导下的社会发展线索，资源禀赋与企业形式间的一致性因此得以再次展示出来。

资源禀赋和企业形式间的吻合意味着组织的有效率，由于一个经济中资源禀赋并不是一成不变的，企业形式只有能够对资源禀赋的调整动态的跟进，才能保证其长期效率的存在。这取决于政府是否能够提供有效的制度来降低外部交易成本。要素相对价格的改变通过诱致组织的变迁来推动制度的整体变迁，人类社会制度变迁的动力因此可以被归结到要素丰缺程度的变化上。这种内动力驱动的制度变迁并不总是能够实现，受科学知识的局限，国家常常意识不到经济增长的作用，因此不能有意识地通过制度的调整来促进经济增长，甚至还会为了追求财富或维持统治的短期目标而破获长期经济增长，致使有效率的组织和制度不能出现。

组织和制度的演进是一个经济体的内生过程，社会的发展不可能由外部的某种规律来决定。一切外来的因素都是通过影响经济体内部的自我运作而发挥作用。因此，全球化与现代化之间没有必然的因果关系，全球化之于现代化的重要意义在于它将国家置于一个竞争的背景之中，使其在制度供给的过程中始终处于一种外在的压力和挑战之下，同时将生产要素的流动置于一个更广阔的空间和更快的速度之下，使现代化的过程可以在资源禀赋的快速提升中被更细致的观察到。

有效率的组织总是相对于一定的资源禀赋条件和一定的技术水平而言。“生产中规模经济的存在既不是大规模组织存在的必要条件，也不是它的充分条件”（巴泽尔，1997，第 64 页）。放料制被认为落后于工厂制，是因为参照了西方工业化成功国家的标准。但是每一个经济演进的路径不可能是相同的，在自由、竞争、开放的环境中，这种演化的路径会自我扩展出来。因此政府政策的意义不在于促进并购为获取规模效益而打造企业集团，也不在于建立制造业基地推动中小企业集群，而是在于始终如一地提供一系列对降低交易成本所必不可少的制度，来保障这种演化的路径不被人为地歪曲和误导。

专
论
4
ZHUAN LUN SI

社会权力结构调整与中国经济转轨的路径选择：基于经济学文献的分析①

一、引　言

制度与经济增长的关系，始终是新制度经济学研究的核心问题。在这一问题的理解上，存在着两种对立的观点：制度决定论和增长决定论。前者认为保护私人产权、限制政府权力的制度是长期经济增长的先决条件，离开了对私人产权的保护，投资缺乏激励，与经济增长密切相关的人力资本和物质资本的积累便不可能发生。这种观点可追溯到亚当·斯密和孟德鸠斯的早期古典自由主义思想，后经许多经济学家的阐述，如 North（1981）；Brennan and Buchannan（1980），Olson（1991）等，形成了“制度至关重要（Institution matters）”的基本命题。近期又出现了大量实证文献，如 Delong and Schleifer（1992）；Hall and Jones（1999），Acemoglu，Johnson and Robinson（2002，2005b）；Rodrik，Subramanian and Trebb（2002）Persson and Tabelllin（2003，2006）以及 Badhan（2005）等。后一种观点认为经济增长是由物质资本和人力资本的积累而启动的，好的制度是教育和财富增长的结果而不是其原因，其思想源头可追溯到亚里士多德。Lipset（1960）对此解释为受过教育的人更容易通过谈判和投票来解决冲突，在缺乏教育的社会中，制度不可能通过

① 本专论发表于《经济社会体制比较》2006 年第 31 期。发表时略有改动。

法庭和公民权的行使来安排。支持这一观点的近期实证文献主要有 Barro (1999)、Mulligan 等（2004）和 Glaeser 等（2004）。这一理论分歧，反映在国内理论界，则有分别以林毅夫和杨小凯为代表的“发展优先”和“宪政优先”之争。对制度与经济增长关系的不同理解，直接关系到转型国家改革路径的选择和认同：增长决定论可以导出自边际展开的渐进式变革思路，而制度决定论却要求必须将改革直接推向政治、经济制度的深层。转型国家在改革路径上的两难选择，在很大程度上与这种谁也无法说服谁的理论分歧有关。本专论所提出的问题是：这两种看似对立的观点，是否是像它们表面上显示的那样冲突？如果这两种观点存在着可以融合的地方，那融合点在哪里？从中国的历史和现实经验出发，我们能够找到的有效率的改革路径是什么？本专论沿着奥尔森、Acemoglu 等所提出的“权力分配”思路来探讨中国当代的改革路径选择，指出不管是增长优先还是制度优先，最终都要落实到社会权力结构的调整上来，当前的改革应该着眼与渐进式框架内的权力分配格局调整。

二、制度决定论和增长决定论对中国改革路径的不同理解

制度与经济增长关系的分歧反映在中国当代改革中，则有分别以杨小凯和林毅夫为代表的“宪政优先”和“发展优先”之争。前者认为中国经过20多年的渐进式改革制后，必须要将改革推向宪政层次，否则政治垄断下的经济转轨，会被内含的国家机会主义所劫持。不通过宪政改革来限制政府权力，非政府部门所创造的收益会被国家机会主义剥夺，从而使社会进入制度化的腐败，落后国家能通过模仿发达国家的技术和管理经验而获得短期的快速增长，但无法保证长期发展，相反，增加的财富会刺激和强化国家机会主义，使宪政改革成为不可能。社会最终会由于增长停滞、腐败、收入分配恶化等问题而陷入危机（Sachs、胡永泰、杨小凯，2003）。后者则强调了比较优势原则下的经济增长对好制度的诱致作用。林毅夫（2003）指出：宪政改革不是一个国家的经济增长的充分或必要条件。避免落后国家后发劣势的，不是共和宪政体制，而是正确的发展战略。后发国家的政府，只有确立了按比较优势来发展经济的战略思想，才能使资源禀赋结构不断提高，微观主体的经济力量得到快速提升。随着微观主体相对经济力量的提升，依法治来界定政府和各经济主体的权利和义务的需求就会越来越强，从而实现制度

的提升。

杨、林之争还表现在对一些具体问题的不同判断：

1. 关于俄罗斯和中国改革及绩效的判断问题。同大多数研究转轨的经济学家一样，林认为中国渐进式改革取得了比俄罗斯宪政改革更好的成效，经济在短期内获得了快速的增长，但杨却表达了对这种快速增长背后的国家机会主义隐患的忧虑。他将当前的改革同清末的洋务运动相比较，认为洋务运动也曾在短期取得很好的经济表现，但因为宪政滞后造成社会不公，激起下层人民的革命。相反，俄罗斯虽然经历了当前的经济困难，但已经扫清宪政上障碍，为未来的长期发展铺平了道路。中国在经历二十多年的渐进式改革之后，国家机会主义、官商勾结、制度性腐败、土地问题已经成为不可回避的事实，杨的忧患不无道理。但正如 Acemoglu and Robinson（2006）所指出的，政治制度的改革，并不必然会带来经济制度的改善，后者很可能会因为不同社会团体间的实际权力结构而形成制度粘性，在深入了解俄罗斯的社会权力结构及经济制度变迁之前，没有理由相信经过震荡疗法后的俄罗斯今后就一定能够踏上平稳发展的道路。

2. 关于乡镇企业的理解。包括林在内的众多国内外经济学家，如 Parris（1993）都曾经将乡镇企业视作是一种旧体制下的制度创新，并将中国20世纪80年代以后的经济增长部分的归因于乡镇企业的发展[①]。杨却将乡镇企业看成是国家机会主义的产物并具有继续强化国家机会主义的功能，它反映的不是制度创新，而是垄断的政治体制的落后。杨认为乡镇企业制度具有反效率的一面，“它歪曲了企业的地理分布，阻碍了有效的城市化，把资源从技术先进的大型国有企业重新分配到技术落后的地方企业……在自由企业企业制度下，许多乡镇企业可能被位于城市的、比城区的大型国有企业更有竞争力的大型私有企业所代替”。另外，杨举了大邱庄的例子来说明乡镇企业制度的反现代性：“乡镇企业，加上折衷的土地所有权改革方法和户籍制度，

① “乡镇企业既不是私有制，也不是国有制，产权不清晰。但无可否认，乡镇企业对20世纪80年代和90年代初的中国经济发展起了很大的作用。从出口来看，1987年乡镇企业的出口额占出口总额的比重只有11%，到1993年提高到35%。从雇佣劳动里的角度看，到1994年，乡镇企业雇佣劳动力1.2亿，比国有企业的1.1亿还多。”“在乡镇企业兴起的20世纪80年代初，思想意识形态以反对私有制为主流。乡镇企业在这种背景下生存，既能与当时的意识形态相容，又能推动经济发展，这就是进步……事实证明，在推动经济发展后，乡镇企业逐步私有化，因为意识形态对私有经济更能接受了……”（林毅夫，2003）。

产生了一个非常奇特的中国式封建制度，在这种制度下，地方政府官员的地方领土管辖权，司法和执法权，对土地的控制权，他们在党组织里的官位，成立企业的权利，筹集资金的权利，以及对乡镇企业的控制权是不可分割的，有点像中世纪欧洲的封建制度。大邱庄的例子表明了中国式类封建制度的特征。”尽管林的观点代表一种主流的看法，但大量的经验事实也表明杨的忧患并非空穴来风。从“带红帽子”[①] 开始的乡镇企业，作为中国既定政治经济体制下的渐进式变革的主要内容，确实潜伏下了许多弊端，这些制度沉疴，经过二十多年的积聚，当前已经日渐明显。正如杨小凯所忧虑的那样，乡镇企业与国家权力的非正常的组合，造就了基层社会的一些特殊的“类封建”或“类国家”组织，为国家在基层社会的治理埋下了危机。调查表明有大量的与大邱庄类似的组织存在于当前中国农村，特别是城乡结合地带，与土地征用、房屋拆迁、企业股权、非法暴力相关的集体上访事件层出不穷。于建嵘（2003）在湘南等地的调查表明，基层社会大量的黑势力组织，已经威胁到国家政权在乡村的合法统治，出现了杜赞奇所称的“国家权力的内卷化”，长此以往，基层社会会逐步的演变成国家权力的悬空地带，出现无政府状态的混乱局面。

3. 关于专制政府与税收水平。对于杨所忧虑的国家机会主义，林认为：“国家机会主义在任何社会中都不是毫无节制的，任何政权都需要人民的支持。19 世纪法国没有进行宪政改革，英国实施了共和国宪政制。然而法国的税收却远远低于英国，法国政府的权力虽没有共和体制的多党制制衡，但‘因怕人民造反而不敢征高税’。这正说明即使在中央集权国家，当权者也并非杀鸡取卵。”

本专论认为，税收水平不应该成为国家机会主义的指示指标。通过对中国明清王朝和 19 世纪早期法国财政制度的研究发现，专制政府和税收水平间存在着固有的联系，后者体现了专制政府财政制度内在的缺陷。首先，专制政府因惧怕人民造反，而实行轻徭薄赋的政策，但过低的税率可能会导致政府无法保证军事、交通、货币等公共品的供给，而后者之于社会稳定和经济发展都是必不可少的。Badhan（2005）认为在传统社会的工业过程中，银行起了催化剂的作用，而明清王朝受财政收入的限制，始终没有提供基于贵

---

① 指改革初期，私人企业挂靠在政府名下得以存在的现象。

金属的统一的铸币。其次，当税收收入不足以维持国家机器的运转时，各种非正规的加派、征敛就会产生，官僚的腐败和掠夺性会不断加强。再次，低税收政策之下，专制政府往往会通过出售官职、贵族身份等方式来增加财政收入，这些购买了身份、职位的人同时也获得税收优免权。他们经营土地的成本下降，因而有激励进行土地投资和兼并。在19世纪法国，免税的特权阶层从纳税农民手中买走了大片的农田，结果造成土地方面的过度投资和工商业投资的不足。国家只好颁布法令来控制资源在各部门间的流动，并为此目的设立臃肿的官僚机构来监督、执行有关的法令，使财政危机进一步恶化(霍夫曼、罗塔森尔，2003)。查瑞普和哈姆（2003）认为专制社会中“低税收—官员低薪—腐败”是一个用来加强统治者权力的复杂系统。官僚通过腐败来分享社会租金，通过对上级的贿赂来层层上传租金，弥补了低税收导致的统治者的收入不足，同时，租金分享加了官僚的忠诚感，使官僚不会起来反对统治者，更重要的是，腐败使官僚成为统治者的人质，统治者可以以腐败为借口随时处罚不与自己合作的官僚。

三、权力结构调整：制度决定论和增长决定论的融合

杨、林之争给人的判断是不管是增长优先观点还是宪政优先观点，都有其局限之处。在关于中国改革路径的选择上，上述两种观点似乎都难以作出令人信服的解释，也很难彼此说服。经济增长对好制度的诱致作用，的确不可或缺，但改革过程中产生的一系列难尽人意的现象，如腐败、收入差距扩大、黑社会组织泛起等也促使人们思索这种改革方式的内在缺陷。宪政制度，姑且承认其对长期经济增长的保障，但问题是好的宪政从哪里来？中国的历史经验表明，不管是大革命式的激进变革还是对西方制度的和平移植，都难以造就真正意义上的好制度。对于前者，不可忽视的事实是：在中国历史上反复上演的改朝换代，虽然付出了人口死亡、财富损害、土地荒芜等沉重的代价，但中国的制度结构并没有实质性的提升，以至于费正清认为，秦汉以来，中国的历史制度变迁存在着令人乏味的重复（费正清，2001）。对于后者，也必须要看到，任何制度的运转，都依赖于原环境中的共有知识，一个国家从外部移入的制度通常会遭遇到本土化之后的走形和失真，所谓“橘生淮南则为橘，橘生淮北则为枳”。Acemoglu，Johnson and Robinson(2002)关于殖民地制度与经济增长的实证研究似乎提供了一个制度决定经济增长的

有力证明：凡是白人居住多的殖民地，都接受了西方保护产权的好制度，并因此取得了好的增长绩效，而白人居住少的地方，则实行了掠夺性的制度，因而出现衰退。但接下来的问题是：白人的好制度从哪里来？为什么白人只有在没有原居民的地区才能移植他们的好制度？在原居民多的地区为什么制度就会走形？从理论上讲维持好制度和长期增长即使对进入的白人也是有利的。章元曾用一个比喻来描述 Acemoglu 等所说的殖民地制度建设：白人自己抱着鸡来，然后鸡生蛋、蛋生鸡，开始了好的制度循环（陆铭等，2005）。这里需要再追问一句：如果白人的鸡不是单养而是混入土著鸡群的话，那制度的演化又会呈现出什么模式？至少不会再是原汁原味的西方制度了。一个典型的反例是中国清末的宪政改革。在这场改革中，清政府曾试图全面模仿西方的宪政制度，设立两院，颁布宪法，但一切仅仅是流于形式，中国与现代国家仍然不可同日而语。

哈耶克曾提醒，一个经济体中的秩序演进，是一个自生自发的过程，外来的知识和力量只有通过影响经济体的内在机制才能对其秩序演进发挥作用（哈耶克，1997），而这个内在机制，按照奥尔森和 Acemoglu 等的理解，则是社会内在的权力结构，它预置了社会群体博弈的初始规则并规定了决定最后均衡的力量分配，作为社会规则的制度，就是这种博弈的结果。这也就是说，不管是制度变迁，还是经济增长，最终都是通过改变社会权力结构来影响社会演进的，如果不能引致权力结构的根本调整，表面的政治改革或者一定范围内的经济增长，都不能导向制度结构的根本提升和长期的繁荣与稳定。

权力，按照 Bazel（2001）的定义，即“施加成本的能力”，或者说，它是个体或团体获得其想要的制度的能力。从权力的角度来探讨制度与增长问题，这一思路最早是由奥尔森所提出来的。他将人类社会的发展归因于“在共容利益下使用权力”，并将其重要性等同于亚当·斯密的无形之手，认为只有统治者和臣民在权力的使用上存在共容利益时，社会才能走向繁荣和发展，国家的产生即为这只无形之手给人类的初次恩惠（Olsen，1991），但这种共容利益并不总是存在，在大多数情况下，统治者为了强化个人的权力，防止臣民造反，通常会对臣民进行严格的监督和管制，剥夺臣民的产权和自由，从而导致经济的衰退。坏制度和经济衰退的背后是关于权力的共容利益的丧失。

Acemoglu 近期的研究也侧重于从权力角度来看待制度和经济增长变化，以回答为什么好制度和好的增长绩效不能出现。在阐述制度与经济增长的关系时，早期的文献致力于将科斯定律扩展至政治领域，即证明当一项制度使一部分人获益而使另一部分人受损时，双方可以通过谈判来达成协议，由制度的获益者补偿受损者，有效率的制度因此可以实现。Gleaser 等（2004）人的研究基本上遵循了这一思路，“即使专制的统治者，也有动力通过实行好的制度来推进增长并分享收益”，这种思想在上世纪中国过渡经济学中很容易找到，如盛洪（1994）认为可以通过对旧体制的赎买来实现向新制度的过渡。Acemoglu（2003）用一个正式的模型证明了科斯定律在政治市场上不能存在，并将其原因归结到权力上：科斯定律发挥作用的前提是国家作为第三方来界定和执行产权，而政治市场上缺乏这种保证机制。统治者一旦丧失权力，便没有什么力量能保证臣民继续履约，预见到这一点，统治者便不会推行能带来经济增长但会威胁到其权力的改革。统治者对权力最大化的追求，使其在经济增长诱致下所主导的制度变革总是要局限在一定范围内。

统治者权力最大化下对旧制度的固守会使那些期望从制度变革中获利的集团的潜在利益落空，为此他们会寻求各种方式来改变现状，推动制度变迁，从而出现了各种制度企业家，最终的制度均衡取决于各集团的权力对比。Acemoglu, Johnson and Robinson（2005a）建立了一个静态的制度变迁模型，来阐述政治权力、制度（包括经济制度和政治制度）与经济增长的关系：一个社会的经济制度取决其政治权力分配状况。统治集团在不导致他们权力丧失的范围内供给经济制度，其他集团只有通过改变权力的分配状况才有可能改变经济制度。政治权力包含法定政治权力（de jure political power），即被社会政治制度所赋予的权力和实际政治权力（de facto political power），即通过造反、政变、抗议或游说、院外活动等实际行动获取的权力，它是该集团组织集体行动的能力以及所控制的经济资源的函数。现实中的经济制度状况取决于法定权力结构和实际权力结构共同决定的均衡。这也就说，经济增长和（政治）制度变革是通过分别改变实际政治权力结构和法定政治权力结构而影响到社会经济制度的变迁的。

从 Acemoglu 等提供的两个案例中可以体会到权力结构对制度变迁的影响。一个是关于大西洋贸易的案例：在 1500 ~ 1850 年之间，大西洋贸易促进了欧洲的兴起，这不是因为得自对外贸易的直接利益，而是因为贸易改变了权力的分配格局。16世纪初期，英国和荷兰的专制控制相对较弱，从事大西洋贸易的机会被赋予广泛的社会阶层，而在西班牙和葡萄牙，贸易权却一直被王室垄断。大西洋贸易为英国和荷兰造就了一个王室之外的富裕阶层，他们与国王存在利益上的冲突，要求限制王权保护私人财产的安全。财富使他们拥有实际的政治权力，1642年的英国内战和1688年的光荣革命中，富裕的商人、贵族都支付了大量的军费来支持议会打败国王，从而建立了限制王权的政治制度，并带来持续的经济增长。相反，西班牙和葡萄牙尽管也从事大西洋贸易，但贸易没有改变政治权力格局并引发制度变革，从而导致了后期的衰落（Acemoglu，Johnson and Robinson，2005b）。另一个案例是关于废除奴隶制后的美国南部诸州的。美国南部在废除奴隶制后，政治制度上的障碍已经扫清，但南部的经济制度却依旧维持在原有的状态，南部因此被长期的锁入到低经济增长中。Acemoglu 和 Robinson（2006）等建立了一个正式模型来解释为什么一个国家基本的政治制度发生变革，例如，从专制政体向民主政体转变之后，其基本的经济制度却可以保持不变。他们将这种制度粘性（Institutional Persistence）归因于法定政治权力背后的实际政治权力。由于一个国家经济制度的均衡是各集团实际政治权力和法定政治权力相互作用的结果，精英集团掌握有更多的资源和更强的组织集体行动的能力，能够对经济制度的均衡产生更大的影响，从而使有利于本集团的经济制度得以实施，即实际政治权力抵消了法定政治权力。

四、渐进式改革为什么重要？如何在渐进式改革中实现制度的提升？

如上所述，一个社会的制度演进和经济增长过程，从本质上来讲就是一个权力调整的过程，这个过程是缓慢的、积累的、内生的，与经济增长是同步的，需要在一个稳定的能保证经济活动正常运行的环境中实现。在内部权力结构没有根本变化之前，战争、大革命式的激进变革，带来的是通常是统治者的更替，而不是制度的提升。新政权稳定之后，制度又恢复到原有的状态中，中国历史上反复上演的王朝更替可以有利的证明这一点。新旧王朝相比，构成权力集团的个人发生了改变，但整个社会的权力结构却始终保持着“统治者（集团）+官僚机构+分散的小农”的模式。

社会权力结构的调整是通过两条途径来实现的：一是集团对权力的投资和竞争，自下而上地改变社会权力结构，如前文所提的大西洋贸易中的商人、贵族集团为了获取更多的法定政治权力而投资于议会；二是统治者自上而下地向社会各阶层来再分配权力，如英国1867～1884的政治改革，确立了一系列的政治制度和经济制度，包括选举权的扩大，使大多数社会成员能够制度性地获取政治权力；现代文官选拔制度的建立，通过考试的方式将参与政府工作的机会向全社会开放；现代义务教育制度的建立，使英国10岁儿童的入学率由1870年的40%上升到1890年的100%；现代转移支付制度的确立，包括医疗保险与失业保险制度，政府支付的养老金制度，最低工资制度，累进的具有再分配特征的税收制度等。这些制度赋予了社会公众普遍的权力再分配和收入再分配权力，传统意义上的“统治者”的概念被泛化，统治者和臣民身份的混同使得权力使用上的共容利益被持续地建立起来。

两种途径的社会权力结构调整都以经济增长为前提。对于第一种途径而言，集团投资权力的能力直接取决于其经济增长中所获取的财富，经济增长的绩效越好，集团可用于投资的资源越多，其拥有的实际权力也就越多，也就越有机会改变现有的政治、经济制度。对于第二种途径而言，经济增长的重要意义在于它可以改变统治者持有权力的成本收益函数，使统治者主动地进行权力的再分配。Acemoglu，Johnson and Robinson（2005a）发现，工业国的统治者与农业国的统治者相比，具有更高的权力再分配成本，更倾向于权力分散的政治制度，因为农业国可供再分配的资源主要是土地，统治者可以通过权力实施土地的国有化或者将其转移给亲属及追随者，土地作为一种生产要素，不会因为所有权的转变而丧失产出能力（尽管也受影响），而在一个以人力资本为最主要生产要素的工商业社会中，利用权力进行收入再分配的收益却大大降低。因为人力资本天然地属于其承载者的属性，使它们一旦被剥夺，就会被以偷懒的方式隐藏起来而不再带来产出（巴泽尔，1997；周其仁，1996）。同时，工业化也提高了统治者通过镇压维持权力的成本，因为，第一，共同劳动的工人更容易组织集体行动；第二，工业化使社会财富更依赖于人力资本，镇压会导致严重的人力资本破坏。这种权力持有上的成本收益变化，促使统治者进行政治改革，降低手中的权力存量，将其分配给社会公众。

从权力结构调整的角度看，能维持社会稳定和经济增长的渐进式改革对于社会制度提升和长期社会发展无疑是重要的，不可或缺的，但它们仅仅是实现这些目的的必要条件而不是充分条件。西方兴起的历史经验表明，只有分散获利机会下的经济增长才能带来权力结构的调整，也就是说，只有经济增长的机会被社会公众所普遍地分享而不是被旧制度下的既得利益集团所垄断的时候，增长才能导向新的权力分配格局，否则只能使原有的权力结构被进一步强化。如前文所引的大西洋贸易中的西班牙和葡萄牙的例子。另一个类似的例子是，中国清末以及民国之后出现的商业繁荣，同样也没有导向政治、经济制度的改善，而是由于国家权力对获利机会的垄断而滋生出独特的“官僚资本主义”。在这种制度下，统治者及其附属的精英阶层拥有向大众抽租的权力，并通过由垄断权而积累的财富来不断地强化这种权力。因此，一个社会如果将制度的提升寄希望于经济增长的诱致，则必须要将经济增长和普遍的获利机会联系在一起，牢记：诱致制度变迁的不是经济增长，而是增长过程中的权力结构调整。

经济增长、权力结构调整和社会制度变迁之间的关系可以用下面一个简单的图形表示（见图 1）：

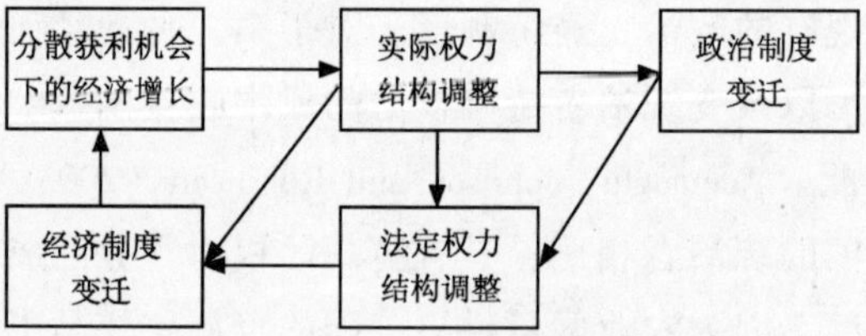

图 1　经济增长、权力结构调整与制度变迁

由图 1 可以更清楚地看出，一个国家深层次的制度变革，是实际权力结构和法定权力结构共同调整的结果，社会的发展和进步，必须依赖分散获利机会下的经济增长来推动。

五、结束语

尽管“制度与经济增长，谁决定谁”是经济学研究中的一个核心问题，但对这一问题的追问，很可能导向更严重的理论困惑，Acemoglu（2002，2005b）等人的解答，看似令人信服，但仔细推敲起来，就会发现其中的逻辑缺陷：大西洋贸易导致英国权力结构调整和政治、经济制度变迁，后者带来英国持续的经济增长，但大西洋贸易格局又是前期的政治、经济制度和权力结构所决定的，这使得他们笔下的历史演进落入了一种“鸡生蛋、蛋生鸡”的循环往复中。这是因为制度和技术是两个相对较大的谱系，其间存在着各种层级的制度类型和技术类型，不同制度和技术类型有着不同的匹配关系，笼统地说谁决定谁是不科学的（黄少安，2007）。因此，对制度与经济增长关系的探讨，必须要置于特定的历史背景中从既定的逻辑起点上开始。关于当代转轨国家改革路径的选择，与其纠缠于“宪政优先”还是“增长优先”的争论，不如立足本国的现实，探求一种有效的、可行的发展之路。事实上，中国近三十年的改革历程，就是一个在制度变迁和经济增长的互动中艰难前行的过程。经济增长和边际上展开的制度变革，共同改变着社会的权力结构，而后者，又从根本上决定着中国未来的发展路径。因此，不管是制度决定论，还是增长决定论，最后都要归结到社会权力结构的调整上来。

中国的经济转轨，举世瞩目，它不仅关系到13亿中国人民未来的福祉，而且肩负了为全世界探索一条成功的转轨之路的重任，对中国转轨路径的探讨，理所当然地成为了当代中国经济学研究中最重要的选题。在这一问题上，中国经济学家作出了自己的理论贡献，尽管他们观点有所分歧，但都体现了他们强烈的社会责任感和对中国的未来和命运的深切关怀。增长优先论和宪政优先论，代表了经济学家不同角度的思考，在揭示中国的转轨路径时，它们从来都不是对立的，而是从不同的角度指向了中国改革的深层问题。对这两种观点的融合，可以获得关于中国转轨之路的更全面的判断：第一，在中国的渐进式改革中，比刺激增长和调整发展战略更重要的是放松管制，打破重要行业的垄断，赋予社会各阶层以普遍的经济自由。第二，宪政改革并不等同于一个国家政治结构的实际变革，后者通常是从边际上展开，通过改变权力和收入在全社会间的再分配格局而最终完成。自由市场制度、义务教育制度和社会保障制度虽然看起来与宪政改革相差甚远，但是这些制度中隐含的向社会公众而不是少数权力所有者再分配财富的功能，本身就意味着政治结构的改善。因此，在政府主导的渐进式改革中，与其空谈宪政，不如从最基本的制度建设上开始。当一个国家的政府在自由市场、义务教育、社会保障等基本公共品的供给方面已经形成完善的制度并且能够保障它们的实施时，这个国家距离一个真正的宪政国家已经不远。

参考文献 CAN KAO WEN XIAN

1. Acemoglu, Daron and James Robinson, 2006, "De facto Political Power and Instituional Persistence", American Economic Association Papers and Proceedings, May.

2. Acemoglu, Daron, Simon Johnson and James Robinson, 2005a, "Institutions as the Fundamental Cause of Long - Run Growth", Handbook of Economic Growth (Philippe Aghion and Stephen Durlauf, eds., North Holland).

3. Acemoglu, Doron, Simon Johenson and James A. Robinson, 2002, "Reversal of Fortune: Geography and Institutions in the Making of the Modern World Income Distribution", Quarterly Journal of Economics, 118, 1231 - 1294.

4. Acemoglu, Doron, Simon Johnson and James A. Robinson, 2005, "The Rise of Europe: Atlantic Trade, Institutional Change and Economic Growth", American Economic Review, v. 95, June, 546 - 579.

5. Acemoglu, Daron, 2003, "Why Not A Political Coase Theorem? Social Conflict, Commitment and Politics", Journal of the Comparative Economic, Dec, v.31, 620 - 652.

6. Ades, A. and Glaeser, 1995, "Trade and Circuses: Explaining Urban Giants", Quarterly Journal of Economics, February.

7. Alchian, A.A., 1950, "Uncertainty, Evolution, and Economic Theory", Journal of Political Economy 58: 211 - 21.

8. Alesina, A. and R.Wacziarg, 1998, "Openness, Country Size and The Government", Journal of Public Economic, 69, 305 - 322, Semptember.

9. Alesina, A.and E.Spolaore, 1997, "On the number and Size of Nations", Quarterly Journal of Economics, 112, 1027 - 56, November.

10. Alesina, A. and E. Spolaore, 2003, *The Size of Nations*, MIT Press, Cambridge Mass.

11. Alston, L.J., G.D. Libecap and B. Mueller, 1999, "A Model of Rural Conflict: Violence and Land Reform Policy in Brazil", Environment and Development Economics, Cambridge: UK, 4: 135-160.

12. Badhan, 2005, "Institution Matters, But Which Ones?" In a symposium on institutions edited by Banerjee and Manerjee and Maitreesh Ghatak, Economics and Transition, July.

13. Bardhan. P, 2004, Scarcity, *Conflicts and Cooperation: Essays in Political and Institutional Economics of Development*, MIT Press, December.

14. Barro, Robert J., 1997, *The determinants of Economic Growth: A Cross - Country Empirical Study*, Cambridge; MIT Press.

15. Barro, Robert J., 1999, "The determinants of Democracy", Journal of Political Economy, 107, S158 - S183.

16. Barzel, Yoram, 1997, *Economic Analysis of Property Right*, 2nd ed. New York: Cambridge Press.

17. Bazel, Yoram, 2001, *A Theoty of the States: Economic Rights, Legal Rights, and the Scope of the States*, New York; Cambridge University Press.

18. Becker, Gary S., 1958, "Competition and Democracy", Journal of law and Economic, 1, 105 - 109.

19. Brennan, Geoffrey, and Buchanan, James M., *The Power to Tax: Analytical Foundations of a Fiscal Constitution*. Cambridge: Cambridge University Press.

20. Buchanan, J.M., Tollison, R.D. and Tullock, G. (eds) (12 - 14), 1962, *Toward a Theory of the Rent - seeking Society*, College Station: Texas A.&M. Uiversity Press.

21. Cheung, Steven N.S., 1969, *A theory of Share Tenancy*, Chicago: University of Chicago Press.

22. Cheung, Steven N.S., 1974, "A theory of Price Control", Journal of Law and Economics, April, 17, pp.53 - 71.

23. Chueng, Steven N.S, 1970, "The Structure of the Contract and the Theory

of Non - Exclisive Resourse." Journal of Law and Economics 13: 49 - 70.

24. Coase, Ronald H., 1937, "The Nature of the Firm", Economica, 3, 386 - 405.

25. Coase, Ronald H., 1960, "The Problem of Social Cost", Journal of Law and Economics, 3, 1 - 44.

26. Conrad, Alfred, and John Meryer, 1958, "The Economics of Slavery in the Antebellum South" *Journal of Politica l Economy* 66: 95 - 1301.

27. Delong, J. Bradford and Andrei Shleifer, 1993, "Princes and Merchants: European City Growth before the Industrial Revolution", Journal of law and Economics, 36, October, 671 - 702.

28. Demsetz, Harold, 1967, "Towards a Theory of Property Right", American Economic Rewiew, 57, 61 - 70.

29. Dimond, Jared, 1999, *Guns, Germs and Steel: The fates of Human societies*, New York and London, W. W. Norton & Company.

30. Elvin, Mark., 1973, *The Pattern of the Chinese Past*, Standford University Press.

31. Fogel, R. W., and S. Engerman (1974) *Time on the Cross: The Economics of American Negro Slavery*. New York: Little Brown and Company.

32. Friedman, David, 1977, "A Theory of the Size and Shape of Nations", Journal of Political Economy (Februry).

33. Gambetta, Diego, 1993, *The Sicilian Mafia*, Cambridge, MA: Harvard University Press.

34. Glaeser, Edward L., Rafael la Porta, Florencio Lopez - de - Silanes, and Andrei Shleifer, 2004, "Do Institution Cause Growth", Journal of Economic Growth9 (3): 271 - 303.

35. Godon, H. Scoot, 1954. "The Economics of a Common Property Resource; The Fishery", Journal of Political Economy, 62, no. 2: 124 - 42.

36. Grief, Avner, 1994, "Cultural Beliefs and the Organization of Society: A Historical and Theoretical Reflection on Collectivist and Individualist Societies", *The Journal of Political Economy*, vol. 102, No. 5 (October): pp. 912 - 50.

37. Grossman, Herschel I., 2000, "The Creation of Effective Property Rights",

NBER Working Paper No.7987.

38. Grossman, Herschel I., and Juan Mendoza, 2003, "Scarcity and Appropriative Competition", European Journal of Political Economy, Vol.19: 747 - 758.

39. Hall, Rober E and CharlesI. Jones. 1999. "Why do some countries Produce so Much More Output per Worker than Others? Quarterly Journal of Economics, 114 (1): 83 - 116.

40. Hamlin, A.P., 1991, " Procedural Individualism and Outcome Liberalism", In F.A. Hayek: Critical Assessments, ed, by J.C Wood and R.N. Woods Routledge, Vol. Ⅳ, p.19.

41. Henry, D., 1980, "Econometrics: Alchemy or Science?", *Economica*, Vol.47 (Nov), 387 - 406.

42. Huntington, Ellsworth, 2003, *Civilization and Climates*, University Press of the Pacific.

43. Jones, Charles I., 1997, "Population and Ideas: A theory of Endogenous Growth", NBER Working Paper # 6285.

44. Keynes, J.M., 1939, "Professor Tinbergen's Method", *Economic Journal*, Vol. 49, No.195 (Sep).

45. Knight, Frank H. 1924, "Some Fallacies in the Interpretation of Social Cost", Quarterly Journal of Economics, 38, no.7: 582 - 606.

46. Kristen Parris (帕立斯), 1993, "Local Initiative and Reform: The Wenzhou Model of Development", The China Quarterly (NO.134, June).

47. Krueger, Anne P. 1974, "The Political Economy of a Rent - seeking Society", American Economic Review, 64: 291 - 303.

48. Leff, Nathaniel.1964, " Economic Development through Bureaucratic Corruption." American Behavioral Scientist, 8: 8 - 14.

49. Lin, J.Y., 1995, "The Needham Puzzel: Why the Industrial Revolution Did Not Originate in China?" Economic Development and Cultural Change, 41: 269 - 92.

50. Lin, J.Y., "Rural Reforms and Agricultural Growth in China", American Economic Review, 82: 34 - 51.

51. Lin, J.Y., 1990, "Collectivization and China's Agricultural Crisis in 1959

- 1960", Journal of Political Economy, 98: 1228 - 1254.

52. Maddison, Angus, 1998, Chinese Economic Performance in the Long Run, OECD.

53. McArther, John W., and Jeffrey D. Sachs, 2001, "Comments on Acemoglu, Johnson and Robinson", 2002, NBER Working Paper No.8114.

54. McEveday, Colin and Richard Jones, 1978, *Atlas of World Population History*, New York, Facts on Files.

55. Michel Zouboulakis, 2005, "On the Evolutionary Character of North's Idea of Institutional Change", *Journal of Institutional Economics*, Vol 1, Issue 02, Dec, pp.139 - 153. 译文载于黄少安主编：《制度经济学》，第13辑，译者为李游游、王芳芳。

56. North D.C., and B. R. Weingast, 1989. "Constitutions and Commitment: Evolution of Institutions Governing Public Choice", *Journal of Economic History* XLIX, (December), 803 - 32.

57. North Douglass C. and Robert P. Thomas, 1973, *The rise of the Western World: A New Economic history*, Cambridge University Press, Cambridge UK.

58. North Douglass C., 1981, *Structure and Change in Economic History*, New York, W.W. Norton & Co.

59. North, Douglass C., 1990, *Institutions, Institutional Change, and Economic Performance*, Cambidge University Press.

60. North, D. C., John Joseph Wallis, and Barry R. Weingast, 2006, "A Conceptual Framework for Interpreting Recorded Human History", *NBER Working Paper No*.12795.

61. North, Douglass C, 1968, "Sources of productivity change in ocean shipping 1600 - 1850", *Journal of Economic Political Economy*, Vol. 76, pp.953 - 970.

62. Oates, Wallace E., 1972, *Fiscal Federalism*, New York: Harcourt, Brace Jovanovich.

63. Olive E.Williamson, 1985, *The Economic Institutions of Capitalism*, The Free Press.

64. Olsen, Mancur, 2000, *Power and Property: Outgrowing Communist and Capitalist Dictatorships*, Basic Book, New York.

65. Olson, Mancur, 1991, "Autocracy, Democracy, and Prosperity." In Richard Zeckhauser, ed., Strategy of Choice. Cambridge, Mass.: MIT Press.

66. Parker, William, 1971, "From Old to New to Old in Economic History", *Journal of Economic History*, 31 (1): 3 – 141.

67. Parris, Kristen, 1993, "Local Initiative and Reform: The Wenzhou Model of Development", The China Quarterly, 134, June.

68. Persson, Torsten and Guido Tabelllini, 2003, "Constitution Rules and Fiscal Policy Outcomes", American Economic Review, 94, 25 – 46.

69. Persson, Torsten and Guido Tabelllini, 2006, " Democracy and Development: the Devil in the Details", American Economic Review, papers and Proceeding, May.

70. Prokitco, David L., 1999, "Methodological Individualism and the Austrian School: A Note on its Crities", in Peter J. Boettke, ed., The Legacy of Friedrich von Hayek (Ⅱ: Philosophy), Edward Elagr Publishing Limited, p.162.

71. Qian, Yingyi and Gérard Roland, 1998, "Federalism and the Soft Budget Constraint", American Economic Review, Dec, 88 (5) pp.1143 – 1162.

72. Rodrick, Dani, Arvind Subramanian and Francesco Trebbi, 2002, "Institutions Rule: The Primacy of Institutions over Geography and Integration in economic development." NBER Working paper 9305, national Bureau of Economic Research (October).

73. Sachs, Jeffrey D., 2001, "Tropical Underdevelopment", NBER Working Paper # 8119.

74. Sachs. Jeffery D., 2000, "Notes on a New Sociology of Economic Development" in Lawrence E. Harrison and Samuel P. Huntington eds. Culture Matters: How Values Shape Human Progress, New York, NY, Basic Books.

75. Sacks, Jeffrey, 胡永泰、杨小凯:"经济改革和宪政转轨",《经济学》(季刊), 第2卷, 2003年第4期。

76. Shleifer, Andrei, 1995, "Establishing Property Rights", Proceedings of World Bank Annual Conference on Development Economics, 93 – 117. World Bank.

77. Simon, H.A., 1991, "Organization and Markets." J.Econ. Perspect, 5 (Spring), 27.

78. Solow, Robert M., "Economic History and Economics", *Economic History*, vol. 75, No.2, May 1985.

79. Stigler, 1951, "The Division of Labor is Limited by the Extent of the Market", from the Journal of Political Economy 59, No.3 (June).

80. Tiebout, Charles, 1956, "A Pure Theory of Local Expenditures", Journal of Political Economy, October, 64 (5), pp.416－424.

81. Von Glahn, 1996, "Myth and reality of China's seventeenth－century monetary crisis", *The J ournal of Economic History* 56:2, 429－4541.

82. Wang, Y. C. "The Rise of Land Tax and the Fall of Dynasties in Chinese History", Pacific Affairs, pp.201－220.

83. Weingast, Barry R., 1997, "The Political Foundation of Democracy and the Rule of Law ", American Political Science of Review, June, 91: 245－63.

84. Wittfogel, Karl, 1957, *Oriental Despotism: A comparative Study of Total Power*, New Haven: Yale University Press.

85. 阿尔奇安："公司管理与产权"，载于盛洪主编：《现代制度经济学》，北京大学出版社2003年版。

86. 阿尔奇安、德姆塞茨："产权范式"，载于盛洪主编：《现代制度经济学》，北京大学出版社2003年版。

87. 奥尔森：《国家兴衰探源：经济增长、滞胀与社会僵化》，商务印书馆1993年版。

88. 奥尔森：《集体行动的逻辑》，上海三联书店、上海人民出版社1995年版。

89. 奥尔森："独裁、民主与发展"，载于盛洪主编：《现代制度经济学》，北京大学出版社2003年版。

90. 巴泽尔：《产权的经济分析》，上海三联书店、上海人民出版社1997年版。

91. 博克舍：《十六世纪中国南部行纪》，中华书局1990年版。

92. 卜正民：《纵乐的困惑：明代的商业与文化》，三联书店2004年版。

93. 查瑞普、哈姆："制度腐败和盗窃型政府"，载于《制度、契约与组织》，经济科学出版社2003年版。

94. 晁中辰：《明代海禁与对外贸易》，山东人民出版社2005年版。

95. 陈建军：《中国高速增长地域的经济发展：关于江浙模式的研究》，上海三联书店、上海人民出版社2000年版。

96. 陈抗、Arye L. Hillman、顾清扬："财政集权与地方政府行为变化——从援助之手到攫取之手"，《经济学》（季刊），第2卷，2002年第1期。

97. 戴逸："清代乾隆朝的中英关系"，《清史研究》，1993年第3期。

98. 丹尼尔·安卡鲁："新制度经济学和经济史"，载（英）《资本与阶级》，2002年秋季刊。

99. 德姆塞茨："关于产权的理论"，载于盛洪主编：《现代制度经济学》，北京大学出版社2003年版。

100. 邓宏图："历史上的官商：一个经济学的分析"，《经济学》（季刊），第2卷，2003年第3期。

101. 邓正来：《哈耶克方法论个人主义的研究——'个人主义与经济秩序'代译序》，三联书店2003年版。

102. 迪利普·慕克吉："发展经济学的理论是否太少?"，载于《比较》，2006年第28辑。

103. 樊树志："'倭寇'新论"，《复旦学报（社会科学版）》，2000年第1期。

104. 范金民："明清地域商人与江南文化"，载于《江南的城市工业化与地方文化》，清华大学出版社2004年版。

105. 范金民、金文：《江南丝绸史研究》，中国农业出版社1995年版。

106. 方江："家园记"，《安徽史学》，1986年第1期～1986年第6期。

107. 费维恺："宋代以来的中国政府与中国经济"，《中国史研究》，1981年第4期。

108. 费孝通："温州行"，载于《瞭望》，1986年第20～22期。

109. 费孝通：《江村经济——中国农民的生活》，商务印书馆2001年版。

110. 费正清：《中国：传统与变迁》，世界知识出版社2002年版。

111. 弗兰克：《白银资本——重视经济全球化中的东方》，中央编译出版社2001年版。

112. 弗罗门：《经济演化——探究型制度经济学的理论基础》，经济科学出版社2003年版。

113. 福格尔："道格拉斯·诺斯和经济理论"，载于德勒巴克和奈主编：

《新制度经济学前沿》，经济科学出版社 2003 年版。

114. 傅衣凌："明清时代阶级关系的新探索"，《中国史研究》，1979 年第 4 期。

115. 傅衣凌：《明清社会经济变迁论》，人民文学出版社 1989 年版。

116. 高淑娟、冯斌：《中日对外经济政策比较史纲》，清华大学出版社 2003 年版。

117. 格雷夫："经济、社会、政治和规范诸因素的相互关系与经济意义：中世纪两个社会的状况"，载于《新制度经济学前沿》，经济科学出版社 2003 年版。

118. 葛剑雄：《统一与分裂：中国历史的启示》，三联书店 1994 年版。

119. 顾诚："明前期耕地数新探"，载《中国社会科学》1986 年第 4 期。

120. 哈耶克：《通往奴役之路》，中国社会科学出版社 1997 年版。

121. 哈耶克：《自由秩序原理》，三联书店 1997 年版。

122. 哈耶克：《致命的自负》，中国社会科学出版社 2000 年版。

123. 哈耶克：《个人主义与经济秩序》，三联书店 2003 年版。

124. 何炳棣："扬州盐商：十八世纪中国的商业资本的研究"（中译文），《中国社会经济史研究》，1999 年第 2 期。

125. 何炳棣：《明初以降人口及其相关问题》，三联书店 2000 年版。

126. 何勤华："清代法律渊源考"，载于《中国社会科学》，2001 年第 2 期。

127. 黄仁宇：《万历十五年》，中华书局 1982 年版。

128. 黄仁宇：《资本主义与二十一世纪》，三联书店 1997 年版。

129. 黄仁宇：《十六世纪明代中国之财政与税收》，三联书店 2001 年版。

130. 黄少安："从家庭承包制的土地经营权到股份合作制'准土地股权'"，《经济研究》，1995 年第 7 期。

131. 黄少安：《产权经济学导论》，山东人民出版社 1997 年版。

132. 黄少安："关于制度变迁的三个假说"，《中国社会科学》，2002 年第 4 期。

133. 黄少安："关于制度经济学的几个基本理论问题"，《学术月刊》，2007 年第 1 期。

134. 黄少安、孙圣民、宫明波："中国土地产权制度对农业经济增长的影响——对 1949~1978 年中国大陆农业生产效率的实证分析”，《中国社会科学》，2005 年第 3 期。

135. 黄少安、郭艳茹：“对英国谷物法变革（1815~1846）的重新评价及启示”，《中国社会科学》，2006 年第 3 期。

136. 黄文模等：“晚清厘金制产生的年代及其社会危害研究”，《现代财经》，2000 年第 3 期。

137. 霍夫曼、罗森塔尔：“近代早期欧洲战争和税收的政治经济学：经济发展的历史教训”，载于《制度经济学前沿》，经济科学出版社 2003 年版。

138. 科斯：“企业的性质”，载于盛洪主编：《现代制度经济学》，北京大学出版社 2003a 年版。

139. 科斯：“社会成本问题”，载于盛洪主编：《现代制度经济学》，北京大学出版社 2003b 年版。

140. 孔飞力：《1768 年中国妖术大恐慌》，上海三联书店 1999 年版。

141. 拉蒙·麦耶斯：“晚期中华帝国的习惯法、市场和资源交易”载于盛洪主编：《现代制度经济学》（上），北京大学出版社 2003 年版。

142. 兰德斯、波斯纳：“私人执法”，载于《制度经济学研究》，经济科学出版社 2004 年第 3 辑。

143. 雷海宗：“人口与治乱”，载于《中国的兵》，中华书局 2005 年版。

144. 冷东：“明代潮州海盗论析”，《中国社会经济史研究》，2001 年第 2 期。

145. 李伯重：《江南早期的工业化》，社会科学文献出版社 2000 年版。

146. 李伯重：《多视角看江南经济史》，三联书店 2003 年版。

147. 李金明：“明代海外朝贡贸易实质初探”，《中国社会经济史研究》，1988 年第 2 期。

148. 李隆生：“明末白银存量的估计”，《中国钱币》，2005 年第 1 期。

149. 李庆新：《明代海外贸易制度》，社会科学文献出版社 2007 年版。

150. 李约瑟：《李约瑟文集》，辽宁科学技术出版社 1986 年版。

151. 梁方仲：《中国历代户口、天地、田赋统计》，上海人民出版社 1980 年版。

152. 梁方仲：“明代国际贸易与银的输出入”，载《梁方仲文集》，中山大学出版社 2004a 年版。

153. 梁方仲："明代黄册考"，载于《梁方仲文集》，中山大学出版社 2004b 年版。

154. 梁方仲："明代的民兵"，载于《梁方仲文集》，中山大学出版社 2004c 年版。

155. 梁方仲："田赋史上起运存留的划分与道路远近的关系"，载《梁方仲文集》，中山大学出版社 2004d 年版。

156. 梁方仲："明代的驿站"，载于《梁方仲文集》，中山大学出版社 2004e 年版。

157. 梁方仲："易知由单的研究"，载《梁方仲文集》，中山大学出版社 2004f 年版。

158. 梁方仲："明代一条鞭法的论战"，载于《梁方仲文集》，中山大学出版社 2004g 年版。

159. 梁启超：《中国历史研究发补编》，商务印书馆 1930 年版。

160. 梁启超：《饮冰室合集·文集之八》，第 1 册，中华书局 1989 年版。

161. 林枫："明代中后期的市舶税"，《中国社会经济史研究》，2001 年第 2 期。

162. 林仁川："试论明末清初私人海上贸易的商品结构与利润"，《中国社会经济史研究》，1986 年第 1 期。

163. 林仁川："明清私人海上贸易的特点"，《中国社会经济史研究》，1987 年第 3 期。

164. 林毅夫："食物供应量、食物获取权与中国 1959 ~ 1961 年的饥荒"，载于《再论制度、技术与中国农业发展》，北京大学出版社 2000 年版。

165. 林毅夫："自生能力和国企改革"，《经济研究》，2001 年第 7 期。

166. 林毅夫："后发优势和后发劣势——与杨小凯教授商榷"，《经济学》(季刊)，第 2 卷，2003 年第 4 期。

167. 林毅夫、蔡昉、李周：《中国的奇迹：发展战略与经济改革》，上海三联书店、上海人民出版社 1994 年版。

168. 刘增合：《鸦片税收与清末新政》，三联书店 2005 年版。

169. 陆铭、陈钊、王永钦、张晏、章元："制度重于增长"，"当代中国经济与社会"工作室，Workingpaper No.1 2005 年。

170. 罗尔纲：《太平天国史纲》，商务印书馆 1937 年版。

171. 罗曼·罗兰：《莫斯科日记》，广西师范大学出版社 2003 年版。

172. 罗默：《高级宏观经济学》，（影印本），上海财经大学出版社 2001 年版，第 150 页。

173. 马克思：《资本论》第 1 卷；《马克思恩格斯选集》第 2 卷，人民出版社 1995 年版，第 239 ~ 240 页。

174. 缪尔达尔：《亚洲的戏剧》，首都经贸大学出版社 2000 年版。

175. 倪玉平：《清代漕粮海运与社会变迁》，上海书店 2005 年版。

176. 诺斯：《经济史中的结构与变迁》，上海三联书店、上海人民出版社 1994 年版。

177. 彭泽益（编）：《中国近代手工业史资料》第 2 卷，上海社会科学院出版社 1984 年版。

178. 普拉纳布·巴丹："发展经济学的理论和实证"，载于《比较》，2006 年第 28 辑。

179. 钱江："1570 ~ 1760 年中国和吕宋贸易的发展及贸易额估算"，《中国社会经济史研究》，1986 年第 3 期。

180. 秦海："制度的历史分析"，载于《比较》，2002 年第 4 期。

181. 秦晖："并税式改革与黄宗羲定律" http: www. wtyzy. net/huangzongxi. htm. 2001 年。

182. 秦晖：《传统十论》，复旦大学出版社 2003 年版。

183. 秦晖、苏文：《田园诗与梦幻曲：关中模式与前近代社会的再认识》，中央编译出版社 1996 年版。

184. 青木昌彦：《比较制度分析》，上海远东出版社 2001 年版。

185. 邱彭生："由放料制到工厂：清代前期苏州棉布字号的经济与法律分析"，载于李伯重、周生春主编：《江南的城市工业与地方文化》，清华大学出版社 2004 年版。

186. 日本东邦协会：《中国财政纪略》。

187. 上海博物馆编：《上海碑刻资料选集》，上海人民出版社 1980 年版。

188. 盛洪："寻求改革的稳定形式"，《经济研究》，1991 年第 1 期。

189. 盛洪：《分工与交易》，上海三联书店 1992 年版。

190. 盛洪："中国市场化过渡过程的研究"，《经济研究》，1996 年第 1

期。

191. 盛洪等：《中国的过渡经济学》，上海三联书店1994年版。

192. 施莱弗、维什尼：《掠夺之手》，中信出版社2004年版。

193. 史晋川等：《制度变迁与经济发展：温州模式研究》，浙江大学出版社2002年版。

194. 史念海：《河山集》，三联书店1963年版。

195. 舒尔茨：《报酬递增的源泉》，北京大学出版社2001年版。

196. 斯密：《国富论》，陕西人民出版社2001年版。

197. 苏力：《送法下乡——中国基层司法制度研究》，中国政法大学出版社2000年版。

198. 苏州历史博物馆：《明清苏州工商业碑刻集》，江苏人民出版社1981年版。

199. 苏州历史博物馆等编：《明清苏州工商业碑刻集》，江苏人民出版社1981年版。

200. 塔洛克：《寻租——对寻租活动的经济学分析》，西南财经大学出版社1999年版。

201. 陶然、刘明兴、章奇："农民负担、政府管制与财政体制改革"，《经济研究》，2003年第4期。

202. 汪丁丁："从'交易费用'到博弈均衡"，《经济研究》，1995年第9期。

203. 王毓铨：《中国经济通史·明代经济卷》，经济日报出版社2000年版。

204. 韦伯：《韦伯作品集》，广西师范大学出版社2004年版。

205. 韦森：《社会制序的经济分析导论》，上海三联书店2001年版。

206. 吴承明："论清代前期我国国内市场"，载于《中国资本主义与国内市场》，中国社会科学出版社1985年版。

207. 吴承明："经济学理论与经济史研究"，《经济研究》，1995年第4期。

208. 吴承明：《中国的现代化：市场与社会》，三联书店2001年版。

209. 希克斯：《经济史理论》，商务印书馆1987年版。

210. 夏蓓蓓："郑芝龙：十七世纪的闽海巨商"，《学术月刊》，2002年第4期。

211. 萧瀚："解读'送法下乡'"，《中国社会科学》，2002年第3期。

212. 谢国桢：《明清笔记谈丛》，上海书店2004年版。

213. 熊彼特：《经济分析史》中译本第3卷，商务印书馆1994年版。

214. 徐新吾：《中国纺织手工业中惟一资本主义萌芽——丝织业商人资本包买主问题探讨》，载于《中国经济史料考证与研究》，上海社会科学院出版社1999年版。

215. 许涤新、吴承明：《中国资本主义萌芽》（中国资本主义发展史第一卷），人民出版社2003年版。

216. 杨瑞龙："我国制度变迁方式转换的三阶段论——兼论地方政府的制度创新行为"，《经济研究》，1998年第1期。

217. 杨瑞龙、杨其静："阶梯式的渐进制度变迁模型——再论地方政府在我国制度变迁中的作用"，《经济研究》，2000年第3期。

218. 于尔根·科卡：《社会史：理论与实践》，世纪出版集团、上海人民出版社2006年版。

219. 于建嵘："农村黑恶势力和基础政权退"，《战略与管理》，2003年第5期。

220. 曾小萍：《州县官的银两》，中国人民大学出版社2005年版。

221. 曾仰丰：《中国盐政史》（影印本），上海书店1984年版。

222. 詹森、马克林："企业理论：管理者行为、代理费用与产权结构"，载于盛洪主编《现代制度经济学》（上），北京大学出版社2003年版。

223. 张晋藩：《中国法律的传统与近代转型》，法律出版社2005年版。

224. 张军："过渡与战略——《中国的奇迹：发展战略与经济改革》读后札记"，载于《走进经济学》，三联书店2001年版。

225. 张礼恒：《从西方到东方——吴廷芳与中国近代社会的演进》，商务印书馆2002年版。

226. 张维华：《明代海外贸易简论》，上海社会科学院出版社1956年版。

227. 张维迎：《企业的企业家——契约理论》，上海三联书店、上海人民出版社1995年版。

228. 张五常："企业的契约性质"，载于盛洪主编：《现代制度经济学》（上），北京大学出版社1983年版。

229. 张五常：《经济解释》，商务印书馆2000年版。

230. 张妍、牛贯杰：《十九世纪中期中国双重统治格局的演化》，中国人民大学出版社2002年版。

231. 赵冈、陈钟毅：《中国经济制度史论》，新星出版社2006年版。

232. 郑备军：《中国近代厘金制度研究》，中国财政经济出版社2004年版。

233. 郑曦原（编）：《帝国的回忆——〈纽约时报〉晚清观察记》，三联书店2001年版。

234. 周尔庸："周尔庸日记"，载于《江浙豫皖天平天国史料选编》，江苏人民出版社1983年版。

235. 周其仁："中国农村改革：国家与土地所有权关系的变化"，《香港经济学季刊》，1995年。

236. 周其仁："市场里的企业：一个人力资本和非人力资本的合约"，《经济研究》，1996年第6期。

237. 周其仁："公有企业的性质"，《经济研究》，2000年第11期。

238. 周志初：《晚清财政经济研究》，齐鲁书社2002年版。

239. 朱伯康、施正康：《中国经济史》（下卷），复旦大学出版社2005年版。

240. 庄国土："16~18世纪白银流入中国数量估算"，《中国钱币》，1995年第3期。

241. 邹逸麟：《中国历史地理概述》，上海教育出版社2005年版。

242.《大诰三编》"苏州才人第十三"：见《洪武御制全书》，黄山书社1995年版。

243.《大诰续诰》"互知丁业第三"：见《洪武御制全书》，黄山书社1995年版。

244.《康熙莆清小记》，载《清史资料》第1集，中华书局1980年版。

245.《明史》卷一百三十九，《茹太素传》。

246.《钦定大清会典事例》卷七七六。

247.《钦定大清会典事例》卷八一一，《刑律》。

248.《武林梵志》（1780年）卷四。

249.《云居圣水寺志》（1773）卷二。

250.（光绪）《荆州万域堤志》卷八，《私堤上》。
251.（嘉靖）《吴江县志》。
252.（明）顾炎武：《日知录》卷十六。
253.（明）王夫之：《噩梦》。
254.（明）王临亨：《粤剑编》。
255.（清）梅曾亮：《柏岘山房文集》咸丰六年刊本。
256.（咸丰）《户部例责》卷三，《保甲》。
257.（嘉靖）《广东通志初稿》卷三十。
258.（嘉靖）《徽州府志》卷七。
259.（乾隆）《元和县志》。

后　记 HOU JI

本书是在我的博士论文的基础上完成的。2003 年我进入山东大学经济研究院（中心）学习，师从著名经济学家黄少安教授，研究方向为新制度经济学，2006 年春天通过论文答辩，2007 年论文获山东大学优秀博士论文奖。在论文答辩之后的一年多的时间里，我对论文中已经涉及但却未能深入研究的一些问题继续努力，写成三个专论加上读博士期间写的一篇论文共四个专论附在论文后面。这样既可以使所涉问题能够深入研究，又可以让全书的理论框架看起来简洁而明快。

我的博士论文能够完成得益于许多人的帮助，在此对他们表达我的感谢。感谢我的导师黄少安教授的悉心指导。他教会了我阅读、思考和从事严肃的学术研究，他作为一个出色的经济学家所特有的直觉、悟性、洞察力和社会责任感，启发了我如何发现问题，如何将前沿的理论同最本土化的问题结合起来，以及如何将对国家、社会和人民的关怀融入到个人的研究中来。感谢山东大学经济研究中心的魏建教授、谢志平老师和李增刚老师，他们的批评和建议，使论文得以避免了许多的错误和疏漏。感谢我的师弟孙圣民和现在复旦大学管理学院任教的刘明宇同学，他们在学问上给了我很大的帮助，使我虽然后学后进，但最终仍然能够完成这篇论文。孙圣民还为我指出了论文中的许多错误，并提出了宝贵的修改意见。也感谢石莹老师、赵丽和赵建同学，他们为我解决了许多琐碎而繁杂的日常事务。

感谢山东财政学院国际经贸学院的领导和所有同事。我是一边工作一边读书的，他们在工作上为我提供了诸多方便，使我能够全身心地投入学习和论文写作。博士论文写作期间，正值学院本科教学评估，谢申祥、徐杰替我完成了教学评估所需的诸多费心劳神的文件整理工作，丛静花费时间和精力帮助我完成了与论文有关的翻译工作。

感谢我的同窗好友徐钧、宁继鸣、朱玉明、谢志平、彭平，与他们的友谊丰富了我的研究生活。感谢网上的朋友贾晋京、本力、zbf、萧敢等，他们给了我文献上的支持，使我能够了解到比较前沿的理论。

感谢我的父母和家人，感谢他们始终如一的关爱和支持。在我博士学习期间，我的儿子也开始了他的学校生活，由于繁忙，我对他的学习和生活常常疏于照顾，这令我感到非常惭愧。

本书能够出版，要感谢山东财政学院的出版资助。本书同时也是黄少安教授主持的教育部重大攻关项目“马克思主义产权理论、现代西方产权理论与中国改革实践”（2004 年度）的阶段性成果之一（项目批文号：04JZD007）。另外，本书的相关研究还获得了 2007 年度山东省优秀中青年科学家科研奖励基金“李约瑟之谜与中国历史中的科技进步问题研究”项目（项目编号 2007BSO9005）的资金支持，在此一并致谢。